# 美国变局

## 从里根到特朗普的经济政策

[美]杰克·拉斯马斯（Jack Rasmus）◎著

张维懿◎译

THE SCOURGE
OF NEOLIBERALISM
US ECONOMIC POLICY FROM
REAGAN TO TRUMP

中国科学技术出版社

·北 京·

北京市版权局著作权合同登记　图字：01-2020-6467。

**图书在版编目（CIP）数据**

　　美国变局：从里根到特朗普的经济政策 /（美）杰克·拉斯马斯（Jack Rasmus）著；张维懿译 . — 北京：中国科学技术出版社，2023.6

　　书名原文：The Scourge of Neoliberalism: US Economic Policy from Reagan to Trump

　　ISBN 978-7-5236-0002-3

　　Ⅰ . ①美… Ⅱ . ①杰… ②张… Ⅲ . ①经济政策—研究—美国 Ⅳ . ① F171.20

　　中国国家版本馆 CIP 数据核字（2023）第 068017 号

| | | | |
|---|---|---|---|
| **策划编辑** | 申永刚　李　卫 | **责任编辑** | 申永刚 |
| **封面设计** | 仙境设计 | **版式设计** | 蚂蚁设计 |
| **责任校对** | 焦　宁 | **责任印制** | 李晓霖 |

| | |
|---|---|
| **出　版** | 中国科学技术出版社 |
| **发　行** | 中国科学技术出版社有限公司发行部 |
| **地　址** | 北京市海淀区中关村南大街 16 号 |
| **邮　编** | 100081 |
| **发行电话** | 010-62173865 |
| **传　真** | 010-62173081 |
| **网　址** | http://www.cspbooks.com.cn |

| | |
|---|---|
| **开　本** | 880mm×1230mm　1/32 |
| **字　数** | 223 千字 |
| **印　张** | 10.75 |
| **版　次** | 2023 年 6 月第 1 版 |
| **印　次** | 2023 年 6 月第 1 次印刷 |
| **印　刷** | 北京盛通印刷股份有限公司 |
| **书　号** | ISBN 978-7-5236-0002-3/F·1131 |
| **定　价** | 89.00 元 |

（凡购买本社图书，如有缺页、倒页、脱页者，本社发行部负责调换）

# 目录

## 第一章

### 新自由主义：

披着古典自由主义
羊皮的狼

　　什么是新自由主义？自20世纪80年代初，关于这个主题的图书已经出版了数百种，那为什么我还要再写一本呢？其中一个原因是，许多著作只记录了新自由主义作为一种思想的演变过程，并未涉及历史实践。另一个原因是，从新自由主义兴起（1978—1982年）到现在的特朗普政府执政[①]，新自由主义政策经过了多次迭代，但过往图书中均未谈到这一点。还有一个原因，之前的诸多论著都没有对推动新自由主义演变的物质力量进行说明，而这对评估新自由主义的前景是必需的。

　　对于新自由主义这个概念已经有太多的解释，但这些解释常常是相互矛盾的，以至于它们几乎毫无意义。有人认为，不同的人对新自由主义有不同的理解，因此将其作为分析对象不会有什么结果。正如一篇著名的分析报告得出的结论："对其概念的不准确使用似乎已经成了新自由主义的特征之一，甚至有些以它为中心概念进行分析的人也是如此。由此可见，对这一概念的滥用降低了其分析价值。"[②]

　　也有批评家们认为，此种现象源于新自由主义本身是一个意识形态的概念。它是由信奉自由主义和保守主义的学者创造

---

① 本书写作于2019年特朗普执政时期。——编者注

② Damien Cahill and Marijn Konings, *Neoliberalism* (Cambridge: Polity Press, 2017), 5.

出来的，旨在用它取代之前以阶级冲突和帝国主义概念为中心的分析。新自由主义这个词只是"帝国主义"的另一种更柔和且更易被接受的表达方式罢了。

还有一个原因，即对于全球化理论下的政府计划与政策，以及该理论对资本主义政治经济学的"无阶级"分析来说，新自由主义反映了其另外一面。

另一类批评认为，我们过去对新自由主义的分析过于关注像自由市场这样的抽象概念，而缺乏对这些概念背后的推动力的基础分析。或者，换句话说，我们过去对新自由主义的分析被简化为对政府计划和政策的描述和罗列，而没有对推动它们的更深层次的物质力量进行解释。因此，我们过去对新自由主义的解释是肤浅的，关注的只是抽象的概念，最多也就到政策层面，缺乏更深层次的现实分析。

"新自由主义"一词从根本上就是含混不清的，人们普遍认为它与20世纪后期资本主义的转型有关。这种转型兴起于20世纪70年代，并且从20世纪80年代开始，促进了资本主义的复兴。不过这种复兴牺牲了多数人的利益，只是让少数富人受益。因此，新自由主义作为一个比较含糊的、大的概念，从20世纪70年代末到现在一直在发展和变化，其中也包括20世纪后期全球资本主义的全部变化和产生的负面影响。

对新自由主义的解释和分析，以及对新自由主义的批判，一般采用的是两种方式。

（1）人们认为新自由主义是一种或一组思想。它起源于第二次世界大战之后，并最终在20世纪70年代演变为一组紧密相关的经济、政治和哲学思想。它最早出现在美国和英国，然后缓慢地传播到了全世界。

（2）人们认为新自由主义是一系列的实践，例如美国在20世纪70年代开发和实施的一些计划和政策。这些计划和政策在20世纪80年代至90年代得到了深化和扩展，其中一些要素最终传播到美国和英国之外，并被欧洲和其他主要新兴经济体所采用。

那些将新自由主义解释为一组思想的人认为，从因果关系上讲，是先出现了新自由主义的思想，然后引发了新自由主义的实践。知识分子将古典自由主义思想与战后资本主义经济的现实相结合，创造了这一思想。这些聪明的知识分子随后在20世纪70年代说服了美国和英国的政治家及社会精英，以带有"新自由主义"鲜明特征的计划和政策将他们的思想付诸实践。相反，那些在分析中认为新自由主义实践占主导地位的人认为，新自由主义的思想不是原因，而是结果。他们认为是一些"狡猾的"知识分子发现了现实的趋势，并形成了与之相契合的抽象思想，据此宣称自己早已预见了新自由主义的"转型"。但他们都忽略了另一种可能性，即新自由主义的思想及其各种子要素和主张出现的时间确实晚于对它们的现实实践（计划、政策、政治变革等），发明它们的目的是为已经实施的实践辩护，使其更具正当性。

思想和实践对新自由主义来源的两种解释方式反过来影响

了新自由主义的批评者。批评者对新自由主义的攻击也是沿着同样的思路：一些人试图从批评新自由主义思想的角度来批评新自由主义；另一些人则主要攻击新自由主义的实践，比如新自由主义的计划、政策和它们的影响等。

但这两种方式最终都只是在肤浅抽象的层次上进行的不完全批判。迄今为止，几乎所有批评都没有全面地理解新自由主义——它既是一种思想，也是一系列计划和政策。不管认为它是思想还是实践，只要不对产生新自由主义的深层次物质力量和发展过程进行思考，就无法充分理解新自由主义。

## 新自由主义分析中缺失的现实基础

新自由主义的思想和实践，都根植于 20 世纪 70 年代发生的全球资本主义危机和随后的重组需要。这就是它的现实基础。但在大多数对新自由主义的批评中，对这个现实基础的解释往往是缺失的。然而，这种重组不只发生过一次。在过去的一个世纪里，资本主义重组周期性地出现过几次：第一次世界大战前夕和期间（1909—1916 年）；第二次世界大战期间和结束后（1944—1953 年）；紧随其后的是距今最近的第三次重组，其目的是应对 20 世纪 70 年代发生的全球资本主义萧条和危机。因此，新自由主义基本上是用来形容第三次资本主义重组事件的术语。这次重组的第一阶段大约为 1981—1988 年。①

这些计划和政策的出台，即新自由主义的实践是为了实施资本主义的重组，而新自由主义思想的提出，则是在为这些计划和政策做辩护，帮助其合法化并获得公众和政治家的支持。新自由主义更深层次的本质是资本主义的重组，其"实践"和"思想"都是重组的衍生品。

重组的含义将在本章末尾和第二章中进一步阐述。这里，我们先给出一个初步的"工作定义"：重组指的是商品和服务生产方式的根本改变，即生产什么、在哪里生产、如何生产以及由谁生产（私人部门还是政府部门）的问题。重组也包含市场和分销方式的变化，包括产品市场、劳动力市场和所谓的资本市场（即金融市场）。它还包含技术和货币本身性质的变化。

随着资本主义的发展，其占统治地位的生产过程、市场、技术以及货币和信贷体系，在数量和质量上都会发生变化。这一变化导致资本主义经济中的实体经济增长缓慢，但金融体系的不稳定性却在增加。随着时间的推移，这些变化成为不可避

---

① 在第一阶段之后，新自由主义政策和思想都在继续演变，不断扩大和深化，直到 2008—2009 年的危机，本书认为，当时它"撞上了一堵墙"。因此，奥巴马时期代表了其发展的一个间歇。特朗普的政策应该被理解为在实践中复兴和恢复新自由主义的尝试，尽管是以一种更加激进和暴力的形式，后面章节将详细论述。然而，如果特朗普失败，那么经济和物质条件表明，在 21 世纪 20 年代中后期的某个时候，美国将需要再次进行资本主义重组。

免的自然现象。因为生产、市场、技术以及金融、信贷体系的变化会导致经济增长缓慢和金融不稳定，所以原本为了确保经济及金融系统增长并稳定的计划和政策会逐渐失效，进而完全失去作用。此时，政府就需要新的计划和政策。这种循环每几十年就会发生一次。为了再次恢复经济和金融系统的增长和稳定，政府需要新计划、新政策和新机构来适应系统中的实质性变化，还需要新的思想（或旧思想的变体）来证明重组和新计划、新政策的合理性。为了推动新计划和新政策的实施，政府可能还需要改变政治结构。[①] 这一恢复和改变的过程，需要数年时间才能成功，但重组和实践与思想上的改变使得资本主义制度本身能够再延续几十年，直到固有的矛盾再次倍增，则需要再进行一次重组。在整个20世纪，全球资本主义经济的周期性危机和随后的重组至少发生了3次，即前文提到的1909—1916年、1944—1953年和1981—1988年，最近的一次也可以被称为新自由主义重组。

总而言之，新自由主义既是实践也是思想，它与20世纪70年代末开始的最近一场资本主义重组紧密相关。这一重组一直在持续演变（即深化和扩大），直到2008—2009年金融危机后才告一段落。过去的10年，即2009—2019年，是金融危

---

① 越来越多的迹象表明，新自由主义无法与它曾经兼容的民主制度、规范和做法共存。为了执行这些计划和政策，政治机构也被迫进行根本性的变革。

机后，资本主义试图复兴的 10 年。但是，奥巴马领导的复兴失败了，这导致特朗普想要通过更激进的"新自由主义 2.0"来复兴资本主义。如果特朗普的当前复兴计划最终也失败了，那么在下一个年代肯定又会发生又一场危机。到那时候，危机后的重组在形式上不太可能是新自由主义，在性质上也不会是。

# 新自由主义思想

新自由主义作为一个概念，名字里似乎暗含了它是从古典自由主义演变而来的意思。这种不太恰当的用词，在它刚出现时引发了人们的关注。不过，无论在思想还是实践上，新自由主义在许多方面根本不是"自由主义的"。

古典自由主义诞生于 18 世纪的欧洲思想界。所以，让我们来选取一些古典自由主义的著名观点，与由美国和英国的经济学家、政治理论家及哲学家，自 20 世纪 70 年代末到现在提出的一些与新自由主义基本原则有关的观点做一个比较。

## 自由市场

从表面上看，古典自由主义和新自由主义似乎都提倡自由市场，即反对政府干预市场（有时此观点被称为"最小国家观"）。

但古典自由主义者，如亚当·斯密、大卫·休谟、约翰·洛克等人，之所以支持自由市场，是因为他们认为自由市场在道德上更有优越性，能促进个人发展，与古典自由主义出现之前被称为"重商主义"的思想和政策相比，它更符合"人的本性"。在重商主义思想的指引下，君主、贵族与商人、探险家和冒险主义者联合起来，创建了第一批具有垄断性质的公司，以开发新世界及其资源。重商主义的特征是大公司和垄断者。他们将开发"新世界"自然资源过程中获得的很大一部分利润献给了国王和贵族；而作为交换，他们获得了开发这些资源的垄断权。作为17—18世纪的主导经济体系，重商主义反对对国内工人实施最低工资制度，这种制度体系将不工作视为一种犯罪。如果被判定为"不愿工作"，工人们就会被送到"济贫院"，然后被转包出去，此时的工资甚至不足以维持他们的生活。即使会造成国内产品短缺和通货膨胀，重商主义仍会加强本国制造产品的出口，同时倡议尽量减少进口。换句话说，它寻求的是贸易顺差。贸易顺差带来的黄金积累是经济和贸易活动的主要目标。国王、贵族和商业剥削者以黄金的形式积累了大量财富。

亚当·斯密、大卫·休谟等人提出的古典自由主义对所有这些"非市场"和"反市场"的重商主义思想及实践进行了抨击。亚当·斯密认为，重商主义思想摧毁了人类生产和在市场上买卖产品的天性。正如亚当·斯密所说，"以物易物"（在市场上买卖）是人类的基本天性。自由市场解放了人类的天性，市场因此首先与道德有关。亚当·斯密对重商主义体制下大公司尽其所能破坏自由市场和阻止竞争的行为感到震惊。他甚至写了一本书，全书都是在谴责重商主义。[①] 他反对追求出口最大化、进口最小化的贸易观念（即确保贸易顺差）。他认为，社会的目标不应是积累黄金或货币，而是生产真正的商品并以有竞争力的最低价格出售。他认为，这将为所有人创造就业机会并提高收入，而不仅仅是为垄断企业和利益集团谋取利益。

因此，亚当·斯密的古典自由主义与当代新自由主义也是相悖的，后者与重商主义的共同点，远多于与亚当·斯密的"自由主义"的共同点。

在新自由主义思想的开创者中，有些广为人知，比如欧洲的弗里德里希·哈耶克（Friedrich Hayek）和路德维希·冯·米塞斯（Ludwig von Mises）；提议在政治上规避自由民主的卡尔·施密特（Carl Schmitt）；鼓吹不受约束的个人主义的哲学家卡尔·波普尔（Karl Popper）、罗伯特·诺齐克（Robert Nozick）和安·兰德（Ayn Rand）等。大约在 20 世纪 40 年代末，古典自由主义的发展开始走向"新"古典自由主义的轨道。这一转变始于一个分水岭事件，即 1947 年在日内瓦召开的"朝圣山

---

[①] 或者阅读 Book Ⅳ of Adam Smith, *An Inquiry into the Nature and Causes of the Wealth of Nations* (New York: Modern Library, 1937), 397–627。还有亚当·斯密的哲学著作《道德情操论》，本书为他在《国富论》中提出的经济观点奠定了道德基础。

学社"会议。① 与会的主要知识分子包括哈耶克，他作为主要辩手，与凯恩斯（Keynes）正面辩论过"奥地利经济学"；美国"芝加哥学派"经济学的代表人物米尔顿·弗里德曼（Milton Friedman），对战后主张政府干预经济以确保经济和金融增长及稳定的凯恩斯主义的基本前提进行了抨击；与会的还有极端个人主义哲学家，如波普尔和诺齐克；其他政治右翼学者和权威人士接过了由哈耶克、弗里德曼等人点燃的新自由主义火炬，并将其用于为美国 20 世纪 90 年代的全球霸权服务。

　　哈耶克早期的建议是，由从第二次世界大战中崛起的国家主导，将古典自由主义推向下一个层次。1989 年，查尔斯·克劳塞默（Charles Krauthammer）将其表达为一个更具体的论点，即让美国在 20 世纪 90 年代成为"超主权国家"，并行使"普遍统治"。威廉·克里斯托尔（William Kristol）和罗伯特·卡根（Robert Kagan）在 1996 年发表的文章《走向新里根主义的外交政策》（*Toward a New-Reaganite Foreign Policy*）中提出了

---

① 1947 年在朝圣山学社会议中提出的新自由主义思想，通常被认为是新自由主义思想在思想史上的起点。参见 David Harvey, *A Brief History of Neoliberalism*(New York: Oxford University Press, 2005), 20; Manfred Steger & Ravi Roy,*Neoliberalism: A Very Short Introduction* (New York: Oxford University Press, 2010), 15; Damien Cahill & Martijn Konings, *Neoliberalism* (Cambridge, UK: Polity Press, 2017), 8, 以及其他许多著述。

美国"仁慈的全球霸权"<sup>①</sup>——只是将帝国主义的旧酒倒入新自由主义的新瓶中而已。

和古典自由主义一样，新自由主义也宣称自己支持自由市场。但它不能宣称自己会这样做，是因为市场能培育高尚的道德行为，促进个人的发展，更符合人的本性；或者是因为自由市场对每个人都有利。就这一点来说，我们可以非常清楚地看出，在当代新自由主义主导的资本主义下几乎没有真正的"自由市场"。大型跨国公司主导着经济，并尽其所能压制自由市场和竞争，使自由市场资本主义成为一个谎言。在美国，仅有20%的企业是公司，但它们生产了全国80%的商品和服务。不过，根据古典自由主义理论，他们并没有以尽可能低的成本生产商品，或者以尽可能低的价格提供商品，这是因为他们占据着近乎垄断的地位。自20世纪80年代新自由主义兴起以来，这些公司已逐步将数千万个工作岗位从美国转移到了成本更低的国家。新自由主义思想对个人的关注仅此而已，因为美国的实际工资和生活水平已经停滞不前，甚至对数千万原本制造这些产品的工人来说是下降的。古典自由主义认为自由市场能提高所有人的生活水平，但这并不适用于21世纪美国的资本主

---

① 在20世纪90年代，作为一种思想，新自由主义的火炬被转移到查尔斯·克劳塞默、威廉·克里斯托尔、罗伯特·卡根等名人身上。古典自由主义向新自由主义思想的转变，证明了美国作为新的全球霸权和帝国的合理性，请参见 Yoram Hazony, "Is 'Classic Liberalism' Conservative?" *Wall Street Journal*, October 14, 2017, 12。

义。相反，这些"不自由"的市场加剧了收入和财富不平等。在如今的新自由主义时代，与亚当·斯密等人的古典自由主义对自由市场资本主义中的企业描述相比，现在的全球跨国公司与重商主义体制下的公司的共同之处要多得多。

## "有效市场"

新自由主义并不认为自由市场能提升个人的道德状况，它拥护自由市场的理论基础是，市场比政府干预或生产公共产品、服务等"更有效率"。这里的效率是指以最低的成本获得最高的产量。这种"有效率"的生产，剥夺了个人或社会能获得的所有好处，并使其自身的许多实际成本外部化。新自由主义认为，低成本生产能增加产量，因为节约成本提高了利润，进而又能聘用更多的工人。但现实情况是，商品或服务的价格下降很少是因为生产效率的提高，而是由于人们的工资收入不足和其他经济原因造成的需求不足。更多的结余和投资也没有增加就业。效率带来的收益都流向了公司、高级经理和股东。

虽然新自由主义一直在鼓吹"市场比政府更有效率"，但这一次次被证明是大错特错的。导致了2008—2009年金融危机和大衰退的英美银行业及金融业"自由市场"是多"有效率"？这场危机造成了多少产值和产品损失？市场的效率体现在何处？美国在2008—2009年的金融危机和实体经济危机期间：

- 养老金损失超过40000亿美元。
- 近2000万工人数月乃至数年没有工作或收入。

● 1400 万个家庭的抵押贷款被取消赎回权，从而失去了他们的房子。

● 为帮助导致了金融危机的银行家和影子银行家解困，美国政府和中央银行（美国联邦储备系统，简称"美联储"）在第一时间以接近于零的利率提供了 50000 亿到 100000 亿美元的自由现金和补贴贷款，而其他行业的人则失去了他们的家园、工作和收入。[①]

这些就是所谓的"有效市场"吗？新自由主义关于有效市场的理论其真实含义是："由于竞争减少，可以将以最低成本生产的商品以最高价格出售给消费者。"因此，它从根本上不同于古典自由主义的"以最低成本生产商品，并因为竞争最大化，所以以最低价格向消费者提供最多的商品"。其结果是，新自由主义以牺牲消费者和工人的利益为代价，使企业及其股东的利润最大化，而古典自由主义的有效市场思想则是通过与消费者尽可能多地分享利益，使企业及其股东的利润最小化。此外，新自由主义理论没有将其对经济和社会的整体影响包括在内。因此，其"市场更有效率"的理论不仅不正确，而且存在严重缺陷。实际上，从宏观经济的角度来看，让银行家和投资者乐在其中的"自由市场"在 2008 年之后就已经非常"低效"了。

新自由主义也支持自由贸易和自由贸易协定，如《北美自

---

① 上述数字仅指美国。英国、欧洲和其他经济体进一步增加了所有的总数。

由贸易协定》（NAFTA）和美国与其他国家或地区签署的数十个双边自由贸易条约。但这不是古典自由主义的自由贸易。新自由主义的自由贸易并不是真正"自由"的。与古典自由主义不同，《北美自由贸易协定》和美国在新自由主义框架下实施的其他自由贸易协定充斥着关税、配额和其他对自由市场的限制。新自由主义的自由贸易协定实际上是对美国企业在贸易伙伴国获得投资优惠条款和条件的保证。这些条款和条件确保了大量利润能汇回跨国公司在美国的总部（或者为了避税，汇到其他一些国家）。《北美自由贸易协定》在界定从美国流入墨西哥和加拿大的货币资本的条款和条件方面，花费的笔墨比用在降低美国与其他两国经济之间关税和定额方面要多得多。美国企业被允许购买、建造、迁移到这些经济体，或以其他方式获取在这些经济体内的生产能力和分销渠道（以及自然资源），然后将在墨西哥和加拿大取得的财富送回美国。换句话说，新自由主义的"自由贸易"是意识形态的产物，与"自由市场"几乎没有什么共同之处。

## 政府干预

另一种与古典自由主义和新自由主义都相关的"思想"，认为要将政府对经济的干预最小化。但在这一点上，观点再次出现了分歧。

虽然亚当·斯密是公认的古典自由主义之父，但许多自由主义者和自封的自由主义者并没有注意到，亚当·斯密实际上是政府干预的倡导者，即政府并不仅仅是国防和公共安全的提供者。亚当·斯密本身并不反对"大政府"。事实上，他认识到，随着社会发展，无论是经济上还是其他方面，社会都会变得愈加复杂，因此政府的规模和复杂性自然也会增加。而且，它需要适当的税收来支持其活动。作为一个典型的自由主义者，亚当·斯密也是公共工程的强烈倡导者，并且支持政府提供公共产品，因为公共工程对商业（实际上对社会本身）来说肯定是必要的。市场并不总是能为私人投资者提供足够的"利润"来建设公共工程或服务。①公共供水设施、道路和其他公用事业通常被认为是只有政府才能提供的商品和服务，或者至少是以低得多的成本提供的（这实际上使政府成为一个更"高效"的提供者）。因此，亚当·斯密认为政府为公共工程征税是合理的。亚当·斯密特别赞成政府参与公共教育，正如他所说，"在一个文明的商业社会中，普通人的教育也许更需要政府的关注，而不是一些有钱、有地位的人的关注"。亚当·斯密还认为政府通过税收提供公共教育是正当的，正如他所说，"政府花费很少的钱就可以推动、鼓励甚至强迫人们去获得必要的基本教育"。

与亚当·斯密的古典自由主义形成鲜明对比的是，新自由主义者攻击"大政府"以及为其买单的税收。或者，他们攻击的至少是政府支出的某些部分，因为他们对用于军事支出的税

---

① 参见 Book Ⅴ, Chapter 1, "Of the Expense of Public Works and Public Institutions," in Smith, *Wealth of Nations*, 681–689。

收毫无例外地予以支持。在政府的税收支出中，新自由主义政策主张减少的是社会项目和公共工程领域。因此，新自由主义只是"有选择性地"反对"大政府"。它更愿意以所谓的"紧缩"之名，让政府在公共工程、公共产品和公共服务上减少支出。"紧缩"指的是减少政府在社会项目和福利方面的支出，这并不适用于军事支出。至于在公共教育方面，新自由主义政策不断寻求减少资金投入，从而缩减公共教育支出。新自由主义热忱的代言人之一——经济学家弗里德曼几十年来一直认为，根本不应该有公共教育体系。虽然新自由主义无法取消公共教育，但它找到了将公共教育支出缩减到最少的方法。因此，新自由主义强烈支持建立特许学校。它提议为在家教育提供教育券，以减少公共教育基础设施，并越来越多地要求学龄儿童的家庭承担更多的公共教育成本，同时减少政府在教育上的实际支出。

## 税收与就业

给企业、投资者和最富有的家庭减税，是新自由主义的基石之一。这样一来，就能为企业和投资者节省更多成本，（据推测）这些成本将被用于扩大投资、生产、聘用更多的员工和提高经济产出，并最终产生更多的税收。因此，减税会创造就业机会！但本书将在第八章中揭示，对企业和投资者减税与就业及税收增加之间的因果关系，并没有实证证据。因为削减营业税创造就业机会的假设代表了不同于古典自由主义观点的另一种新自由主义观点，这种假设有时被称为"供给侧"经济学。

事实上，亚当·斯密提出了一种与之相反的因果关系：对企业增税会迫使企业在生产过程中引入更多能降低成本的机械、技术和劳动分工，从而提高生产效率，增加投资、就业机会和产出，进而增加税收收入。简而言之，创造就业机会需要提高营业税，而不是削减营业税！

## 放松管制和私有化

对工业领域和广泛的社会保护（如环境保护）领域放松管制，是新自由主义的标志性特征。从 1981 年开始，美国逐渐解除了对通信、银行和运输等部门的行业管制。而英国不仅早已如此，还开放了之前已经国有化的行业，如煤炭开采业。私营化是指彻底解除对国营公司原有的管制，将公司出售给私人投资者，然后按照作为以营利为目的的资本主义企业来经营。然而总的来说，放松管制意味着政府对企业行为监督的减少，即使在它对公众和消费者造成有害影响时也是如此。20 世纪 90 年代末，美国联邦政府进一步放松了对银行业的管制，此举助长了金融业过度发展，最终导致了 2008—2009 年金融危机。然而，新自由主义政策仍然没有放弃走放松管制的道路，其 40 年来的发展趋势一直是放松再放松。

私有化现象在欧洲更为引人注目，因为与美国相比，欧洲政府经营的企业比例更大。私有化现象也在美国发生：负责向美国南部农村地区供电的前田纳西河谷管理局（TVA）被出售；属于联邦、州和地方的建筑物和地产被出售；公立医院系统被出售；公共教育系统也经历了重大的私有化改革，具体方式为特许学校政策、家庭教育补贴、为"赚钱"的大学（"骗"取学生学费的）职业学校提供优先财务支持和企业经营的"编程学院"大量出现。在美国，私有化过程中也出现了将大量联邦土地以最低成本出租给木材和采矿利益集团的情况，这种现象自1981年开始愈演愈烈。美国式的私有化还反映在美国军方将军事服务转包给私人承包商，这是亚当·斯密和古典自由主义绝对不会同意的。美国军队、国家安全局（NSA)、中央情报局（CIA）和其他机构的情报部门越来越多地使用专业雇佣军，这也是一种私有化的形式。

古典自由主义支持政府应对"外部性"进行监管的观点，即市场活动的影响对第三方或环境造成了损害，如工业污染对第三方（一般是公众）造成了严重健康危害，而他们并没有销售和购买产生污染的产品或服务。古典自由主义认为政府需要对这种负面外部性进行监管。新自由主义可能在理论上接受这种监管，或者有时会象征性地接受这种监管，但过去40年来的新自由主义实践，特别是近年来的实践表明，它们一直在努力削弱旨在减轻负面外部性的监管。

### 赤字和公共债务

古典自由主义认为，政府赤字运行并积累国债，然后借钱来偿还债务的过程，"阻碍了新资本的积累或获取"，也就是说，这样做将减少政府实际投资和国内生产总值。政府借款只有在战争时期是合理的，因为此时仅靠税收无法支撑支出。按照亚当·斯密的说法，债务利息的支付不是什么难题，因为这只是资金从一个部门内部转移到另一个部门的想法，"完全是一种建立在商业体系诡辩基础上的辩护"。当国家债务过多时，债务永远不会得到偿还，最终会以政府违约和国家货币贬值告终。因此，亚当·斯密认为，应该只在战争时期允许国家借贷，并在和平时期予以清偿。

这种古典自由主义观点与相应的新自由主义观点形成了鲜明对比。自1981年以来，奉行新自由主义的美国和英国的国家债务一直在持续增长，并且在清偿方面几乎没有采取任何措施。不仅如此，新自由主义还支持扩大国家债务的观点。美国在1981年的国债仅为10000亿美元，2000年为40000亿美元，2008年上升到100000亿美元，到2019年则达到了220000亿美元。[①]新自由主义认为只要外国投资者，无论是私人还是公共投资者，继续将美元循环回美国，购买美国国债，那么国家债务的增长就是可以接受的。因为，购买美国国债的美元能够偿还或抵消年度国家预算赤字，而这些赤字是日益增长的国家债务的基础。这种安排是新自由主义的"双赤字"体系的一部分。这一体系是长期的年度贸易赤字与预算赤字以及因此而产

---

① 据美国国会预算办公室预计，当前总计220000亿美元的美国赤字和国债仍将继续上升，到2028年，每年有关国债的利息支出将不少于9000亿美元。

生的国家债务的结合体，本书后面的章节将对它做更详细的解释。这里的重点是，新自由主义关于国家或公共债务的观点实际上与古典自由主义的观点是完全相反的。

## 货币的作用

古典自由主义和新自由主义之间的分歧之一是货币在经济中的作用。古典自由主义坚持"货币是中性的"。这意味着，货币本身不能促进经济增长，它是中性的。如果商品和服务的产量很少或没有增加，货币过剩只会导致现有商品和服务的价格上涨。实体经济的产出和增长有赖于生产要素供给的增长，比如耕地数量的增加、劳动力的增加或固定资本和生产机械的增加。因此，与古典自由主义相关的"古典二分法"对"货币中立性"观点进行了补充，即从长远来看，经济的实体面和实体经济增长是与价格和货币分离（二分）的。经济增长不是由货币决定的，而是由生产要素的数量决定的，如土地、劳动力、资本存量及其生产能力（即质量）。

与这种"中立"和"二分法"的货币观形成鲜明对比的，是新自由主义高度重视货币供给和通货膨胀水平，认为将货币注入经济是实体经济增长的主要决定因素。按照新自由主义的观点，提高货币供应并降低利率，可以为公司和投资者提供额外的可支配现金，然后假定这些多余的现金会立即被用于购买商品和服务，那么就促进了就业，进而会推动生产活跃和经济增长。因此，按照新自由主义的观点，货币供应驱动了实体经济，所以对于扩大生产，货币（利率）政策比减税或政府支出等财政政策更为关键。因此，新自由主义严重偏向于货币政策，而古典自由主义则将货币的作用视为实体经济增长的结果，而非原因。

新自由主义的伟大倡导者之一弗里德曼认为，每年以固定的速度缓慢而稳定地增加货币供应，是确保实体经济增长的必要手段。这一想法根植于弗里德曼的"货币增长规则"，被他的门徒们一直坚持至今。只要增加货币供应，忘记其余所有财政政策和货币政策，根据弗里德曼的观点，这些政策会扰乱和妨碍货币增长规则。如果不遵守这一增长规则，衰退就会发生。①

前面的例子只是就新自由主义和古典自由主义的一些主要观点进行了比较。很明显，在自由市场或有效市场、限制政府支出（又名"紧缩"）或政府干预经济、放松管制和私有化、税收对就业的影响、平衡政府预算等方面上，都显示出古典自由

---

① 弗里德曼的观点在 20 世纪 80 年代初曾被短暂实施，当时里根政府推出了新自由主义的实践。这是一场灾难，很快就被抛弃了。因此，在货币观念方面，新自由主义采用了中央银行长期不断注入流动性（即货币供应）的做法。在接下来的 30 年里，也就是从20 世纪 80 年代中期到 2016 年，这一做法使美国和世界经济充斥着过剩的美元，从而供养和推动了全球经济的金融化。实践中的新自由主义被证明是非常务实的，实践中的政策明显朝着有利于资本的方向变化。

主义与新自由主义是根本不同的。新自由主义并没有从古典自由主义那里继承多少思想。在持续用歪曲了的"自由主义思想"面对 20 世纪后期的资本主义现实时，它从古典自由主义继承的那一点点东西也被彻底颠覆了。

## 新自由主义的意识形态

因此，新自由主义作为一种思想，根本与"自由主义"无关，无论是古典的还是其他的。相反，在 20 世纪中后期，它选择性地将古典自由主义的思想进行了转化，来服务于 20 世纪 70 年代之后的资本主义调整。同时，新自由主义也致力于美国全球霸权的合法化和帝国的扩张，以及为美国资产阶级更多攫取其他阶层的利益，并将这些收入转移为资本提供正当性。

然而，在当代知识精英中，仍有人认为新自由主义是古典自由主义的继承者。不知何故，20 世纪 20—30 年代之后的几十年，古典自由主义的基本思想被一些滑头的知识分子挪到了 20 世纪 70 年代。这些人被称为"新自由主义思想集体"。在这些知识分子的游说下，他们的修正主义思想被当权的政治领袖采纳，尤其是在英国和美国。有人认为，朝圣山学社与美国传统基金会、美国企业研究所、哈德逊研究所等美国"极右翼"智库之间存在直接联系。最开始，他们先让大家相信了新自由主义是古典自由主义重组的结果。然后，这些滑头的知识分子（即经济学家、政治理论家、哲学家等）将新自由主义思想推荐给政治家和企业精英，之后由政治家和企业精英将其转化为实际的行动和计划。据称，"传导机制"就是这些滑头的知识分子说服资本主义精英和政客们采纳他们关于自由市场、私有化、紧缩、放松管制等方面的建议。

这些滑头的知识分子创造的思想被成功地注入务实的政治家、统治精英和政策制定者的头脑和计划中，但美国左派记者娜奥米·克莱因（Naomi Klein）在自己书中提出了与之相反的观点。[①] 她的作品被其他人准确地总结为：

克莱因认为，受弗里德曼和其他芝加哥经济学派人士影响的政治精英，才是推动新自由主义发展的关键。按照克莱因的观点，新自由主义是政治精英设法抓住自然灾害、战争和经济危机的机会，将反乌托邦的新自由主义自由市场理想强加于迷失方向的人民，而逐渐形成的。[②]

但这一切都是"唯心主义"的，即先出现了思想之因，进而决定了历史之果。这种哲学认为，是一些滑头的知识分子提

---

① Naomi Klein, *Shock Doctrine: The Rise of Disaster Capitalism* (New York: Picador, 2008). 最近，另一位学者也提出了类似的观点，即知识分子的思想推动了新自由主义的兴起和发展，而不是资本主义内部更深层次的物质力量和矛盾导致了资本主义周期性的危机和重组。参见 Philip Mirowski, *Never Let a Serious Crisis Go to Waste: How Neoliberalism Survived the Financial Meltdown* (London: Verso, 2013)。

② Cahill and Konings, *Neoliberalism*, 8.

出的（新自由主义）思想推动全球资本主义发展成为 20 世纪末的形式，而不是因为那些经济杠杆和政治力量的真正使用者，即精英们和政客们从滑头的知识分子提出的思想中，选出了那些有用的思想来证明他们已经实施或决定实施的重组与政策的合法性和正当性。但实际上并不是这样，这一切都源自思想本身的实质力量，这些思想在一些滑头的知识分子的头脑中被创造出来，并由这些知识分子提供给当权者，最终说服了这些现实世界中的参与者（资本主义精英和政治家）接受它们。因此，思想和实践之间的因果关系是颠倒的。正如本书将解释的那样，构成一个思想的关键要素和主要主张之间因果关系的反向或颠倒，是意识形态和意识形态操控的标志之一。

意识形态的另一个特点是假定相关性等同于因果关系。新自由主义是一种思想还是一种实践，许多对新自由主义的批评者在两者之间游移不定。当他们在同一章节或同一段落中讨论新自由主义的思想和实践案例时，会给人以这样的印象：逻辑上是思想先行的，而历史上却是实践先行的。

大卫·哈维（David Harvey）的《新自由主义简史》(*A Brief History of Neoliberalism*) 就落入了"相关性即因果"的陷阱。①

---

① David Harvey, *A Brief History of Neoliberalism*, (New York: Oxford University Press, 2005). 哈维没有明确提出这一点，但他在书里是这样写的：在描述新自由主义思想发展的同时，描述了新自由主义政策和事件，给读者留下了深刻印象，这些思想推动了新自由主义的历史实践。

与其他许多批评家不同，作为马克思主义学者的哈维正确地分析了 20 世纪 70 年代的经济危机。然而，他认为是朝圣山学社的美国参与者，如芝加哥学派的弗里德曼，将新自由主义思想引入了 20 世纪 70 年代。然后因为不知通过什么途径，弗里德曼的新自由主义思想被当时不断扩大的美国右翼智库所采纳，这些智库又以某种方式把他的新自由主义思想灌输给了里根的竞选团队和随后的政府。① 因此，新自由主义思想在某种程度上说服了里根在实践中实施了里根版的新自由主义。但是由思想驱动政策并不是思想在历史实践中发挥作用的主要方式。更多的时候，思想提供的是事后服务，以使实际行动合法化和合理化，比如为了达到向其他精英、媒体和公众推销一个计划或行动的目的。但是，正如哈维所述，当思想与历史实践"并列"呈现时，会向读者强烈传达这样一种假设，即两者之间是相互决定的。

这其中缺失的是对所谓"传导机制"的实证验证，该机制是思想与历史实践之间的因果联系，即从建议者到实际项目和政策创造与实施的过程。只有在对传导机制有令人信服的论证时，相关性才能代表一种因果关系。此时才可以认为，新自由主义思想是由知识分子创造（哈耶克和弗里德曼在 20 世纪 70 年代，或随后的克劳萨默或卡根），然后这一思想又创造了新

---

① 哈维在几个章节中一会儿将新自由主义描述为"思想"，一会儿将其描述为"实践"。

自由主义的实践（里根和撒切尔夫人在 20 世纪 80 年代，后来被克林顿或布莱尔在 90 年代扩大和深化了）。

## 历史实践中的新自由主义

真实的新自由主义历史实践是一种独一无二的计划和政策组合。这些组合有时是旧的，有时是全新的，它们定义了从 20 世纪 80 年代到现在的新自由主义。换句话说，在 20 世纪 70 年代，为适应让资本主义陷入了普遍危机的变化，政府不得不在 20 世纪后期对这些计划和政策进行调整。为解决危机和适应根本性变化，调整成了必须执行的任务。这种调整主要是通过 20 世纪 70 年代末推出的新计划和新政策来实现的，它们现在被归类为新自由主义政策。

因此，随着资本主义发展，调整是资本主义内在需求。这个系统内在地改变和"调整"自身，以应对其需求和挑战。生产过程、市场、信贷和金融、国际交换、货币本身等都在发生演变。然而，这些变化催生了矛盾，导致经济增长率放缓，金融和其他方面的不稳定性增加，旧的政策和做法无法再促进经济增长和保障社会稳定。

所以，调整有两个方面。一方面是内在的"自然"变化；另一方面则是推出新的项目和政策来满足这些目标，使金融体系走出危机，重新走上复苏和增长之路（这一过程通常不会超过几十年）。因此，调整既是"自然的"结果，也是政策和计划变化的结果。计划和政策的改变是实现调整的必要条件。资本主义内在的（自然的）变化和人为的（政策和计划）变化，共同构成了实践中的新自由主义。[①]

## 资本主义的自然调整

从 20 世纪 60 年代末到 70 年代，资本主义内在地、自然地发生了质的变化。

在生产过程方面，当时的美国已经明显落后于欧洲和日本。他们在第二次世界大战之后快速崛起，用最新的生产技术进行了"装备更新"。因此，他们的生产效率更高。到 20 世纪 60 年代初，欧洲和日本这两个地区和国家大多数公司的生产成本都有所下降，他们的竞争力总体上超过了美国同行。从第二次世界大战结束的 1945 年到 20 世纪 60 年代中期，美国工业几乎没有遇到过任何竞争，美国商品充斥着似乎有着无限需求的世界市场。另一方面，几乎没有任何外国竞争对手进入美国国内市场。美国资本在全球范围内既没有挑战，也不受限制。

因此，美国企业几乎没有任何压力推动他们在创新或重新装备国内实业方面进行投资。垄断和寡头垄断（通常定义为 2~5 家生产商占据了 80% 的市场份额）主导着美国经济。美国当时只有

---

① 新自由主义的实践包括强制改变政治结构的事件。我们将在第十章中讨论自 20 世纪 80 年代以来，美国在实践中因实施新自由主义的需要而进行政治变革的例子。

1家通信公司（AT&T）、3家大型汽车公司、5家大型钢铁公司、不到5家大型石油和能源公司、数家航空公司、3家电视广播公司、几个大型铁路运输公司。垄断和寡头垄断不会去创新，也不需要去创新。他们可以通过提高价格来增加利润。因此，除了军事和航天工业领域，美国的技术发展与创新在20世纪70年代开始放缓。此时数字化革命还没有出现。施乐、国际商业机器公司（IBM）、安培（Ampex）①、柯达和其他一些公司虽然已经存在，但它们生产的是消费级相机、卖不出去的传真机和使用真空管运行的大型计算机。1970年，加州硅谷刚刚诞生。当时如果有人问加州圣克拉拉和圣何塞地区以什么闻名，答案会是果园和罐头。当地最大的工厂是食品机械公司（Food Machinery Crop）。

在产品市场上，从1970年开始，美国汽车第一次在与欧洲同行的竞争中失败，日本产品也在此时进入了美国市场。美国钢铁的价格也高于欧洲或日本。越南战争、冷战和太空竞赛导致美国用于战争的设备支出不断飙升，而对非战争设备的投资相对于总投资则在放缓。用于教育、反贫困及福利服务、新的医疗保险社会保障服务等方面的政府服务支出也在扩大，战时生产管理方面的支出当然也在增加。1970年，随着北非和中东地区国有化浪潮的涌现，美国对中东石油的依赖日益加深。

国际贸易、货币兑换和国际资金流动（这三者有时也被称

---

① 安培是一家美国公司，它在1956年推出磁带录像机，1993年被并购。——编者注

为"外部市场"）正在迅速发生变化。美国出口增长放缓、进口增长，导致了所谓的"净出口额"（进口额减去出口额）的变化。在整个 20 世纪 70 年代，美国的净出口额都是负数，这一时期的 GDP 都受到了影响。

20 世纪 60 年代，导致美国出口放缓的主要原因是通货膨胀的加速，其原因是美国政府在战争、太空和社会项目上的支出快速增加，对石油的依赖增强和石油价格上涨以及垄断企业通过更高的"管理"费用转嫁成本。除了造成通货膨胀的财政政策，美国央行的货币政策也通过过多的货币注入和低利率刺激已经"过热"的经济。1971 年 8 月，尼克松总统采取了冻结工资和物价的应对措施，但这也只是暂时遏制了通胀。1973 年年初，尼克松总统对工资和价格的控制崩溃了，在 1970—1972 年的过度财政和货币刺激基础上，通货膨胀变得更加严重。1973 年爆发的中东战争进一步加剧了美国通货膨胀的压力，导致美国进口石油的成本持续上升。以前，石油的成本是可以控制的。后来，在中东油田普遍国有化之后，为仅对美国在 1973 年的战争中对以色列的援助，沙特阿拉伯和其他国家拒绝向美国供应石油，这导致了美国第一次重大的"石油危机"，加剧了美国的通货膨胀和经济不稳定性。

不断加剧的通货膨胀压力使美国更加缺乏出口竞争力。由于美国通货膨胀加剧，美元币值被推低。在当时居于主导地位的布雷顿森林国际货币体系中，美元与黄金挂钩，汇率为每盎司[①]黄金35美元。但从20世纪60年代末开始，随着美元在海外，特别是在欧洲的积累，出现了一个不断增长的"欧洲美元市场"。在这里，可以直接借贷美元。随着美元因美国通货膨胀而贬值，持有大量美元的欧洲人开始要求美国遵守布雷顿森林体系，用黄金兑换欧洲人持有的美元。黄金开始大量流出美国。换句话说，1944年为服务美国经济利益而建立的国际体系，到20世纪70年代初开始瓦解。

包括贸易和货币汇率在内的外部市场正在发生根本性变化，即自然调整在发生。其结果是美国经济增长放缓，不稳定性增加。为了避免这些问题，需要进一步重组贸易关系和国际货币体系。然而，解决贸易问题和美元汇率问题的方案直到1973年之后才提出来。由此美国进入20世纪30年代以来最严重的衰退（1973—1975年），经济增长进一步放缓。[②]

20世纪70年代，也是美国劳动力市场动荡的10年。工会变得更强大了。汽车、钢铁和货运工会已经能够进行所谓的"模式"谈判。独家承包合同覆盖了整个汽车行业，以及钢铁和其他行业。工会会从寡头垄断公司中挑出最弱的一家，发动罢工，获得大量的合同收益，随后再逐一向该行业的其他公司扩展。建筑工会和卡车工会获得了重要的区域合同。1970—1971

---

① 1盎司≈28.35克。——编者注
② 关于尼克松对国际货币体系和贸易中的变化和危机的反应，详见下一章。

年，建筑业和制造业工会，然后是运输行业工会，掀起了美国自 1945 年以来最大规模的罢工浪潮，形成了具有代表性的 3 年谈判协议，仅第一年工资和福利的涨幅就达到了 25%。汽车、钢铁和其他行业的巨头，根本没有能力去阻止工会的斗争和胜利。[①]

特别是在 20 世纪 70 年代上半叶，劳动力市场见证了工会向以前没有工会组织的新部门的扩张：农场工人和卡车司机联合工会吸收了农业收割行业从业人员；护士和服务业雇员工会进入了各个医院；州、县、市的工作人员进入了美国州、县、市工人联合会和服务雇员国际联盟，教师行业在这 10 年中也经历了快速工会化。在此期间，美国还制定了《劳动安全保健法》（*Occupational Safety and Health*）、《退休金重组法》（*Pension Reform*）、《扩大工会纠察和罢工权的要求》（*Demands for Expanding Union Picketing and Strike Rights*）等支持劳动工人的法律。这也意味着工会对企业更多的监管。与此同时，其他社会立法也对企业施加了新的管制要求，特别是在环境和反歧视权领域。而对企业投资起到抑制作用的，除了社会不确定性外，还包括其他社会阶层行动起来要求权利保障的行动，比如妇女、墨西哥裔和美国印第安人。由于越南战争的失败，美国军队的士气处于历史最低点。美国正在发生变革，而其企业和经济面对的来自国内工人和国外资本主义竞争对手的挑战也日益严峻。

---

① 这是尼克松实施 90 天工资冻结、回调工会已经获得权益并在接下来的两年里控制工资的主要原因。公司与工会在谈判桌上无法达成的目标，政府来帮它们实现。参见下一章。

从 20 世纪 60 年代末到 70 年代，在发生资本主义"自然重组"的领域中有一个领域特别重要，那就是金融体系和货币市场。如前所述，欧洲美元市场的崛起和布雷顿森林体系在 20 世纪 70 年代前 5 年的崩溃，反映出金融和信贷体系已经发生了根本性变化。1973 年之后，以美联储为首的各国央行被赋予了确保经济体汇率稳定的责任，而这曾是布雷顿森林体系的责任。不过，这项任务各国央行完成得并不好。

其他根本性变化也在发生。一般银行体系之外的金融机构，即所谓的"影子银行"，在 20 世纪 60 年代末开始出现并快速发展。它们身处银行监管体系之外，对金融体系的稳定性构成了越来越大的威胁。自 20 世纪 30 年代以来，小型金融危机首次出现，先是在 1966 年，然后是 1970 年。新的金融工具，如定期存单和商业票据是诱发这些事件的中心。美国央行（美联储）不得不对金融机构进行救助。像宾夕法尼亚中央铁路公司这样的大型非金融企业，发生了债务违约可以任由其倒闭，但像房地产投资信托基金（REITs）这样进行房地产投机的金融机构，则必须得到救助。[1]

1974 年，当时美国正值 20 世纪 30 年代以来最严重的经济衰退，发生了一场更为严重的金融不稳定性事件。富兰克林国民银行倒闭了，紧接着其他银行也濒临倒闭，其中一些被迫与

---

[1]　对于 1966 年、1970 年和 1974 年的金融不稳定事件的更全面的分析，读者可以参考 Hyman Minsky, *Stabilizing an Unstable Economy* (New York: McGraw-Hill, 2008), chapters 2–4。

其他银行合并才得以幸免。纽约城市银行实际上已经破产，但得到了救助，其他许多影子银行和非金融公司也是如此。1970年和1974年发生的事件，是美国经济体系内日益增长的金融不稳定性正在接近顶峰的证明。作为金融不稳定性的指标，美国债务总额在整个20世纪70年代急剧上升。根据美联储的"资金流动账户"统计，美国公共和私人净债务总额从1970年的14320亿美元上升到1980年的39480亿美元。新的信贷和金融市场提供了可用于在金融市场和全球市场进行投机的多余资金（债务），从而导致了私营部门的债务增加。在过去10年，政府债务占总债务的比例实际上在下降。作为由债务驱动的金融投机性投资不断增加的渠道，影子银行在当时显著扩张，它们在提供传统金融证券投资服务的同时，也提供新的投资形式。

这期间的政治危机也造成了不确定性升级，而不确定性通常会抑制实际投资，也就抑制了这10年经济的增长。其中比较知名的有：造成了尼克松总统弹劾案及其辞职的水门事件；越南战争的失败及其对美国军队组织的严重影响；1973年的阿以战争以及水门事件，让美国已无力有效干预造成的这些影响；1973年的石油危机和1979年紧接着的又一次石油危机；美国在伊朗和非洲的外交政策惨败；苏联入侵阿富汗；伊朗人质危机和美国救援行动的惨败。

美国和全球经济的所有这些变化相叠加，形成了一种贯穿整个20世纪70年代的"滚动重组"。这些都是美国和全球资本主义在内部发生根本变化时"自然"出现的力量。为实施有控制的结构调整来恢复经济增长和稳定所提出的计划和政策，不是导致这些变化的原因。在 20 世纪 70 年代，已有的计划和政策在控制体系内部加速的变化方面变得越来越无能为力，而这些变化正在削弱美国的全球经济霸权和资产阶级在美国国内的主导地位。为了恢复和稳定经济，需要新的计划和政策——新自由主义的计划和政策。

新的计划和政策必须以某种方式激励新的实际投资和技术创新，以削弱与美国形成竞争关系的资本主义对手的竞争力（反过来说，就是增强美国公司在海外市场的竞争力），加大力度破坏美国工会日益增长的权力和影响力，削弱工人的权利，夺回工人在过去几十年获得的工资和福利增长，并防止各种社会运动取得民主和社会成果。从卡特总统执政的最后几年（1978—1979 年）开始，美国引入了一系列独特的"混合"计划和政策；在里根执政期间，这些计划和政策得到了显著的拓展和深化。它们在后来成为"实践中的新自由主义"。

### 新自由主义推动的重组

从广义上讲，为了重新稳定美国经济，并确保美国未来几十年的经济霸权和政治霸权，需要进行以下结构性重组。

（1）恢复美国的实际投资、创新和实体经济增长。

推动这一目标的新自由主义政策包括：削减对企业、私人投资者和富裕家庭的税收，对关键行业放松管制，消除造成不确定性和抑制投资的通货膨胀和通货膨胀预期，对经济部门进行广泛的私有化，破坏工会的力量（这些加速投资的计划和政策是以牺牲美国工人的就业和工资为代价的，工会会成为这些政策和计划的障碍）。所有这些政策都将增加企业和投资者的可支配收入，按照假设，这些收入将成为企业和投资者在海外和美国的新投资。

（2）削弱全球资本主义与美国的竞争，恢复并确保美国未来几十年的经济霸权。

当时出台的政策包括：税收激励措施；鼓励美国制造业迁往海外（这也将导致工会工人大量流失）；与日本和欧洲各国重新谈判贸易条件，使它们处于不利地位；放松对全球货币资本流动的管制并帮助美国的商业银行和影子银行控制资本流动；促使美联储转向长期低利率政策（即看跌期权），通过保持美元低价来促进美国出口；引进有利于美国企业向其他经济体进行外国直接投资的自由贸易项目和条约；建立所谓的"双赤字"解决方案，使由于贸易逆差、外国直接投资和美国海外军事支出流出的美元，以外国投资者购买美国国债的形式"再循环"回美国。

（3）增加美国的战争和国防支出，以弥补 20 世纪 70 年代越南战争后出现的国防支出放缓，同时通过扩大美国在全球的军事基地进一步确保美国的军事主导地位。

新自由主义政策包括：加大政府国防支出以建立一支拥有600 艘军舰的海军；加速导弹和核武器的制造能力；启动所谓"星球大战"太空军事计划；将更多的后勤职能私营化；向全志

愿部队转变，并将军事支出的方向从人力转向技术。随着政府军费支出加速上涨，社会项目支出的削减（紧缩）也随之加快。

（4）促进美国经济的金融化，从而推动美国资本有计划地全球化，增强美国商业银行和影子银行相对于竞争对手的全球影响力。

所需的政策和计划包括：首先，放松对全球货币资本流动的管制，从住房和商业地产开始放松对国内金融的管制；随之实施支持不受政策监管的银行（影子银行）扩张的政策，比如投资银行、对冲基金、私人股本公司，以及通常所说的"资本市场"；将企业养老基金私有化，以401k个人养老金计划①取代雇主固定收益养老金计划；放松对储蓄和贷款金融机构的管制。

（5）破坏工会，向临时雇用制转变，以降低工会工资，并使工会无法提出反对意见并要求其执行前面的政策。

去工会化的计划中包括：制造业外包；对关键行业（卡车、通信、航空等）放松管制，以降低价格，进而降低工会工资差距和工会会员数量；授权政府机构（国家劳动关系委员会，NLRB）阻挠工会组织活动，放松对取消工会资格的限制，加强对罢工和纠察活动的限制，增加被禁止加入工会的临时工人数量；转向服务业就业，使成立工会更加困难；推动雇主的让步谈判，目的是收回之前协商取得的工会利益和政府对不合作的

---

① 401k个人养老金计划始于20世纪80年代初，是一种由雇主和雇员共同缴费建立起来的完全基金式的养老保险制度。——编者注

工会组织［如职业空中交通管制员协会（PATCO）和卡车司机工会（Teamsters）］的控制权；让管理层和投机者更容易窃取养老金计划；拒绝提高联邦最低工资和其他法案规定的最低工资（如戴维斯－培根及相关法案、沃尔什－希利法案等）。

这些形式多样的新自由主义计划和政策，就是实践中的新自由主义。与1944—1953年美国资本主义重组中的计划和政策相比，或者与1909—1916年及1934—1938年两次被战争和政治危机打断的努力相比，或者是与尼克松时期（1971—1972年）的早产的和最终以失败告终的资本主义部分重组相比，实践中的新自由主义面向的是不同的重点领域，并在20世纪80年代及以后引出一系列新的独特的政策"组合"。

简而言之，新自由主义在实践中既关注危机后经济重组所要实现的目标，也关注为诱导重组而设计实施的具体计划和政策。这是新自由主义更深层次的唯物主义基础，而大多数对新自由主义的批评完全没有涉及这一点。这不仅仅是意识形态的问题，也不仅仅是某些计划和政策的问题，它涉及的是资本主义的周期性危机和（持续的）结构变化，特别是最新出现的变化和危机——这就是实践中的新自由主义。

在下一章中，我们将把新自由主义重组及其计划和政策组合与之前的资本主义重组进行比较，从而发现更多的细节。从第三章到第八章，我们会将重点放在新自由主义在实践中的演变（从里根到特朗普）。第九章探讨在美国（和世界）资本主义中正在演变的各种新旧现实力量，这些力量正在破坏美国的新自由主义政策体制。这些现实力量促进了最新的"自然重组"，可能会使特朗普以一种更激进的形式恢复新自由主义的努力化为泡影。在之后结论性的第十章中，我们给出了一个结论——新自由主义与 20 世纪末到 21 世纪初美国的有限形式的民主是不相容的。新自由主义政策的推进伴随着民主实践、规范、政党特征、选举实践的衰落，并正在改变美国政府机构，以继续推进自身进步。美国自 1981 年以来的政治发展史，以及在此期间稳步偏离民主的事实，证实了新自由主义和民主之间的根本不兼容性。这本书的最后一章对特朗普政府统治下民主受到的攻击和出现的衰退进行了总结和评估。虽然遭到了国内外越来越强烈的抵抗，但特朗普一直在试图复兴一种更激进的新自由主义政策体制，这强化了对民主的攻击和民主的衰退。

# 第二章

## 1909—2007 年：

### 美国资本主义的重组

随着生产过程、市场、技术，甚至货币性质的持续演变，资本主义在不断发生"自然重组"。这种演变并不总是匀速的，也不是所有变化都会对经济的增长和稳定造成破坏。但在一定程度上，这种演变不可避免地会产生破坏性影响，导致经济增长放缓，并引发经济和金融不稳定事件。制度、计划、政策以及国家的意识形态，都可能会跟不上这种不断发生的自然重组和演变的步伐。旧的制度、政策与生产、市场、技术等方面的新变化之间的矛盾日益加剧，导致经济增长放缓、经济和金融不稳定性增加、衰退（或萧条）爆发、银行和金融业崩溃。为了适应和"赶上"自然的结构重组，需要计划、政策、制度和意识形态随之发生改变。换句话说，必须实施所谓的"诱导重组"，动用各种力量让变化自然地发生，再次实现机构、计划、政策之间的平衡。

这里描述的是资本主义固有的、不可避免的周期性危机。这不是商业周期意义上的周期，普通的衰退、"大"衰退，甚至是经济萧条也不包括在内。[1] 这也不是所谓的资本主义的"长

---

[1] 参见 Jack Rasmus, *Epic Recession: Prelude to Global Depression* (London: Pluto Books, 2010), chapters 1-3, 正常衰退和所谓的"史诗"（类似于"大"）衰退的区别，以及它们与真正的经济衰退有何不同和相似之处。

周期"①，危机并不是由总需求不足、所谓的外部供给冲击或政府财政货币政策失误所导致的。出现与重组相关的危机，是资本主义作为一种制度体系在发展过程中固有的内在特征，并且，这是不可避免的，通常每 20 年到 40 年发生一次。

我们在第一章中简要讨论了 20 世纪 60 年代末到 70 年代，推动美国"资本主义自然重组"的力量。还简要介绍了这期间为应对危机，实施"诱导重组"所需的政策和计划。但是，20 世纪 70 年代危机之后的诱导重组，也就是所谓"实践中的新自由主义"，并不是独一无二的。

本章将在历史背景下对美国实践中的新自由主义进行探讨。这是美国资本主义体系在 20 世纪发生的第三次重大重组。② 有人可能会问，这次最新的重组可以与 1909—1916 年和 1944—1953 年的危机和重组相类比吗？

---

① 参见 James Shuman and David Rosenau, *The Kondratieff Wave* (New York: World Publishing, 1972)，了解苏联经济学家尼古拉·康德拉季耶夫（Nikolai Kondratieff）的观点，以及他的观点衍生出的各种作品，以及美籍奥地利经济学家约瑟夫·熊彼特（Joseph Schumpeter）提出的资本主义经济"破坏性创造"的长周期。

② 事实上，如果算上失败的 1933—1938 年和 1971—1973 年的重组，这可以被认为是第五次。

# 历史概览

　　整个 20 世纪，美国资本主义利用世界大战、经济危机、技术变革和创新产生的全球机遇，成功地进行了周期性重组，充分证明了其战略灵活性。美国的资本主义体系曾在 3 个历史时期成功进行了自我重组，并实现了经济政策的重大转变：1909—1916 年的重组为第一次世界大战做好了准备；1944—1953 年的重组是第二次世界大战结束和冷战爆发的结果；1981—1988 年的重组则是对 20 世纪 70 年代美国和全球经济停滞的回应。[①]

　　第三个重组期通常被认为是新自由主义政策时代。1981 年，里根总统发起了第三次重组并开始了新自由主义实践，之后在克林顿（1992—2000 年）和小布什（2001—2008 年）的任期内得到了扩大和深化。此后，由于 2008—2009 年全球金融危机和经济危机，新自由主义政策体制在实施中也遭遇了危机。

　　在经历了 2008—2009 年的全球经济崩溃之后，美国资本家和政治家在 2010—2016 年期间，曾试图复兴 1981—2007 年盛行的新自由主义政策体制。然而，奥巴马政府在 2009—2016

---

① 新自由主义政策中的要素实际上是在卡特总统时期（1978—1980年）出现的，刚好在 1981 年里根政府上台之前。卡特在执政的最后两年，经常提出货币和财政政策变革、行业放松管制，以及其他与里根相似的政策举措，甚至在少数情况下进行了实施。

年进行的重组因为要素缺失失败了。[①]

历次资本主义重组都建立了一种新的经济纲领与经济政策的组合。并且，它们与政治体制和政治实践的变化紧密相关。1909—1916 年的第一次重组和 1944—1953 年的第二次重组，它们的政策组合都有各自鲜明的特征。1981—1988 年的第三次重组推出的新自由主义政策与前两次重组的政策相比，也有着根本性差异。

这三次资本主义重组的根本差别之一，是第三次重组即新自由主义重组代表了在美国资本主导地位不断削弱的历史时期，美国资本与国内外资本主义挑战者之间关系的重组。第一次重组体现了美国资本在全球地位的上升；第二次重组代表了美国资本全球霸权地位的升级；第三次新自由主义重组则代表了美国资本及其政治代表通过重组美国国内外阶级关系来保持其霸权的努力。

## 新自由主义 2.0

在特朗普的领导下，美国资本中一个更强硬的新派别实际上控制了美国的核心政治机构。他们控制了总统，并从 2016 年起控制了美国众议院，从 2017 年起控制了美国最高法院的大多数席位。此外，特朗普自上任以来，稳步加强了对共和党和美

--------

① 详见第七章。

国政府机构的影响和控制，尤其是对情报机构和五角大楼（国防部）的控制。尽管特朗普政府在 2019 年 1 月失去了对美国众议院的控制，但仍牢牢掌握着这个资本主义国家大部分（甚至可以说是全部）权柄。

特朗普能否成功复兴美国在 1981—1988 年创立的新自由主义政策体制还有待商榷。在特朗普的领导下，美国政策进入了更加严厉、更加激进的新自由主义 2.0 时代，这对美国的工薪阶层和中产阶级以及外国资本主义竞争对手都造成了严重的负面影响。特朗普执政头两年的证据表明，这些影响对于新自由主义的复兴不是没有妨碍的，所以他的新自由主义复兴之路能否成功还不能确定。

特朗普的财政政策，包括不断增加战争支出和削减企业税收的政策，已经被公认为是一种更富"恶意"的新自由主义。在产业政策方面也是如此，表现为放松管制、对工会组织和工人权利再次发起攻击等。特朗普一上任就迅速启动了对一般社会立法（如环境、医疗保健、银行监管等）以及特定行业的放松管制，并通常是通过行政命令进行的。新自由主义财政政策的另一个标志是私有化的进一步深化和军事国防支出的迅速扩大。2018 年大规模对企业和投资者减税加上国防支出的升级，使美国在特朗普执政的头两年里每年的赤字增加额都超过10000 亿美元，国家债务从 200000 亿美元提高到 220000 亿美元，之后每年的赤字增幅也都在 10000 亿美元及以上。无视国家赤字和债务，是新自由主义财政政策的另一个典型特征。

然而，截至 2019 年年底，美国的贸易政策和社会项目支出政策仍在调整之中，尚未得到全面执行。此前一年，特朗普一直在积极调整与盟友和对手的贸易关系，他领导下的贸易政策重组的全貌变得越来越清晰。不过此时，美国与中国的贸易战尚未解决，与欧洲和日本的贸易冲突也未结束。社会项目支出的削减，也就是财政紧缩的问题仍悬而未决。为了增加国防支出，特朗普不得不在国会中向民主党人妥协，在每年增加 1000 亿美元国防支出的同时，增加同等数量的社会项目支出作为补偿。尽管特朗普一直在呼吁，在未来 10 年削减总额为 27000 亿美元的医疗保险、医疗补助、教育、社会保障支出并进一步推进私有化，但在实际政策方面还没有任何动作。

通过更激进的新型新自由主义传统货币政策（即央行注资、低利率以及为刺激出口而采取的弱势美元政策）来实现资本主义复兴的结果，仍有待确定。2019 年 1 月，特朗普和他的企业界支持者成功迫使美联储改变货币政策，停止了加息。到 2019 年夏天，特朗普又成功迫使美联储开始降低利率。但这绝不意味着美联储会持续这样做。而且，即使它同意这样做，也已经没有了进一步降低利率的空间。为了回归积极的新自由主义货币和美元汇率政策，美联储将不得不恢复量化宽松政策，重新大规模购买债券。在尝试加息仅两年之后，2019 年 1 月，美联储在特朗普和企业界共同施加的高压下，恢复了以长期低利率为特征的传统新自由主义政策，以此来支持金融市场。但它是否将彻底实施新自由主义货币政策仍有待观察。

从第三章到第八章，我们将更深入地分析"实践中的新自由主义"。在此之前，我先对美国资本主义在21世纪前两次成功重组（和两次重组之间其他失败的重组）中的计划与政策的独特组合进行简要回顾，再与新自由主义重组（始于1981—1988年里根总统任期的第三次重组）的计划和政策组合进行比较，可能会对读者继续阅读有所帮助。

## 第一次经济重组（1909—1916年）

20世纪，美国资本主义的第一次重组发生在1909—1916年，当时已有迹象表明欧洲冲突和世界大战不可避免，美国的资产阶级和美国政府正在为此做着准备。此次重组的政策变化主要发生在财政、货币和产业领域。

在1909年之前，美国的政策组合包括国家税收和财政支出最小化、去中心化和各自为政的国家货币供应管理体制、不受监管的银行、与英国为主的贸易和资本流动，以及自由放任的商业和反工会的产业政策。

在财政政策领域发生的战略性和根本性变化，是1909年引入的企业所得税和1913年引入的个人所得税。

1898年美西战争的经验表明，美国没有足够的税收基础来消化2.74亿美元的战争成本。这场战争资金的基础是房地产遗产税，占到了资金总额的82%。因为一些富裕家庭出了钱，一些则没有，战争资金来源的不均衡引起了富裕阶层的不满。

1898 年战争之后，美国的税收体系仍然是以关税和消费税为基础的，这不足以支持美国建设一支蓝水海军。如果美国想要保住其在加勒比地区和亚洲新获得的殖民地，建设蓝水海军是必需的，更不用说美国很有可能成为欧洲战争的主要参与者，并且在 1910 年后这种可能性越来越大了。美国政府需要新的税收制度，从而获得更有保障的收入。企业所得税和个人所得税为政府提供了新的收入来源。第一次世界大战爆发后，美国所得税的税种进一步扩大，增加了针对富人的遗产税和面向企业的附加税。现代美国税收制度便是形成于 1909—1916 年的重组时期。[1] 我们将在后文中讨论，新自由主义税收政策与 1909—1916 年第一次重组时建立的现代美国税收结构从根本上相比是逆向的。

货币政策的变化同样重要，因为美国在其历史上第一次建立一个现代的中央银行，即联邦储备系统。[2] 建立央行的最初推动力来自 1907 年的银行业崩溃和随后的经济衰退（1908—1909 年），以及之后的二次衰退和经济停滞（1914 年）。在没有中央银行的情况下，当银行体系于 1907 年秋季崩溃时，以摩根大通为首的纽约各大银行曾试图通过集中私人投资者和银行

---

[1] Steven Weissman, The Great Tax Wars (New York: Simon & Shuster, 2002.

[2] 关于联邦储备系统的起源和演变，请参见 Jack Rasmus, *Central Bankers at the End of Their Ropes*: *Monetary Policy and the Coming Depression* (Atlanta: Clarity Press, 2017), 48–70。

的资金来拯救银行体系，但他们失败了。美国财政部最终不得不出手干预。为防止银行崩溃，它们动用了当时美国几乎全部7500万美元国债结余。最后，美国财政部的干预取得了成功。[1]

在一个草根运动蓬勃发展的时代，美国财政部1907—1908年的紧急纾困行动导致了纳税人的不满。政客们意识到，继续用纳税人的钱救助银行，肯定会使民众更加激进[2]，而一个既不是私人银行，也不是政府的中央银行（美联储），可以作为独立的银行救助金来源。此外，有了美联储，救援行动就能够在公众视线之外进行，因为美联储可以创造出大量资金来抵消银行的损失，并稳定信贷体系。美联储也能很好地服务于银行家和民选政客的利益。

美联储也是一个出售政府债券来筹集战争费用的有效机构，它可以通过货币政策为政府筹集战争支出的财政政策提供支持和服务。在1898年的美西战争中，美国政府通过出售债券只筹集到战争花费的13%。有了美联储，在未来的战争中，税收资金占战争总资金的比例就不用再像1898年那样高达83%。因此，美联储的成立减轻了为战争筹款时政府财政税收政策的负担。

以创立美联储为代表的货币政策重组，也为20世纪资本主义扩张所必需的私人银行体系和经济系统建立了少量亟需的规

---

[1] Jeremy Atack & Peter Passell, *A New Economic View of American History* (New York: W. W. Norton, 1994), 514–518.

[2] Jack Rasmus, Epic Recession, 145–163.

则。美联储解决了一个整个 19 世纪都在困扰美国经济的问题：没有统一的货币。1913 年以前，美国没有统一的货币，只有由州和地方银行发行的数百种不同的货币。货币供应因此支离破碎，很难在全国范围内进行管理。分散的货币发行导致投机性金融泡沫反复出现。此外，由于对私人银行系统缺乏监管，还进一步加剧了泡沫和随之而来的金融崩溃。美联储的创立使得美国首次确立了对货币发行权的集中垄断。①

然而，美联储对货币创造的垄断，代表着全美数千家小银行的控制权会进一步集中到大型私人银行手中。数家纽约大银行是美联储成立的发起人和推动者。1913 年之后，这些银行通过控制美联储的 12 个地区分支机构掌握了美联储的运行权，并通过纽约联储控制了其国际金融关系。因此，美联储提高了纽约大型私人银行对欧洲银行资本的影响力和控制权。他们通过对纽约联储的战略控制，进而又控制了美国的外汇交易。纽约的大银行家们才是美联储的幕后掌权人（即灰色势力）。

因此，所得税制和美联储是在 1909—1916 年第一次重组中具有代表性的历史性政策转变。第一次世界大战又引发了其

---

① 中央银行垄断货币发行权不应与货币供应本身的创造相混淆。这种创造是私人银行发放贷款和向经济系统注入资金的结果。央行可以通过操纵存款准备金率、贴现率政策和在公开市场购买债券（最近是通过量化宽松政策）等各种政策来影响私人银行的货币供应的创造。但国家（美联储）对货币发行权的垄断，与对私人银行长期金融投机和由此产生的金融泡沫的行业监管有关。

他重大的政策转变，其中最引人注目的是一项新的产业政策，包括战争支出的制度化及对工会与集体谈判的暂时容忍——至少在战时生产中，允许工人成立工会，并提高战争生产部门工人的工资，以换取工人不罢工的承诺。然而，政府对其他行业实施了直接监管，包括对工资和价格的管控。

与后来的新自由主义政策相比，第一次重组的主要内容不仅是对企业和富裕家庭征税，而且还首次引入了经济监管政策（在战争物资生产部门）。这两项政策在很大程度上都是为战争支出财政政策服务的。

1909—1916 年的政策组合中，没有一项定义明确的外部美元交易政策。不过，当时也并没有重组美国贸易政策的必要。战争的序曲和欧洲战争本身导致了美国出口激增，并且第一次世界大战开始后，大量货币资本（如黄金）从欧洲流入美国。战争物资出口导致黄金流入美国，进而推高了美国的货币供应量，反过来又使美国利率保持低位运行。这在总体上刺激了美国企业在国内的投资，同时政府战争支出也在增加。

第一次重组和第一次世界大战之后，美国的战争支出成为美国政策中的一个基本要素。中央银行的货币政策促进了战争融资，新的所得税结构和后来征收的遗产税也起到了同样的作用。行业监管也是在第一次重组政策组合中出现的新要素，其中包括对工会发展的容忍和在战时生产中对工资增长的控制。但贸易政策（出口顺差、黄金流入、美国银行的海外投资等）都是其他政策的结果，而这些政策的核心是政府的战时财政支出。随着 1981 年新自由主义政策的出台，美国财政政策中的要素发生重大变化，只有战争支出是个例外，它仍在新自由主义政策组合中占据核心位置。

第一次重组时推出的政策组合中的大部分在 20 世纪 20 年代就遭到废除。在战争期间增加的营业税快速降低。在产业政策方面，战争时期的监管框架很快被撤销，政府恢复了反工会政策，美国的出口和贸易政策在这 10 年里随着全球金本位制度的崩溃而被搁置。美联储的货币政策曾专注于为战争筹集资金，此时被鼓励货币超量供应和保持低利率的政策所取代，这也助长了投机性投资，最终导致 1929 年美国股市崩盘。此后，在 1930—1933 年期间，美联储政策的失败导致了连续 4 次越来越严重的银行业崩溃事件，加重了大萧条。1930 年美国提高关税的政策加速了美国进口额的下降，而当时全球贸易总体上已经崩溃了。


## 罗斯福失败的复兴计划：1933—1939 年新政

1933—1939 年，在富兰克林·D. 罗斯福（Franklin D. Roosevelt）的领导下，美国政府试图恢复第一次重组时的政策组合，同时增加一些新的政策元素和要点。

罗斯福政府头两年的政策组合都包括在《国家复苏法案》（*National Recovery Act*，简称 NRA）中。该法案并不奢望处在大萧条中的美国资本主义能恢复到 20 世纪 20 年代时的繁荣，它的目标更为克制：仅仅是阻止商品价格的下跌，特别是农产品价格的下跌。因为这种下跌正在导致债务违约以及家庭投资和消费的崩溃。虽然这样做意味着违反反托拉斯价格操纵法，但该法案还是把产品价格的回升作为首要目标，同时还对1933年3月罗斯福上台前倒闭的银行进行救助。《国家复苏法案》在稳定物价方面取得了部分成功，但付出了工业减产、失业率上升和整体经济下滑的代价。1933—1934年，经济实现了短暂稳定，但在1934年年中经济又开始萎缩，新一轮的经济恶化即将到来。

直到1934年下半年，也就是国会中期选举前夕，罗斯福才将他的政策组合转变为后来被称为"新政"的政策。新政的计划和政策预示着美国资本主义将进行更广泛的重组。它涉及财政政策，如政府在公共工程上的支出、收入援助计划、住房救助、扩大工会权利、新的总体产业政策，对金融业、银行业（以及中央银行）的深层改革，以及新的美元政策。然而，20世纪30年代美国面临的国内、国际形势阻碍了这些计划和政策的扩大发展。对外战争和世界贸易的崩溃使得美国未能发展出有效的"对外"政策。在经济萧条和缓慢增长的大环境下，低利率的货币政策也没有起到预期作用。

从1933年到1938年年初，新政确实使美国经济实现了显著的局部复苏，银行体系也稳定了下来。不过，政治力量阻碍了进一步重组和政策实施。在1938年年初，新政中的许多计划在短短几年后就被终止或大幅削减。到1938年年中，美国经济再次陷入萧条。虽然其中一些计划在1938—1939年被迅速恢复，但此时后果已经无法挽回。并且，之后也没有对政策进一步拓展。

在新政的鼎盛时期，美国政府对富人的税收再次提高，劳动收入的税率高达70%。政府恢复了财政政策支出，这一次主要聚焦于国内，特别是由政府出资的基础设施投资。中央银行被降级为次要角色，并进行了改革，以减少私人银行家对其政策的控制。经济监管全面回归，成立工会首次被合法化并受到鼓励。在产业政策方面，规定了最低工资标准，并放宽了对工人罢工的法律限制。

财政政策从政府项目和社会支出转向战争支出，这一重大转变开始于1940年，并在1942年之后迅速加速。随着战争支出增加，新政项目中的社会项目支出要么按比例减少，要么干脆停止了。政府还引入、扩大和深化了一项增税政策，来为战争支出筹集资金，特别是针对工薪阶层家庭，首次引入了工资扣税制度。在1942年开始的一系列年度税收立法中，政府支出从20世纪30年代中期占国内生产总值的15%上升到40%以上，在1944年年初达到峰值时占到了国内生产总值的70%。对公司和富人的征税力度进一步提高，并首次将税基"扩大"到了大多数工薪阶层的工资收入。政府还扩展了第一次世界大战时的政策模式，实施了广泛的经济调控。鼓励工会化的战时产业政策再次出现，与1916—1918年的情况一样，美国工会在第二次世界大战时期经历了历史上最快速的增长。战争动员带来了政府对整个工业领域的管制，包括战时工资和价格控制在内的诸多政策重新得到实施。

可以说，第二次世界大战的爆发让美国新政戛然而止。当时，美国新政正沿着更加平等的路线重组美国经济，通过给非商业部门提供更高的收入来打造经济稳定发展的基础。财政社会支出是经济增长和经济稳定的基础，而货币贸易政策能够为财政社会支出提供支持，但 20 世纪 30 年代的全球不稳定因素阻碍了贸易和货币政策的发展。货币政策也因当时的国内外形势遭到否定。更重要的是，20 世纪 30 年代后半期，资本主义利益集团的强烈反对，加上全球的不稳定状态，使得美国经济只能走亲资本主义利益集团的重组路线。战争本身就是对新政重组的致命一击。取而代之的将是一场明确的亲资本主义利益集团的重组攻势，其计划甚至在战争军事行动结束之前就已经制订完成了。

## 第二次经济重组：1944—1953 年

随着第二次世界大战结束，美国经济的第二次重大重组开始了。1909—1916 年重组中的 4 个主要政策要素被"重新安排"在一个新的组合中，不过现在重点不同了，政策组合还引入了新的政策要素。

主要的新要素是美国的贸易政策，从广义上说就是美国的出口政策，但也包括美国的外国直接投资和美元（货币汇率）政策。

这一政策形成和实施的标志是 1944 年形成的布雷顿森林国

际货币体系。该体系的建立是由美国主导和实际控制的。根据这一体系，美元将成为世界经济的主要储备和贸易货币。这一体系建立了以美元为基础的准金本位制。当时美元对黄金的汇率固定在每盎司 35 美元，并且可以自由兑换。所有其他货币都与 1 盎司黄金价值 35 美元的价格挂钩（即松散固定）。这赋予了美国资本家巨大的权力和对其他经济体的控制力。美元成为无可争议的全球储备货币和全球贸易货币。

欧洲和亚洲的经济在第二次世界大战时都陷入了崩溃或停滞状态，这也为美国商品出口提供了无限的机会，并且，此时渗透和进入这些市场几乎是免费的。由于欧亚各国对重建资金的需求非常大，这使得美国企业和银行能够将美国的外国直接投资提高到历史最高水平。随着美元地位上升以及 1945 年后外国直接投资的加速，美元涌入了全球经济。而随着世界其他经济体的复苏，美元又以购买美国出口商品的形式回流美国。受到战争和出口融资减少的影响，欧亚各国的经济生产能力严重不足，所以美国企业出口一开始没有受到任何欧洲或亚洲资本的挑战。

为了管理由美国主导的新建立的布雷顿森林体系，新的机构诞生了：国际货币基金组织（IMF）和世界银行（World Bank）。美国掌握了这两个机构的多数投票权，从而实现了对其政策的控制。由于美国对欧洲和日本经济复苏有着巨大的影响力，对于这两个机构可能采取的战略决策，美国都能保证在投票中获得绝对多数。通过国际货币基金组织和世界银行，美国获得了对其他经济体信贷准入和货币稳定性的掌控权，为美国公司和银行家开展外国直接投资和产品渗透打开了大门。这也是其他经济体，特别是欧洲和日本，获得基础设施投资贷款和其他项目的前提。[①]

在第二次重组的政策组合中，财政政策仍然凌驾于货币政策之上。1944—1953年，美联储的作用基本上仍然只是出售债券来支付创纪录的美国战争债务。直到20世纪60年代初，它才重新成为活跃的政策机构。

作为第二次重组的一部分，美国政策制定者在1945年还决定不会像1919—1920年那样缩减政府支出。政府支出占国内生产总值的百分比（或者说，与社会项目相比，应该分配多少用于国防）最初并没有决定。1929年，政府支出仅占国内生产总值的3%。在20世纪30年代中期，社会基础设施支出的增加使这一比例最高上升到了15%~17%。到1943年，这一比例上升到了40%，并在1944年达到顶峰，占了国内生产总值的70%。不过，美国政府在1945年决定，1945年后将政府支出占国内生产总值的比例保持在20%左右。

到1947年，美国政府支出仍主要集中在战争支出，国家高速公路系统等基础设施项目也占了一定比例。与苏联的冷战成

---

① 第三个全球性机构（世界贸易组织）是在1944年的布雷顿森林会议上构想出来的，其目的是规范全球出口贸易。然而，由于美国的阻挠和反对，它没能发展起来。美国既不希望也不需要一个所有经济体能够合作，且在世界贸易监管中都有发言权的机构；1945年之后，美国获得了全球霸权，并选择了从中获利。

为将军费支出维持在战争水平的理由。1950 年，随着中国投入经济建设和朝鲜战争的爆发，以战争为导向的财政政策进一步得到巩固。与 1909—1916 年一样，此时的经济结构重组也伴随着政府战争支出的增加。在未来的新自由主义政策中，这一特征也将得到体现。

在 1944—1953 年的重组中，政府战争支出、社会项目支出和战时税收政策得以延续，而支持工会的产业政策和价格控制法规在 1944 年之后则不再提及。从 20 世纪 30 年代中期到第二次世界大战，美国工会的数量和影响力一直在稳步增长，而在第二次重组中，产业政策的重点是消解和抑制美国工会和工人阶级的力量。

1946 年，美国经历了历史上最大规模的罢工浪潮。事实证明，工会中的组织者有效地建立了激进的、阶级意识日益提高的美国劳动力队伍。产业政策因此以工会为目标，对工会的罢工权利进行了直接攻击，并采取了其他形式的行动来破坏工会的内部团结。1947 年通过的反工会的《塔夫脱–哈特利法案》（*Taft-Hartley Act*）禁止联合罢工和跨工会支持，允许美国政府暂停全国范围的罢工，允许政府直接参与管理层和工会之间的集体谈判合同的协商，并规定工会建立招聘大厅的行为违法，从而使工会控制工人招聘成为违法行为。该法案甚至禁止工头和一线监督员组建工会，并制定了一份工会"不公平劳动行为"清单，以阻挠工会的组织工作，使集体谈判变得更加困难。很快，工会受到了第二波打击。政府给两个主要的工会联合会，即美国工会联盟（AFL）和产业组织（CIO）施加压力，令人惋惜的是，这两个组织机构没能顶住压力。

## 第一次与第二次资本主义重组简要对比

这两个时期有一个共同点，都特别强调战争财政支出政策。第一次世界大战结束后，1919年的美国政府战争支出政策立刻发生了反转，但1945年第二次世界大战结束后，同样的情况并未发生。1945年后，美国迅速从世界大战过渡到冷战，国防支出保持在较高水平，没有大幅削减。从1919年开始，美国对企业和富人的税收迅速削减，而在第二次重组中，税收最初只是渐进性地减少。直到1953年，美国政府才对税法进行了根本修订，并在很大程度上是有利于富人和商业利益的。在两次重组中，财政政策在社会项目支出方面的情况也有所不同。在第一次重组时，基本没有此类支出；在第二次重组时，直到1946—1947年，基础设施投入都主要用于战争生产。用于战争生产的财政支出在1948年后迅速减少。第二次重组与第一次重组时另一处不同是，在1947年后的第二次重组期间，用于教育、社会保障和其他项目的社会项目支出也得到了加强。

在货币政策方面，美联储在两个重组时期的货币政策主要局限于偿还战时政府债务。但在1945年后，美联储的货币政策在接下来的10年里仍然一直局限于偿还战争债务，而不是像1919年后那样，用长期的超低利率迅速为银行家谋取利益。

　　行业管制在 1944 年之后有所放松，但并没有像第一次重组后那样被完全废除。在第二次重组过程中，关于工会化、工会罢工活动和其他 1944 年之前存在的工会经济力量的产业政策受到了遏制，但并没有被完全废除。在 1919—1920 年的大罢工浪潮中，工会遭到了重大打击。美国历史上最大的罢工潮发生在 1946 年，结果美国工会并未失败。集体谈判机制不仅保留了下来，甚至还扩大到了战时曾被禁止的雇主健康保险和退休金等员工福利领域。但 1947 年的反工会立法遏制了工会权力的进一步发展。在接下来的 20 年里，工会与管理层的关系和权力对比一直保持在稳定状态。作为产业政策的一个组成部分，行业管制大体上保持了原状。随着 1950 年朝鲜战争爆发，战时工资和物价管制曾稍有回头，但很快就结束了。

　　1909—1916 年和 1944—1953 年两次重组之间的最大区别是所谓"外部"政策。这些政策与全球贸易、以外国直接投资为主的全球货币资本流动及美元货币政策有关。1944—1953 年，美国显然已成为全球经济霸主，而在 1909—1916 年，在一个金本位的世界中，美国才刚刚开始与英国和欧洲其他国家的资本竞争。1944 年之后，英国和欧洲其他国家都因战争而债台高筑，并在经济上依赖于美国。此外，金本位制度与美元挂钩，美元成了当时世界上最重要的货币。金本位制实际上已不复存在，黄金成为次要的货币形式，而美元则成为主要的货币形式。

# 尼克松失败的复兴：1971—1973 年的新经济政策

从 1945 年到 1965 年的 20 年里，第二次重组及其特有的政策组合逐渐瓦解。这种情况和 20 世纪 30 年代的大萧条粉碎了第一次重组及其政策组合是一样的。

20 世纪 60 年代，美国的出口主导地位持续减弱。以最新的投资和技术为基础，欧洲、日本及其工业都已复苏，开始向美国企业发起挑战。持续 20 年的美元外流（美国企业在国外的直接投资、对政府的外国援助以及美国在世界各地的军事基地的支出）为美元创造了一个不断增长的离岸市场来源，这对 1944 年建立的布雷顿森林体系造成了破坏。

越南战争和冷战导致战争支出持续飞涨，加上社会项目支出和中央银行恢复了宽松的货币政策，美国物价上涨，进而削弱了美国公司的全球竞争力。美国国内的通货膨胀也使美元发生贬值。按照布雷顿森林体系，国际货币体系是以美元与黄金的可兑换性为基础的，随着美国通货膨胀上升，美元价格下跌，各国政府和投资者开始要求用手中积累的美元兑换美国的黄金。因此，美元无法再维持 35 美元与一盎司黄金"挂钩"的政策。简而言之，美国在 20 世纪 60 年代推行的政策，实际上正在摧毁第二次重组和布雷顿森林国际货币体系所创造的政策组合。这次重组及其政策组合正在土崩瓦解。

20 世纪 60 年代末，由于 1944—1953 年确立的政策体系崩溃，导致美国在 20 世纪 70 年代经历了长达 10 年的经济危机和经济不景气。政策体系已经崩溃的最初证明，是尼克松总统在 1971 年 8 月推出的"新经济政策"。该计划一方面用美国工人和工会的利益为美国资本补贴，另一方面牺牲与美国竞争的外国资本的利益。

与此同时，1969—1971 年，美国发生了工会历史上第二大罢工浪潮。罢工第一阶段是由建筑业工会领导的，随后卡车司机工会、汽车工人工会和港口工人工会也加入了罢工。罢工取得了成功，工人在 1969—1971 年的集体谈判中获得了超过 20% 的工资和福利增长。作为回应，为了破坏工会的力量，尼克松在 1971 年 8 月对工会合同实施了普遍的工资冻结，随后强迫工人的工资涨幅不得超过 5.5%。美国政府对工会化的其他攻击也同时展开，主要目标是建筑业工会。

通过为美国公司提供补贴和减税，并对进口到美国的外国商品征收关税，新经济政策进一步打击了外国资本主义竞争对手。但新经济政策中最具影响力的部分是尼克松决定放弃美国于 1944 年建立的布雷顿森林体系，终止了该体系的核心政策——35 美元一盎司黄金的兑换比例。此后，美元被允许贬值。这反映在 1973 年制定的史密森尼协定（*Smithsonian Agreement*）中，该协定的目标是鼓励美国出口商并使美国的资本主义竞争对手和进口商处于不利地位。

随着布雷顿森林体系崩溃，美国的产业政策转向控制工资和攻击工会，尼克松政府同时也开始了扩张性的财政政策和货币政策。在货币政策方面，1972 年尼克松再次当选之前，他命令当时的美联储主席阿瑟·伯恩斯（Arthur Burns）加快货币供应，将利率压低到历史最低水平。与此同时，尼克松扩大了对越南战争的战争支出，同时呼吁增加核武器和其他冷战支出，并且还扣押了国会拨给社会项目的资金。

对工会工人和外国资本主义竞争对手的攻击，削减社会项目计划，以及后越南战争时期国防支出的增加，这些同时发生的事件都是在为新一轮经济重组彩排。20 世纪 70 年代初，通货膨胀加速，接着是 20 世纪 30 年代以来最严重的经济衰退（1973—1975年），再加上整个 70 年代商业投资十分疲软，这使得美国经济在这10 年里进入了一段漫长的滞胀时期（失业率上升，物价上涨）。到20 世纪 70 年代末，1944—1953 年的重组和政策组合已完全崩溃了。

水门事件、越战失败、日欧资本竞争日益激烈、20 世纪 30年代大萧条以来最严重的经济衰退（1973—1975 年）、美国国内社会运动和立法运动的高涨、对更多民主权利和政府责任的呼吁、新独立的石油经济体和国家对美国石油和能源利益的国有化、石油价格冲击和通货膨胀、由于美国内部不稳定和军事上的不积极导致的中东和其他地方的战争、经济不确定性的增加导致商业投资增长持续下降到了近乎停滞的程度（70 年代末）——由于这些事件，尼克松总统为重组所做的努力都付诸东流了。

20 世纪 70 年代的经济停滞和经济危机，加上在全球舞台上的经济和政治挫折，促使美国资本主义在企业和政治层面再次发力，于 20 世纪 70 年代末又启动了一次（即第三次）重大经济重组。尼克松总统失败的方案被重新翻出来讨论、扩展并实施。

早在 1978 年或 1979 年，美国政府内外就有许多关于新的财税政策定位和新的中央银行货币政策的建议。货币政策的新定位也在讨论范围之中。人们认为，未来 10 年货币供应量应保持持续增长。新的产业计划则由一项更激进的攻击工会和工资增长的新型产业政策及促进广泛的放松管制的政策组成。针对全球资本主义竞争对手的新一轮攻势也是其中一部分，目的是恢复对美国投资者和出口商有利的贸易环境。为实现这一点，新建议不仅呼吁在美国国内放松行业管制，并且呼吁放松对全球商品和货币资本流动的管制，因为这可以释放美国银行和金融市场的力量。如此一来，占主导地位的世界货币——美元就可以被用来增加美国的竞争优势。

全新定位的财税政策、货币政策、产业政策和放松管制政策很快被命名为"里根经济学"，这个名词是与一个新概念混用的，特指与 20 世纪 80 年代初即将展开第三次重组相关的一种全新的政策组合。这个新概念及其政策组合被称为新自由主义。①

---

① 了解贯穿 20 世纪 70 年代的尼克松新经济政策演变，可以参见 Jack Rasmus, *The War at Home: The Corporate Offensive from Ronald Reagan to George W. Bush* (San Ramon, CA: Kyklosproductions Publishers, 2006), Chapter 1, "Convergence, Crisis and Corporate Restructuring in 1970s America," 1–31。其他对这一时期和新经济政策的著名分析，参见 Roger Miller and Raburn Williams, *The New Economics of Richard Nixon* (San Francisco: Canfield Press, 1972);Leonard Silk, Nixonomics (New York: Preager Publishers, 1972); and Allen Matusow, *Nixon's Economy* (Lawrence, KS: University Press of Kansas, 1998)。

# 第三次重组："新自由主义"实践简要介绍

尽管接下来的第三章到第八章将更详细地描述第三次重组和与新自由主义相关的计划与政策组合，我们这里先来看一看新自由主义的计划和政策与前两次重组时相比有哪些关键的不同。

简要说来，构成新自由主义实践的具体计划与政策组合包括以下内容：

● 对社会项目更激进的政策性削减，主要集中在减少和废除 1934—1965 年设立的政府计划。

● 积极放松产业管制，特别是在金融、通信、公共和私人交通、教育和医疗保健领域。

● 将第二次重组时建立的由雇主出资的医疗保健和退休服务产业私有化、军事服务私有化、公共产品和服务私有化，以及对联邦土地的私有化。

● 大幅降低对企业、投资者和富裕家庭的利得和资本收入（利息、股息、营业租金等）的税收。

● 在削减社会支出的同时，长期增加战争和国防支出。

● 允许预算赤字、国家债务和债务利息不断上升。

● 中央银行实施基于长期流动性注入的货币政策，保持银行长期低利率，从而对企业投资成本进行补贴。

● 逐步削弱工会，弱化工会集体谈判能力，压缩工人工资收入。

● 由政府推动劳动力市场进行根本性改革，包括：创造数百万临时性岗位和低薪服务岗位、停止最低工资标准增长、制造业岗位大规模外包以及鼓励外国技术工人在美工作的签证政策。

● 用自由贸易取代以关税、配额和行政措施为基础的传统贸易政策措施，以此作为主要手段，推动美国企业出口最大化。

● 接受美国的贸易逆差，以换取"双赤字"解决方案，确保美国的海外美元被主要盟友和全球贸易伙伴循环利用。

● 鼓励美元汇率长期处于低位，鼓励美国货币资本外流和对外国直接投资。

● 直接牺牲基于实物资产投资的经济增长，促进美国经济金融化。

随意比较一下新自由主义的计划和政策，就会发现它们在很多方面与前两次重组时推出的政策是相反的。这其中主要的例外是财政政策中战争支出的扩张，这是新自由主义重组与之前的两次重组的共同点。增加战争支出是 20 世纪美国所有重大经济结构重组的共同特征。不同之处在于，前两次重组与真正的战争有关，而新自由主义则与无须宣战的永久战争有关。另一个根本区别是，两次世界大战的资金在很大程度上来自对企业和富人的征税，而新自由主义时代的战争支出却是以对企业和富人的大规模减税和以债券发行为战争融资为特征。新自由主义的独特之处在于，史上最大规模的减税政策与大规模战争支出同时发生，这在美国历史上是第一次。这种明显的反常之所以成为可能，完全是因为债务的作用和"双赤字"解决方案，这也是新自由主义所特有的。

新自由主义政策在根本上也有所不同，因为它们所代表的重组是由自 20 世纪 70 年代以来美国经济主导地位和经济实力下降推动产生的。第一次和第二次重组代表了美国经济影响力和实力的上升，新自由主义重组则代表了美国资本主义利益集团试图在全球市场上恢复和重建其经济霸权，也与战胜和消化 20 世纪 70 年代美国内部出现的阶级对立和挑战有关。

因此，实践中的新自由主义并不像许多人认为的那样，仅仅是一套与削减社会项目和财政紧缩相关的政策。这不仅仅是计划和政策本身的问题，它的范围远不止于此。它代表着一种基本的经济体制改革，包括以牺牲外国资本主义竞争对手和国内工人阶级的利益为代价，达到复兴美国资本主义的目标。这是 20 世纪末到 21 世纪全球经济环境发生巨大变化的情况下，重新建立美国经济霸权的尝试。

## 对新自由主义的批判遗漏了什么

新自由主义政策的批评者不仅没有充分思考推动了新自由主义兴起的现实根源，也没有正确概括其独特计划和政策组合中的关键因素。首先，缺乏对所谓的外部政策的分析，即对美国的双重赤字、外债、汇率、外国直接投资和全球货币资本流动的分析。与以往的重组不同，新自由主义有一套特殊的外部政策。然而，大多数对新自由主义的批评局限在贸易或商品流动的主题上，或许也包括自由贸易条约，但它们只是对产业政策进行了肤浅的分析。虽然批评人士谈到了工会解体、工作外包、总体工资压缩和行业放松管制，但他们忽略了新自由主义的根本性发展对劳动力市场的影响和它们所代表的资本家与工人相对权力的转变，如劳动派遣制的兴起、人工智能和机器学习等更具破坏性的新生事物。除此之外，对于全球资本主义经济的金融化及其后果，除了一些细枝末节，他们也没有进行详细描述。资本市场、影子银行、金融衍生品、新的全球金融资本精英的崛起、投资向金融资产相对转移（挤占了真正的投资）的整体系统性影响，在很大程度上被忽视了。他们只对一些可以归类为帝国主义新阶段和美国与全球资本主义的竞争和冲突的事件进行了不充分的分析。更重要的是，新自由主义的批评者通常没能解释资本主义的"自然"重组和"诱导"重组是如何发生，也没有解释新自由主义政策的推进是如何导致了美国民主的萎缩和衰落，即在规范、惯例、政党、选举制度甚至政府机构方面的变化。本书将在最后一章对这些"被忽视"的元素进行讨论。

## 第三章

**1981—1988 年:**

里根总统和新自由主义
政策的起源

美国新自由主义政策组合的核心部分是 1981 年由里根政府提出的。所以，尽管老布什、克林顿和小布什三位总统在执政期间进一步扩大和发展了新自由主义，这些政策仍然被称为是里根经济政策。里根经济政策涉及财政政策（减税和财政），货币政策（央行加息），产业政策（放松产业管制、去工会化、美国中西部制造业带的去工业化、养老金私有化和针对通货膨胀冻结最低工资调整）。最初，在政策开发方面最薄弱的部分是贸易政策，美国只是通过关贸总协定（General Agreement on Tariffs and Trade，简称 GATT）这一全球机构谈判来试图降低美国的出口关税。

里根的新自由主义，又名"里根经济学"，其在财政政策上强调了 3 个方面：增加战争和国防支出、大规模减税和削减社会项目支出。按照新自由主义理论，减税损失对美国预算产生的冲击，会被商业投资扩大、更多就业机会以及企业和工人更努力工作所增加的财税收入弥补。因此，降低税率反而会提高税收收入，而不会降低税收收入。为减少预算赤字，预计未来每年削减社会项目支出 500 亿美元。这被称为供给侧经济学。这是一种此前和之后都没有得到实证检验的理论，与其说它是经济科学，不如说它是经济意识形态。[①]

新冷战成为增加战争支出的推动力。里根总统的新冷战计划，核心内容包括：建设一支拥有 600 艘舰船的美国海军，其中包含新的航空母舰群；建设一套新的进攻型陆基和平卫士弹道导弹（MX 导弹）系统；开发新型核武器；建设一套名为战略防御计划（SDI）的新导弹防御系统（被戏称为"星球大战"计划）；提高军事人员的工资。

根据美国商务部经济分析局的数据，在里根总统第一届任期内，即 1981—1984 年，美国国防支出几乎翻了一番，从 1981 年的每年 1810 亿美元增加到 1984 年的 2950 亿美元。1986 年，美国国防支出又增加到了 3490 亿美元[②]，比 1981 年累计增加了 5940 亿美元。

---

① 尽管没有任何定量证据能说明供给侧减税能够独立创造就业、投资以及税收收入，但减税创造就业的概念直到今天仍是新自由主义的重要意识形态因素。自 1981 年以来，几乎每一次企业减税都被官方称为"创造就业法案"。

② 这些数字代表的是五角大楼的支出，但这只是美国国防支出总额中的一部分。国防支出的其他部分包含在美国年度预算的其他领域，包括退伍军人管理局、原子能部门、能源部、国务院、中央情报局等。这里的数字中，也不包括国防支出产生的债务利息、在国外的直接战争支出。后者通常是与五角大楼的支出分开计算的。但在预算报告中，并未提到在未来武器系统上的支出，即所谓的"黑色预算"。因此，在特朗普的领导下，2018 年美国的战争国防总支出每年接近 10000 亿美元，而五角大楼的官方预算在 6500 亿美元左右。

20 世纪 70 年代，由于美国专注于应对越南战争、水门事件、自 20 世纪 30 年代以来最严重的经济衰退（1973—1975年）以及全球油价冲击，美苏之间出现了短暂的"和平共处"。1981 年，针对苏联的第二次"冷战"爆发。在里根新自由主义的影响下，规模庞大且不断上涨的冷战国防支出成为新自由主义政策的基本特征之一，一直延续到今天。[①]

里根新自由主义财政政策的第二个重点是削减社会项目支出。理论上，这些项目的削减将在很大程度上抵消国防支出的增加。原计划是在战争支出迅速增加的同时，每年对社会项目支出进行削减，削减额在 370 亿到 440 亿美元之间。但这些削减计划并没有成功。而且，即使按照计划完成了削减，也根本无法弥补预算赤字的缺口。[②]

如此一来，战争国防支出导致了美国联邦政府预算赤字的增加，而社会项目支出的削减额度远远不足以抵消赤字的增加额。不过，对年度预算产生最大负面影响的并不是战争国防支出，而是 1981 年颁布的创纪录的减税政策。

1981 年 10 月，一项大规模减税计划开始生效。该计划的减税额最初估计为 7520 亿美元，其中包括对企业投资者的减税

---

① 自特朗普上任到 2018 年，美国国防总支出平均在每年 9000 亿美元到 10000 亿美元，预计每年还将增加 750 亿美元。

② William Greider, "The Education of David Stockman," *The Atlantic Monthly*, December 1981, 27–54.

和企业设备的加速折旧费（事实上的减税）。对小型企业的税率也从 25% 削减到 15%。不过，最大的税收减少来自个人所得税减免，最富有家庭的个人所得税税率从 70% 降到了 50%，投资者的资本利得税率从 49% 降低到 20%。遗产税和赠与税的税率也降低了，这主要惠及的是富人。个人所得税税率总降幅为 25%，从 1981 年起连续 3 年完成。

不算营业税，仅削减个人所得税一项就使美国 1986 年的政府税收比 1981 年减少了近 6000 亿美元。[1]加上企业税、继承税和赠与税减免的部分，减税总额达到约 7520 亿美元。

考虑到当时的经济状况，与 1981 年仅为 28000 亿美元的美国国内生产总值[2]相比，减税的规模是空前的。如此一来，相当于通过减税，1981 年美国国内生产总值的四分之一被转移到了企业、投资者和最富有的家庭手中。

里根的新自由主义财政政策（包括战争国防支出、减税、社会项目支出削减以及与债务成本相关的利息支付）导致了美国预算赤字屡创历史新高。"在这 6 年里，政府的赤字累计达 11000 亿美元。"

尽管 1981 年的减税政策造成了巨大的赤字，但在 1982—

---

[1] Benjamin Freidman, *Day of Reckoning* (New York: Vintage Books, 1988), 128–129. In 1986 alone, the 1981 tax cuts reduced government revenues by $211 billion (Friedman, 131).

[2] 参见《1981—1986 年美国国民收入和产品账户》。

1984 年的税收法案中，对 1981 年法案的"回调"只"调回"了 690 亿美元。年收入在 3 万 ~5 万美元的美国中等收入工薪阶层家庭，每年的减税额仅为 84 美元（占他们收入的 1.1%）。[1]1986 年，工资税的大幅增加又将这 84 美元覆盖了。[2] 这一年，工资税也首次自动与价格系数挂钩，这样一来税额就会随着每年的通货膨胀而增加。[3] 因此，在里根的新自由主义税收政策之下，不仅中等收入的工薪阶层家庭一无所得，那些收入在中等值以下家庭的净收入甚至还减少了，收入最低的家庭减少得最多。

1986 年，里根政府颁布了最后一项重要的税收法案。它被政客们吹捧为是对 1981 年法案的"改良"。但这明显是用词不当的。1986 年的税收法案将最富有纳税人的最高所得税税率从

---

[1] Robert Lekachman, *Greed is Not Enough: Reaganomics* (New York: Pantheon Books, 1982), 66–67. 相比之下，最富有的家庭每年可以从减税中获得 19427 美元的税收减免。85% 的减税是针对中等收入水平以上的家庭，其中大部分是 0.9% 的最富有人群。

[2] 里根时期对工资税法进行了调整，工人支付的工资税税率从 5.8% 增加到 7.15%，计税基数从 25900 美元提高到 42000 美元，最高税额从每年 1502 美元增加到 3003 美元。在随后的几十年里，得益于 1986 年工资税的提高，工资税为社会保障信托基金带来超过 30000 亿美元的盈余。参见拉斯马斯的《内战》，表2.2，第 73 页。

[3] Don Fullerton, "Inputs to Tax Policy Making," in Martin Feldstein, *American Economic Policy in the 1980s* (Chicago: NBER, 1994), 165–206.

50% 降至 28%，将企业所得税的最高税率从 46% 降至 34%。[①]
诺贝尔经济学奖得主、经济学家詹姆斯·托宾（James Tobin）
准确地总结了里根的新自由主义税收政策，称其既不能重振就
业，也不能恢复美国不断下降的生产力。"能够肯定的是，他将
把财富、权力和机会重新分配给有钱有势的人及其继承者。这
是里根经济政策的遗产。"[②] 将财富再分配给社会顶层是新自由
主义财政政策的本质。

　　与供给侧意识形态预测的不同，减税没能产生更多的收入，
再加上未能削减与国防战争支出增加相当的社会项目支出，最
终导致了创纪录的年度预算赤字和美国政府总债务的长期上升。
因此，长期的预算赤字和债务也成为新自由主义的一个特征。
1979 年的美国预算赤字为 400 亿美元，而 1983—1987 年这一
数字平均每年都超过 2000 亿美元。赤字和债务的加速增长还衍
生出了里根经济学的另一项遗产，那就是美国政府债务的净利
息成本从 1981 年的每年 500 亿美元上升到每年 1500 亿美元。

　　里根的新自由主义财政政策导致了美国预算赤字屡创历史
新高。"这 6 年里（1981—1986 年），政府的赤字累计达 11000
亿美元。"在里根的第一个任期内，赤字占美国国内生产总值的

---

[①] Rasmus, *The War At Home*, chapter 2, "The Great American Tax Shift," 74.

[②] James Tobin, *Politics for Prosperity* (Cambridge: MIT Press, 1987), 170.

比例实际上翻了一倍多，从 1981 年的 2% 增加到 5% 以上。

在里根的第一个任期内，新自由主义的货币政策几经变化。起初，它遵循所谓的"货币增长规则"，即按照与国内生产总值增长有关的公式稳步增加货币供应。根据其信奉"货币增长规则"的货币主义经济理论，利率、通货膨胀率、失业率水平等其他货币目标都不在考虑范围之内。

按照供给侧理论，对企业减税将带来投资、就业增长和更多的税收收入，不会造成损失。与此相同，货币增长规则更像经济意识形态，而不是经济科学。根本没有实证证据能够表明，根据规则（即固定公式）增加货币供应量与国内生产总值中的经济增长有任何关系，促进国内生产总值的增长更无从谈起。因此，新自由主义不仅受到财政税收政策（减税创造就业）的意识形态驱动，还受到货币政策（货币增长规则）的意识形态驱动。①

---

① 从经济学理论的角度来看，几乎没有实证证据表明，美联储通过增加私人银行的银行准备金向私人银行提供流动性与私人银行实际放贷（实际上增加了货币供应）之间存在联系。此外，货币供应量的增长可能会被经济中货币流通速度的下降所抵消。通常来说，货币需求放缓也可能会抵消货币供应增长。其结果是，尽管增加货币供应量的目的是降低利率，但美联储的利率却可能会上升。从 20 世纪 80 年代开始，新形式的信贷货币供应爆炸式增长，并在 90 年代末和之后随着经济的"金融化"而加速，这进一步削弱了美联储的作用和所有"货币增长规则"的概念。然而，许多学院派经济学家仍然相信这一思想，就像供给侧理论一样。

根据增长规则设定货币供应目标的政策，实际上是 1979 年由卡特提出的。1981 年，在企业界压力不断加大的情况下，卡特总统解雇了美联储主席，之后由保罗·沃尔克（Paul Volcker）接任。[①] 里根在上任之初留下了沃尔克，并沿用了货币增长规则政策。然而，美联储在 1982 年 10 月放弃了这一政策，转而开始瞄准利率水平。沃尔克后来承认，将一个固定货币供应增长规则作为中央银行的主要策略，实际上始于民主党的卡特时期，但得到加强是在共和党的里根时期——这一政策是一场灾难。[②]

1979 年前后，美国通货膨胀开始加快，主要原因是中东政治不稳定引发了全球油价上涨。然而，里根的新自由主义过度通货膨胀政策希望以牺牲美国家庭消费需求为代价来降低通货膨胀，而不是解决过度通货膨胀的真正根源。中央银行成为控制通货膨胀的主要政策机构。它的主要工具是短期利率。在里

[①] 有关沃尔克时代美联储的分析，请参见拉斯马斯的《穷途末路的中央银行家们》，第 84—91 页。这种货币政策向高利率的转变，也就是美元升值的政策，与第一次和第二次重组时货币政策的重点更接近。到 20 世纪 80 年代中期，中央银行的货币政策发生了转变，即在长期大规模流动性注入的推动下，确保长期低利率，而这将成为未来 30 年新自由主义的特征。

[②] Paul Volcker, "Monetary Policy Transmission: Past and Future Challenges," *Federal Reserve Board of New York Economic Policy Review*, May 2002, 7–11.

根的第一个任期内，美联储迅速将短期利率提高到前所未有的18%。其他利率也随之迅速上升。

美联储非同寻常的加息政策导致美国建筑业和汽车制造业陷入停顿。随后造成了大规模失业，消费者支出严重收缩，并在1981—1982年出现了20世纪30年代以来最严重的经济衰退。通货膨胀下降了，但代价是汽车制造业和建筑业的崩溃，并导致失业率上升到两位数。新自由主义的一个特点由此诞生：当通货膨胀加速时，让消费者家庭买单，而不是去解决价格过度上涨的真正原因——商业行为或外国商品供应商的价格过度变化。

提高利率的货币政策在20世纪80年代中期发生了逆转，转向了降低利率的过度"宽松"的货币政策。时任美联储主席的保罗·沃尔克反对宽松的货币政策，于是他被里根经济政策"沙皇"詹姆斯·贝克（James Baker）免职，由艾伦·格林斯潘（Alan Greenspan）取而代之。格林斯潘在1986年推出了新的货币政策，开启了长达20年（1986—2006年）的创纪录的过量流动性注入。这一货币政策日后被称作是"格林斯潘对策"。[①]从里根到奥巴马，超宽松的货币政策和超低利率成为新自由主义政策的常态。

这种长期持续的宽松货币政策和低利率促进了美国经济的金融化，这一始于20世纪80年代的转变，成为新自由主义政

---

① 关于我对1986—2006年格林斯潘领导下的美联储政策的分析，请参见拉斯马斯的《穷途末路的中央银行家们》。

策的另一个主要特征。[1]早在20世纪80年代里根总统在任期间，宽松的货币政策就曾导致了金融不稳定事件的发生，包括两次房地产市场崩溃、零售部门并购垃圾债券融资危机和1987年的股市大崩盘。

美国经济的金融化也加速了美国的"去工业化"，美国企业的投资和业务向海外转移的速度一直在加快。里根政府削减海外投资的公司税的财政政策，也促进了美国生产向海外转移和国内的去工业化。对厂房、设备和建筑的实际投资本可以在美国进行，从而创造就业机会、促进经济增长，但这些投资却被美国跨国公司转向了它们的海外子公司。

因此，里根政府的新自由主义税收政策和货币政策加速了工作岗位的外迁。这反过来又导致了去工会化和缩减工资的产业政策，从而导致了1981—1982年的经济衰退。这是自20世

---

[1] 金融化是一个经常被使用、被滥用，也经常被混淆的术语——就像"全球化"一样。这位作者对这个术语的用法与大多数人不同。他指的是总资产投资从实物资产向金融资产的转移，其中包括制度框架的转变，主要体现在所谓的影子银行全球网络的兴起和扩张。它还包括高流动性金融资产市场的激增，以及在这些市场上交易的衍生品等金融证券的爆炸式增长。尤其重要的是，它还包括金融化的"代理人"，即全球新兴金融资本精英的崛起，约20万名代表着结构、市场、产品和流程背后的货币资本的最高净值投资者。有关"金融化"的更详细论述，请参见 Jack Rasmus, *Systemic Fragility in the Global Economy* (Atlanta: Clarity Press, 2016), chapters 11–13。

纪 30 年代以来最严重的一次经济衰退。美国经济的金融化，让企业投资从实体经济转移到金融资产市场，催生了资产价格泡沫。

里根的新自由主义产业政策由几项独特的措施组成：放宽产业管制、私有化和向投资者出售公共产品和服务、有助于去工会化和破坏集体谈判的政府政策、阻止在国家层面调整最低工资的立法行动、攻击递延性工资（养恤金）退休金制度。

放松产业管制政策涉及多个重要经济部门。对卡车运输、电信和航空公司的管制被迅速解除，对天然气价格的管制也是如此。很多新公司纷纷涌入这些市场。最初价格有所下跌，但后来又纷纷回到了先前的水平。由于放松管制带来的竞争压力，这些行业的工人工资受到的影响更为持久。雇主削减工作岗位和工资，以使自己的成本结构保持对行业新进入者的竞争力。在那些工会化程度很高的行业，工会会员人数也受到了裁员的影响。

里根新自由主义政策造成的另一个后果是放松了对金融业的管制。里根在第一个任期初期放松了对储蓄和信贷部门的管制，允许这些重要的住房储蓄"银行"在住宅市场以外投资。里根在 20 世纪 80 年代早期实行的利率 18% 的货币政策实际上已经关闭了房地产市场。后来，里根放松了对该行业的管制，允许其进行更具投机性的风险投资。许多储蓄贷款机构转向了垃圾债券市场，而该市场在 1987—1988 年左右发生了崩溃。储蓄贷款机构在几十年中迎来了第二次倒闭潮，在 20 世纪 90

年代初他们向国会申请了逾 3000 亿美元的纾困资金。在里根执政期间，政府对金融部门的管制正式开始放松。此后，它成为新自由主义的一个主要特征。

这期间，政府对其他领域的管制也普遍被放松，包括环境、工作场所安全和健康保障、养老金保障和退休计划等。

在此之前，养老金由雇主提供，数额通常是工会协商的结果（称为固定收益计划或 DBP）。这一制度被所谓的个人退休账户（IRA）和 401k 养老金贡献计划取代了。401k 计划极大地造福了企业，因为企业在向私人计划缴款仍然可以获得税收减免的同时，在 DBP 资金不足的情况下无须再履行向员工提供养老金的义务。401k 计划意味着企业全部需要做的就是向个人养老金计划缴款，而且缴款是完全自愿的，随时可以暂停。雇主们抛弃了他们的 DBP 计划，快速用 401k 计划取而代之。里根刚上台时，401k 计划还不存在，到 1985 年，有 1000 万工人参加了 401k 计划，总金额达到了 1050 亿美元。[①]

里根时代的另一个决定是，允许企业"利用"自己的 DBP 养老基金，实现途径是允许将员工所缴纳的费用用于任何公司目的，从而赢利。大型跨国公司也在破坏自己的养老金。埃克森石油公司动用了 16 亿美元的退休金，利用其收益支付法庭费

---

① Robin Blackburn, *Banking on Death* (London: Verso, 2003), 107. 到 1992 年，将有 1800 万工人加入 401k 计划，该计划现在的价值为 4750 亿美元。

用。固特异轮胎从养老金计划中窃取了 4 亿美元。联合航空公司则利用这些钱净赚了 2.54 亿美元。[①]这一过程被称为"回收"，其依据是 1983 年一项名为"83-52 条例"的放松管制的法案。但实际上，这是一种窃取工人工资收入的行为，盗用了工人多年来甚至几十年来向养老金计划缴纳的资金。

企业收购者还被允许在收购一家公司后，将其股份出售，并将养老基金分配给自己和股东。20 世纪 80 年代，很多完全有偿付能力的公司因此被摧毁，养老基金也以这种方式遭到"劫掠"。[②]仅在里根的第一个任期内，就有超过 45000 个固定收益养老金计划被终止。[③]

里根政府 1987 年通过了关于养老金的终极法案。它被赞美为是对当时流行和日益滥用的固定收益养老金计划的"改革"。但它并没有阻止"回收"。此外，该法案还提供了所谓的"现金平衡计划"，允许公司使用 DBP 资金结余。

私有化基本上指的是政府以出售或以其他方式将公共资产移交给营利性的私人利益集团。在里根的第一个任期内，按照里根的新自由主义政策，几乎所有政府部门的地产和（或）服

---

① Rasmus, *The War at Home*, 262.

② 关于破坏 DBP 的过程，请参见拉斯马斯的《内战》，第 361—363 页。

③ 2003 年 10 月 14 日，美国养老金福利担保公司执行董事史蒂文·坎达里安（Steven Kandarian）向美国参议院老龄问题特别委员会提供的证词。4 年内终止了 45000 个计划，而在整个 20 世纪 70 年代仅终止了 7000 个计划。

务都被"外包"出去了。私有化的另一种早期形式是允许私人
畜牧业主和私人木材商利用联邦土地，允许私人企业利用联邦
土地上的其他自然资源，并且无须支付任何费用或只是支付象
征性的费用。新自由主义私有化在里根第二个任期内得到了大
力推动。此时，私有化更多地表现为直接出售公共资产，包括
出售政府拥有的机场、铁路、发电设施和气象卫星。1987 年，
一个由企业领导人和"总统私有化委员会"共同组成的"私有
化委员会"成立了。该委员会制订了一项全面计划，目的是将
教育服务（通过特许学校及代金券）、空中交通管制系统、低
收入公共住房、监狱运营、政府贷款项目、邮局和其他设施私
有化。此时，私有化即将"成为主流"，从部分政府服务外包
扩展到各个行当。[1] 里根政府做出了样板和计划，克林顿和之
后的继任者将其付诸实施，结果甚至超出了里根的预期。

去工会化和改变集体谈判是里根政府新自由主义产业政策
的另一个要素。对交通行业和通信行业放松管制以及鼓励和补
贴企业海外投资的政策，都造成了工会成员数量锐减。去工会
化的基调是在 1981 年年初定下的，当时里根政府解雇了全美所
有罢工的空中交通管制员，他们都是职业航空交通管制人员组
织（PATCO）工会成员。总统自称，在他的统治下，工会处在
"解禁的时期"。（具有讽刺意味的是，PATCO 工会是少数几个
支持里根竞选总统的工会之一。除此之外，支持里根的还有卡

---

[1] 大卫·科恩（David Cohen），《私有化的历史》。

车司机工会。在里根当政时期，这两个工会在成员数量、福利和工资增长方面都遭受了巨大打击。）①

政府机构开始公开地反对工会。美国国家劳动关系委员会多次裁定，驳回工会对公司违反《国家劳动关系法》（该法赋予了工人组织工会的权力）的投诉。对于企业管理层试图摆脱工会利用这一法律影响其经营活动的行动，该委员会一贯十分支持。在里根政府时期，专业律师事务所对工会造成了广泛的破坏。法院裁定，如果工会合同没有明确规定工人在合同有效期间内不能罢工，则必须有隐含的"不得罢工"条款。

美国国家劳动关系委员会和法院还规定，所有类别的职业都可以被排除在工会谈判单元之外。雇主需要做的仅仅是申请美国国家劳动关系委员会和法院听证。兼职工作人员和人数呈上升趋势的"临时工"被裁定不得成为工会会员。因为法院和里根当政时期的国家劳动关系委员会裁定，这些都不在工会代表的范围之内，雇主纷纷将具有工会会员身份的全职工作者用兼职和临时工代替。从1981年到20世纪末，美国的兼职就业人数增加了大约300万人。独立合同员工的数量增加了150万，

---

① 仅举一个例子：美国的大工会之一——卡车司机工会，其会员人数在里根执政期间减少了30万人，会员的实际工资降至1962年的水平。参见 Michael Belzer, "The Motor Carrier Industry: Truckers and Teamsters Under Siege," in Paula B. Voos, ed., *Contemporary Collective Bargaining in the Private Sector* (Madison, WI: Industrial Relations Research Association, 1994), 284。

而他们也被法律禁止加入工会。

由于上述原因，美国私营部门中的工会从 1981 年开始稳步衰落，从占有劳动力总数的 21% 下降到 1989 年的 16.4%。[1]

与此同时，随着工会会员人数的下降，对仍留在工会里的工人来说，集体谈判的范围也缩小了。所谓的"模式谈判"，是指全国所有主要雇主使用同一套工会合同，这在里根执政期间遭到了破坏。随着工人权利和工会权利的萎缩，在工会合同中管理层的权利扩大了。从第二次世界大战期间到 20 世纪 70 年代，工会合同的范围和规模一直在扩张，包括增加了新条款以保护工作，将工资与生活成本挂钩，提供补充失业救济，增加各种保险福利计划等。但在里根政府时期，集体谈判本身出现了重大转变：谈判范围不仅没有扩大，反而出现一种被称为"让步谈判"的新谈判形式在全国各地蔓延。工会现在正在"归还"过去几十年斗争中赢得的战果。[2] 在让步谈判的过程中，数十万先前可以加入工会的工作岗位被"外包"给了不被允许设立工会的私营承包商。工会工资水平也下降了。

里根的产业政策也致力于抑制工资增长。实现这一目标的方法，不仅是将工资较高的制造业工作转移到海外，还包括减

---

[1] James Walker, "Union Members in 2007: A Visual Essay," *Monthly Labor Review*, October 2008, 29.

[2] 参见 Rasmus, The War at Home, "Reagan's Role in Concession Bargaining," 142–145。

少工会会员的人数。从事同样的工作，工会会员的工资通常比非会员要高出 12%~20%。此外，放松对关键行业的管制也是方法之一，这增加了行业竞争，也增加了雇主的成本压力。1981—1982 年的严重衰退也造成了工资增长的普遍停滞。除此之外，一些其他政策也造成了工人的工资收入下降。

里根时代的政策强烈反对对最低工资的立法进行调整。1981 年联邦最低工资是每小时 3.10 美元。在里根执政的 8 年时间里，这一数字根本没有提高。直到 1989 年年底，才上升到 3.35 美元。但由于通货膨胀，最低工资在过去 10 年里实际上是大幅下降的。1989 年 3.35 美元的购买力仅相当于 1981 年的 2.29 美元的购买力。还有一种比较方法，1981 年的最低工资相当于平均时薪的 46%；而到 1989 年，这一比例下降到了40%。① 因此，在这 10 多年里，里根的新自由主义产业政策成功地阻止了对联邦最低工资的所有调整。

里根的新自由主义产业政策也成功地削弱了为最低加班费和其他最低报酬提供保障的法律，同时鼓励企业将全职岗位转为平均工资和福利较低的兼职岗位。在这 10 年中，兼职岗位数量激增。② 许多职业获得了加班费"豁免权"。另一种减薪措施

---

① 经济政策研究所，《最低工资指南》，2004 年 7 月。

② 西尔维娅·特里（Sylvia Terry），《非自愿兼职工作：来自 CPS 的新信息》，《劳工评论月刊》，1981 年 2 月刊以及劳工统计局数据库。

是允许雇主以同等数量的休假时间补偿员工的加班，而不是支付费用。[1]

因此，里根的新自由主义产业政策在美国开启了一直持续到现在的工资压缩。美国产业工人的实际周收入在 1981—1982 年因经济衰退而急剧下降，而且再没有真正恢复过。此后，虽然美国经济在 1982 年之后实现了复苏，但工人的实际工资仍在继续下降。到里根总统的第二个任期结束时，工薪阶层的实际收入仍低于 1981 年。1981 年，经通货膨胀因素调整后的工人的实际时薪为 7.93 美元；而在 1988 年，这一数字仅为 7.79 美元。按实际周收入计算（即每小时工资乘以工作时间），1981 年为 281.32 美元，1988 年仅为 277.42 美元。[2]

产业政策作为对工作、工资、福利、工会的攻击手段以及对放松管制和私有化的推动力，其在里根时代的新自由主义政策中扮演了核心角色。20 世纪 70 年代的政客们从来没有认真考虑过这样的政策。即使是尼克松，也不敢把它们作为政策组合的长期要素。从里根开始，新自由主义产业政策的目的在于改变生产环节的权力关系，以牺牲工人和工会的利益为代价，大力支持资本和管理层。这在很大程度上取得了成功。此后，产业政策仍将是新自由主义的一个重要特征。

---

[1]　1985 年最高法院的"加西亚诉圣安东尼奥案"确立了这一判例和规则。

[2]　美国劳工统计局，《当前就业、平均周薪和时薪调查》，2005 年。

里根的货币政策与早期的新自由主义形成了矛盾。在里根的第一个任期内，美联储的高利率政策（18% 或更高）使得美国经济中的重要部门关闭，并导致了经济衰退。政府希望能够通过这一政策造成裁员，从而减少消费者需求，进而降低物价，也就降低了通货膨胀。之后，消费者需求确实减少了，通货膨胀也有所减弱，但幅度不是很大。物价降低会使美国出口产品更具竞争力，可以促进美国出口产品的生产。然而，高利率也造成了美元相对于其他货币的大幅升值。这首先摧毁了美国商品的出口，增加了美国商品的进口，激增的美国贸易逆差成为新自由主义的另一个主要特点，并一直延续到现在。1981—1985 年，美元对 9 种主要外币升值了 74%。里根新自由主义时期的美国贸易赤字因此从 1981 年的 190 亿美元上升到 1985 年的 1470 亿美元。

在里根的第一个任期，新自由主义贸易政策被证明是失败的。[1] 当时，自由贸易条约的时代尚未来临。直到 1988 年，里根的第二个任期结束时，美国才与加拿大签署了首个自由贸易协定。为抵消利率上升和美元加速升值的负面影响，里根贸易政策最初主要是在全球贸易组织［关税和贸易总协定（GATT）］内努力，力图让其他国家降低关税，以增强美国公司的竞争力，

---

[1] J. David Richardson, "US Trade Policy in the 1980s: Turns-and Roads Not Taken," in Feldstein, *American Economic Policy in the 1980s* (Chicago: NBER, 1994), 627–656.

增加美国出口。然而，因为太多国家不同意美国的这一提议，这种多国谈判战略没有产生任何结果。

因此，里根的新自由主义政策不仅意味着美国预算赤字的膨胀，而且也意味着美国贸易赤字的加速，这也就是所谓的"双赤字"问题。如果新自由主义想要避免因全球矛盾而崩溃，就必须解决这两个问题。挑战在于如何增加美国出口，减少贸易赤字，降低美元相对于其他货币的价值，并以有效方式偿还不断上升的美国预算赤字（由于美国大规模削减商业税和升级的新一轮冷战战争支出）。里根提出了两种新自由主义贸易政策。

第一种方法是迫使美国当时的两个主要贸易伙伴，即日本和欧洲各国，调整其经济以使美国的出口更具竞争力。他们将为美国新自由主义的国内货币政策和通货膨胀付出代价，就像通过失业来降低通货膨胀的政策设计使美国工人成为受害者一样。

1985 年，美国迫使日本就其不断增长的对美贸易顺差跟美国展开谈判。贸易谈判的结果被称为"广场协议"。这项双边协议要求日本立刻大力刺激国内经济，并提高通货膨胀率。作为交换，美国允许日本投资者在美国购买房地产。这两点日本都做到了。而在美国这边，它承诺控制自己的通货膨胀率，但并没有做到。随着日本货币价值和物价双双上涨，美国对日本出口有所上升。随后，美国试图与欧洲达成同样的协议，即在著名的法国卢浮宫博物馆达成的"卢浮宫协议"。这项协议不如"广场协议"成功，但同样有利于美国。① 简而言之，日本和欧洲各国被迫采取经济措施，提高其商品在全球市场上的价格，从而减少对美国的出口，而美国对他们的出口得以增加。但广场协议和卢浮宫协议的效果只是"一次性"的，美国还需要一种效果更持久的二次部署。

这一部署称为"双赤字解决方案"。美国与各产油国、日本、欧洲和其他贸易伙伴签订了一系列非正式协议。这些协议的内容大家都很清楚，即他们每年因美国的贸易逆差获得的美元盈余将可以向美国回流，用以购买美国国债。其中最合作的国家，比如日本，甚至被允许购买美国的商业资产。

由于美国税收不足和战争支出不断上升，用于购买美国国债的回流美元帮助其偿付了美国的预算赤字。为了使这一解决方案有效运行，只要美元还在回流，美国就将不得不接受每年不断增加的贸易赤字。这一安排吸引了美国的贸易伙伴，他们乐于生产更多的产品，发展经济，将多余的产品卖给美国。美国消费者将得到价格更低的产品（这使得企业没有必要同意每年给工人加薪）。双方达成的协议还包括，贸易伙伴国允许美国跨国公司进入自己国内，在那里生产产品，然后出口回美国。

广场协议和卢浮宫协议长期没有实现的目标，双赤字解决

---

① James Shoch, "The Trade Policy Explosion of 1985–1986," *Trading Blows: Party Competition and US Trade Policy in a Globalizing Era* (Chapel Hill: University of North Carolina Press, 2001), 103–104.

方案做到了。这两项政策使得美国在之后几十年里贸易赤字和预算赤字不断上升。[①] 在里根的第二个任期内，"双赤字解决方案"成为新自由主义的一个主要特征，而随着克林顿、小布什和奥巴马执政期间对新自由主义的发展，这种解决方案的应用规模和范围得到不断扩大。

里根时代结束时，新自由主义贸易政策增加了第三个选择。在里根总统任期的最后一年，美国与加拿大进行了自由贸易条约谈判。这是美国第一份官方的自由贸易条约。自由贸易进一步巩固了双赤字解决方案。它扩大了美国跨国公司在海外的外国直接投资，同时吸纳了更多的出口（商品和服务流入），使得更多的美国货币资本（外国直接投资）流入这些经济体。但"双赤字自由贸易"进一步加剧了美国就业岗位的外溢、美国制造业带（越来越多地被称为"铁锈带"）的去工业化、高薪工作岗位的流失以及去工会化的趋势。

总而言之，里根时期的"核心"新自由主义政策意味着：

● 将利率提高到创纪录水平来抑制消费者需求以降低通货膨胀的货币政策。

● 大规模削减投资者和企业税、提高工人工资税，从而实

---

① 我对新自由主义双赤字解决方案如何在全球范围内为美国服务（并在欧元区经济体中发挥可笑作用）的进一步分析，请参见 Rasmus, Looting Greece: *A New Financial Imperialism Emerges* (Atlanta: Clarity Press, 2016), 24–28, 33–34。

施超级扩张性财政政策。

● 新一轮冷战国防支出增长。

● 持续上升的创纪录的预算赤字和债务。

● 加速去工会化，工人和管理层之间的相对权力发生历史性转变。

● 高薪工作岗位向海外转移。

● 工资缩减。

● 大规模放松产业管制，退休计划和其他政府服务与资产的私有化。

● 强迫日本和欧洲缩减对全球的出口，从而有利于美国出口，签署自由贸易条约。

● 引入"双赤字解决方案"，在预算和贸易赤字不断上升的情况下得以继续实施减税和增加战争支出的政策。

总的来说，里根政府早期的新自由主义政策在压制国内反资本力量和外国资本竞争方面都相当成功，特别是与20世纪70年代混乱、无效的资本主义政策相比。

○ 第四章

1989—1992 年:

老布什的清理与巩固

新自由主义的基本政策组合是在里根时期建立的。然而，它并不完善。它在 20 世纪 80 年代初的实施加剧了 80 年代后半段很多经济和政治问题，并留下了不断发展的矛盾。

里根政府的政策成功地推出并巩固了新自由主义的财政政策和产业政策的地位。但他花费两届任期中的大部分时间，建立了新自由主义的两项标志性货币政策：中央银行过度注入流动性来实现长期的低利率；保持较低的美元价值来提升出口并帮助 20 世纪 80 年代大量转移到海外的美国企业能将获得的利润最大化地转回国内。到 1987—1988 年，货币政策才被坚定地纳入新自由主义阵营。

但新自由主义贸易政策出现得较晚，1988 年才初见雏形。经典的新自由主义政策组合涉及 4 个关键领域——财政政策、货币政策、产业政策和"外部"政策，在 1988 年年底里根卸任美国总统时这一政策并没有完全确立。美国前总统老布什和克林顿在接下来的 8 年里，都分别提出了新的方案，才最终完成了美国版的新自由主义政策体制典范。

老布什在 1989 年 1 月就职美国总统，他用他的第一个任期牢固确立了美联储的自由货币政策（即低利率，长期的流动性过剩），并为"对外政策"设定了自由贸易条约这一政策轨道。然而，老布什在任期内还肩负着清理里根新自由主义财政政策和产业政策恶果的任务，其中包括巨额财政赤字和贸易赤字、国家债务的增加以及对银行业放松管制导致的金融不稳定等。以上这些都是里根新自由主义对商业投资者减税产生的后果，而鼓励高风险金融市场投机的政策，则成为新自由主义政策体制中的主要矛盾。这些矛盾在老布什或其继任者的任期内只是暂时得到了一定程度的压制，直到今天这些矛盾仍然在不断爆发。

庞大且不断增长的预算赤字和美国国债，以及金融体系脆弱性的长期深化和周期性危机，是新自由主义的主要矛盾特征。这些矛盾最初出现在 1981—1988 年里根新自由主义的起源时期。自此之后，随着赤字和债务不断攀升，以及系统内金融体系脆弱性的不断加深而导致的金融失稳周期性爆发，仍在持续。[1]

## 老布什的财政政策

在 1988 年竞选总统时，老布什曾许下著名的承诺："不加税，我承诺。"在他执政的头两年里，他确实没有加税。不过，赤字和债务在持续上升，1989 年分别达到 1530 亿美元和 2550 亿美元，1990 年分别达到 2210 亿美元和 3760 亿美元。[2]

为了解决不断升级的赤字和债务问题，老布什放弃了自己

---

[1]　关于金融脆弱性和不稳定性如何以及为什么成为新自由主义的一个特征，请参见拉斯马斯的《全球经济中的系统性脆弱》。

[2]　相比之下，在卡特执政的最后一年，也就是里根引入新自由主义之前，这一数字分别为 740 亿美元和 810 亿美元。

的承诺，增加了税收。1990 年的美国税法将最高税率从 28% 提高到 31%（但不包括资本利得税率，仍然为 28%），并将代用最低税率从 21% 提高到 24%。但增税主要冲击的是消费者家庭。联邦汽油税提高了，对烟草、酒类和电话服务等征收的消费税也提高了。医疗保险工资税的最高税额增加了一倍多，达到每年 12.5 万美元。失业保险税率也提高了。退休人员每月的社会保障收入现在按 85% 征税，而不是以前的 50%。[①] 与此同时，企业研究与发展（R&D）投入和其他方面的支出可以抵消企业增加的税收，其转化率也在提升，并延续至 1991 年。1992 年，1990 年增加的石油和天然气税停止征收，这让老布什的得克萨斯石油公司朋友们发了一笔横财。

尽管出台了 1990 年税法，但美国赤字和债务仍在继续上升。到 1992 年，也就是老布什执政的最后一年，财政赤字上升到 2900 亿美元，国家债务上升到 3990 亿美元。战争、经济衰退和对金融系统的救助，这些在老布什任期内发生的事件压倒了本就增长不足的税收。社会项目支出虽然没有增加，但也没有延续里根时期的大规模削减政策，这是预算赤字和国债持续存在的主要原因。1990 年的《预算协调法案》(*Budget*

---

① Eugene Steuerle, "Tax Policy from 1990 to 2001," Table A. 3. 1., Summary of Major Enacted Tax Legislation, 1990–2001, in Jeffrey Frankel &Peter Orszag, eds., *American Economic Policy in the 1990s* (Cambridge: MIT, 2002), 165.

*Reconciliation Act*）为福利项目支出（如社会保障等）制定了新的"现收现付"规则。这一规则意味着，任何福利增加都必须通过削减其他可自由支配的支出来抵消。这为社会项目支出设置了上限。

所以社会项目支出不是问题所在。1990 年对税法的调整根本不足以抵消里根 1981—1984 年税收立法产生的影响。那么，老布什任期内赤字和债务持续增长的主要驱动因素是什么呢？下面的部分将向大家展示，1991 年海湾战争支出也不是主因，真正的原因是 1990—1991 年的经济衰退和 1990 年的储贷行业金融危机及纾困行动。

## 战争和国防支出

据美国国防部估计，第一次海湾战争的花费为 610 亿美元。然而，其中 540 亿美元是由美国的盟友支付的。主要包括德国、日本、沙特和其他阿拉伯国家。美国的国防支出在 1990 年确实有所增长，但仅仅为 140 亿美元。[①]与美国的其他战争不同，这

---

① 1989—1992 年的国防支出，美国经济事务局。值得注意的是，美国国民收入账户中的"国防支出"基本上是五角大楼的支出，而实际的国防支出还包括退伍军人福利、军人退休金、中央情报局和其他美国机构的军事支出、在能源部门预算中列支的军事燃料支出、在原子能部门中列支的核武器支出、五角大楼对美国预算赤字的贡献所产生的国债利息，等等。

场战争既没有让政府提高税收，也没有发行债券来为战争融资，而是由美国的盟友买单。这意味着，赤字和债务在老布什任期内持续上升，要归因于里根时期延续下来的减税政策，以及里根新自由主义有毒遗产中的另外两个来源。

这两个来源是里根时代的两项新自由主义政策：货币政策和金融部门放松管制政策（产业政策的一部分）。货币政策加速了 1990—1991 年的经济衰退，金融放松管制直接导致了美国经济的关键部门的崩溃，特别是公司垃圾债券市场、储蓄和贷款行业的崩溃。老布什从里根的新自由主义政权继承了引发金融危机的放松管制政策和导致经济衰退的货币政策，但他都没能很好地进行"清理"。这成为老布什政府赤字和债务持续激增的主要原因。

# 1990—1991 年的货币政策与经济衰退

和所有的经济衰退一样，1990—1991 年的经济衰退也减少了经济活动，进而减少了政府的税收收入，推高了政府赤字和债务。造成 1990—1991 年经济衰退的是美联储的货币政策：里根的新自由主义货币政策旨在由中央银行增加货币的流动性，从而压低利率。回想一下，在 20 世纪 80 年代中期，贝克与美联储主席沃尔克之间争论的焦点于：1985 年后是否应该用过低的利率来刺激经济。沃尔克反对这个想法。但贝克当时实际上是白宫的掌舵人，他提出了这一想法，并且为了实现这一想法，将沃尔克赶出了美联储，任命了更顺从的格林斯潘，而后者掌权后立即增加了货币供应。这一行动为市场提供了大量廉价资金，且利率极低，而其中大部分流入了股市和其他金融市场。1987 年，股市先是飞涨，然后暴跌。其他受到低息贷款（低利率）推动的金融市场也是如此，特别是垃圾债券，而储蓄贷款银行则是在 10 年内第二次出现这种情况。1987 年股市崩盘的同时，垃圾债券和储蓄贷款银行也崩溃了。

为了应对这 3 个金融市场的内爆，美联储被迫再次迅速提高利率（这与以长期低利率为目标的新自由主义基本政策相反）。美联储利率（联邦基金利率）从 1989 年的 6.6% 飙升至 1990 年的 9.89%。与之前的情况一样，美国实体经济从 1989 年年底开始发展放缓。因此，更高的利率将美国经济推入了衰退。但因果关系是非常清晰的：开始是里根政府推出的货币过量供应加低利率的联邦货币政策；由格林斯潘领导美联储实行的这一政策导致了股市、垃圾债券市场和储蓄贷款银行的过度投机，然后在这些市场发生了金融内爆；美联储因此在 1989—1990 年逆转风向，实施了加息，从而阻碍了实体经济的增长。随着经济衰退的开始，税收收入放缓并下降，又导致赤字和债务增加。

## 金融放松管制和金融危机

经济衰退并不是老布什当政时期财政赤字和债务持续增加

的唯一原因，政府对储蓄贷款机构的救助也"功不可没"。

在储蓄贷款银行在 20 世纪 80 年代初经历了最初的危机之后，作为其稳定计划的一部分，他们在 1983 年之后被允许进入新的高风险金融市场，而不是像以前一样，只提供抵押贷款服务。因此，他们冒险进入高风险垃圾债券市场，该市场在 20 世纪 80 年代中期后开始起飞。1987 年股市崩盘后，垃圾债券和储蓄贷款机构也开始违约：1988 年有 433 家小型银行和储蓄贷款机构倒闭，1989 年又有 246 家倒闭。在老布什执政的第一年，《1989 年金融机构改革法案》（*the Financial Institution Reform Act of 1989*）的通过加速了储蓄贷款违约和崩溃。到 1990 年，美国政府决定对这些机构进行大规模的救助。据报道，在储蓄贷款行业于 1993 年结束之前，美国政府最终花费了超过 3000 亿美元的预算来拯救这个行业。在老布什执政期间，3000 亿美元的救助成本大大增加了美国的预算赤字和债务。

因此，1990—1991 年的经济衰退和 20 世纪 80 年代末的金融市场崩溃都根源于里根的新自由主义政策——放松货币和工业管制，揭示了原始（里根）新自由主义政策组合中固有的根本矛盾。

美联储长期提供的廉价资金，不可避免地导致了金融的不稳定和崩溃，尤其是在金融部门放松管制的情况下。此外，在新自由主义下，任何通过提高美联储利率来稳定市场的尝试都会迅速导致实体经济萎缩和衰退。此后，经济衰退和金融救助极大地加剧了预算赤字和债务的增加。换句话说，长期上升的赤字和债务被纳入了放松金融管制、美联储廉价货币和低利率等新自由主义政策。

老布什被要求"清理"里根新自由主义最严重后果的另一个领域是工业政策领域。在里根时期，政策的改变允许公司动用他们的养老基金。政府和法院的裁决认定，养老基金是企业的财产，尽管工人们已经将他们的工资递延到养老基金中，以作为退休时的福利支付。公司采用了所谓的"撤销"——一个花哨的词，用来窃取养老金计划的盈余，这些盈余本来是用来支付未来的福利，但被用在了其他直接的商业用途。盗窃行为更加严重。外部投机者也被允许获得一家公司股票的多数股权，然后将其拆分，并将养老基金分配给这些投机的投资者。垃圾债券的发行最初就是用来购买该公司的股票，以获得对该公司及其养老基金的控制权。①

为了给这种对养老基金的掠夺行为降速，国会决定无论是公司自己的管理人员还是外部的投机者接管公司，在对养老基金进行分配时征收 10% 的税（token taxes），后来涨到 15%。然而，10%~15% 的税率被证明不足以起到预想作用。从 20 世纪 80 年代到老布什的任职期间，对退休基金的掠夺一直在持续。因此，1990 年的税法规定，对退休基金的撤销和收购分配征收

---

① 对这种利用垃圾债券进行收购的投机手段的过度使用，在很大程度上也是 20 世纪 80 年代末垃圾债券市场崩溃的原因。

50% 的税。[①] 但是，在禁止企业窃取养老金的同时，国会也做出了让步，允许将养老金盈余转移给企业，以帮助企业支付不断上涨的医疗费用。养老基金提供的资金不能超过卫生保健费上涨部分的 20%。实际上，工人们的递延工资（向养老基金缴纳的款项，理论上将来会作为养老金福利支付）现在可以被合法转移，以减少公司在医疗保健成本中支出的份额。

最低工资政策是因里根的产业政策产生了恶劣后果后，老布什执政期间实施的缓解这一后果的产业政策。在里根时期，联邦最低工资法有 10 年没有根据通货膨胀情况进行调整。1990 年，联邦最低工资终于提高到每小时 3.80 美元，并在 1991 年再次提高到 4.25 美元。

然而，在老布什的任期内，老年退休人员的日子并不好过。社会保障性工资税的收入起征点持续提高，导致工人工资中的扣除额增加。如上所述，此时社会保障津贴支出已被"封顶"并受到"现收现付"规则的限制。1988 年年底，医疗保险工资税被提高，作为"灾难性医疗支出"保险费用的一部分。这一支出是《1988 年医疗保险改革法案》中的一部分。在 1988 年竞选时，老布什强烈支持对工人工资征收附加税，税额高达每

---

① 50% 的资金分配税，从技术上来说断绝了公司管理层窃取公司养老基金盈余的可能，他们的应对是大幅减少，或者完全切断对养老基金进一步的贡献。这进而引发了几十年之后的养老金计划资金危机，导致 2000 年后企业的养老金被大规模批发给了政府旗下的养老金福利担保公司。

年1600美元。由于1989年的过度增税引起了国民的不满，在经济陷入萧条的情况下，该法案于1990年被废除。

里根时期造成恶劣后果的环境保护放松管制政策，也在1989—1992年间有所缓和。由于全球气候变化的新证据以及欧洲和其他地方的新政治倡议，美国的环境运动得以复兴，环境保护署（Environmental Protection Agency）恢复了里根政府削减的一些资助和项目。联邦航空管理局和联邦药品管理局的一些项目也得以恢复。

然而，在老布什任期内，里根政府遗留的其他产业政策措施并没有发生改变：产业税收优惠政策促进了美国跨国公司在国外直接投资，继续推动了工作岗位外溢；去工会化和破坏制造业集体谈判的趋势没有得到抑制；"临时"就业岗位，特别是非自愿的兼职岗位，在老布什任期内一直在增长；医疗保健和健康保险费用的持续增长成为一个新的重大问题。

## 自由贸易进入政策组合

虽然老布什在任期中对里根新自由主义政策的一些恶果进行了回调，但在里根新自由主义并未取得多大进展的政策领域，实现了显著拓展："外部"政策领域，即贸易政策和汇率政策。

在里根执政期间，美联储利率在20世纪80年代上半叶飙升至近20%。这推动了美元大幅走高，也大大提升了美元相对于其他货币的价值。因此，在20世纪80年代前5年，美国出口遭受了沉重打击。对此，美国官方的反应是指责其贸易伙伴，称美国出口放缓的责任在日本和欧洲各国，而不是导致美元失去竞争力的美国创纪录的高利率政策。里根政府通过关贸总协定谈判降低关税的努力失败了。广场协议和卢浮宫协议，这两个在 20 世纪 80 年代中期达成的协议，牺牲了日本和欧洲经济，暂时缓解了美国的出口压力。但这些协议的效果大多是一次性的。为利用降低外国关税这一手段来促进美国出口并实现长期效果，里根的政策制定者（贝克等人）在 1988 年开始转向推动自由贸易条约。美国先以与以色列的谈判作为试水，而后于 1988 年与加拿大达成了一项更重要的协议。该协议是一份三方贸易协定的第一部分，这一协定后来被称为《北美自由贸易协定》。1989 年，美国与加拿大正式签署了协议，从而牢牢确立了自由贸易政策在老布什执政期间美国新自由主义政策中的地位。此后，老布什在其第一个任期内为进一步扩大自由贸易政策做出了积极的努力。

老布什坚定支持扩大自由贸易协定，并在 1991 年推动了对自己的"快速通道"的授权。在同一年，他表示美国将与墨西哥、加拿大展开三国自由贸易协定谈判。①

老布什有很多目标，包括扩大被称为"美墨保税加工区"

---

① James Shoch, *Trading Blows: Party Competition and US Trade Policy in a Globalizing Era* (Chapel Hill: University of North Carolina Press, 2001), 144.

的边境自由贸易区的现有范围。这一自贸区是在美国民主党领导下于20世纪60年代末建立的。与墨西哥之间自由贸易的扩大，意味着美国货币资本将加速流入墨西哥，使美国企业能够将生产"转移"到离美国更近的地方，从而大大降低将出口产品运回美国的成本。因此，在自由贸易条约中保障美国外国直接投资的自由，至少与降低关税和配额问题同等重要。即放松美国向墨西哥的资金流动，与不加关税地向美国出口商品一样重要。事实上，从美国流入墨西哥的资金和从墨西哥流向美国的商品是自由贸易的一体两面。虽然降低关税能使出口商品从墨西哥运回美国更加便宜，但贸易条约的相关条款给美国在墨西哥投资并将生产转移到墨西哥提供了便利，这一点也同样重要，甚至可能更重要。

为使"快速通道"授权得到通过，老布什组织了一个由共和党人和"新"民主党人组成的联盟。《北美自由贸易协定》能够获得通过，这一联盟是政治支持中的核心力量。在老布什支持《北美自由贸易协定》的共和党联盟中，包括了美国农业综合企业、科技公司，以及以美国为基地的汽车、制药等行业的劳动密集型大型跨国公司。他们推动《北美自由贸易协定》的目标不仅是降低生产成本，还包括利用向墨西哥外包工作岗位作为威胁，为仍留在美国的企业向工会争取在工资和其他权利上的让步。支持《北美自由贸易协定》的共和党联盟是一个"贸易扩张联盟"，由美国主要商业团体组成，如商业圆桌会议、美国商会和全国制造商协会。

老布什创建的《北美自由贸易协定》共和党联盟，本身并没有足够的能力来推动《北美自由贸易协定》通过。然而，他为民主党人克林顿后来推动《北美自由贸易协定》的通过铺平了道路。[1] 毕竟，如果没有老布什之前的努力，《北美自由贸易协定》不太可能获得通过。

老布什政府大力推动《北美自由贸易协定》还有一个政治目的。《北美自由贸易协定》的通过，不仅会给美国的大企业带来重大经济收益，并且最终会导致民主党中民主党领导委员会的支持者与党内由美国工会、环保主义者、小企业和小农户领导的其他成员之间的分裂。民主党领导委员会最终获得了胜利，他们助力《北美自由贸易协定》获得了通过，并从根本上破坏了之后几十年民主党内部的力量平衡。因此，《北美自由贸易协定》

---

① 所谓的"企业民主党人"指的是 20 世纪 90 年代初民主党的领袖们组建了一个名为"民主党领导委员会"（Democratic Leadership Council，简称 DLC）的内部派别。其中约有 800 人参加了 1991 年 5 月举行的派别会议。他们的主席是阿肯色州州长比尔·克林顿。民主党领导委员会最初由企业界民主党人组成，后来扩大到包括保守的南方民主党人。民主党领导委员会支持老布什的"快速通道"提案，并反对当时的民主党全国委员会（DNC）的决议，该决议谴责美墨自由贸易协定是"两国工人的灾难"。当克林顿担任总统时，民主党人会与共和党人一起推动《北美自由贸易协定》的通过，然后接管了民主党的领导权，成为该党的控制派系。他们委婉地称自己为"新"民主党人，实际上他们是获得了党内控制权的民主党企业派。

在政治上和经济上都是一个开端，其影响一直持续到了今天。

尽管自由贸易在里根任期快结束时才被提出，但在老布什时期却成为新自由主义政策的主要进攻点。尽管在他任内并未正式通过和实施，但《北美自由贸易协定》是在老布什任内形成的。那么，通过《北美自由贸易协定》和将自由贸易条约扩张作为新自由主义"外部"政策的关键因素，老布什实际上最终实现了什么呢？第一，他组建了政治联盟，最终使该法案获得通过。第二，通过快速立法，他向《北美自由贸易协定》的支持者表明，他们可以实现自己的目标。第三，他利用《北美自由贸易协定》这一问题推动并实现了民主党长期分裂。

因此，《北美自由贸易协定》以及其他自由贸易条约，才是老布什对新自由主义扩张的最大贡献。正如一位评论员所总结的那样："从根本上说，老布什把区域贸易协定看作是他从里根时代继承的新自由主义累进战略的一个国际组件。"[1] 如果没有老布什的努力，民主党领导委员会的支持者们不可能推动《北美自由贸易协定》通过，即使他们的"后辈"克林顿担任总统，在 1992 年执掌大权后也无计可施。事实上，没有老布什、共和党联盟和他们的主要企业拥趸的支持，民主党领导委员会不太可能在 1992 年后获得党内控制权。如果没有老布什，美国的政治和经济政策无疑会大不相同。

---

[1] Shoch, *Trading Blows*, 144–145.

第五章

# 1993—2000 年：

克林顿和由民主党拓展的
新自由主义

在克林顿当政时期，新自由主义政策再次焕发了生机，在调整或深化已有政策的基础上，还扩大到新的政策领域。

新自由主义的主要政策方向是：扩大与墨西哥的自由贸易和开放中美贸易；通过美联储加速中央银行的流动性（确保低利率和低美元汇率）；以更多新形式为企业和投资者减税；保持高水平的国防支出；对政府福利服务历史性的私有化；深化新自由主义产业政策，包括养老金、临时就业、工作岗位外包和引入熟练外国劳工移民的 H1-B 签证等政策；银行体系在 1999—2000 年进一步放松金融管制，加速了美国经济的金融化，这在很大程度上导致了几年之后发生的金融资产泡沫和危机。

在克林顿的第一个任期内，美国关于战争支出的财政政策相对稳定，但在他执政的最后两年里，随着美国在东非和巴尔干半岛地区的军事冒险行动，军费支出再次飞速上涨。2000 年，美国的国防支出为 3910 亿美元（狭义地定义为五角大楼的支出，不包括"预算外"的直接战争行动费用）。相比之下，在 1980 年里根政府推行新自由主义国防支出政策之前，美国的国防支出每年仅为 1810 亿美元。在里根任期的最后一年，国防支出已经上升到 3800 亿美元左右，比 1980 年增加了近 2000 亿美元。到克林顿任期结束时，战争国防支出达到了每年近 4000 亿美元的水平。因此，新自由主义政策使得美国在 1988

年的战争国防支出大约比 1980 年里根执政前的水平翻了一番，并在克林顿执政期间延续下来。从里根到克林顿，战争国防支出水平没有变化。[①]4000 亿美元成为一种"新常态"。但是，它很快就会成为最低水平，因为在 2000 年之后它的上升速度又加快了。

在财税政策方面，为提高所得税，克林顿在他的第一个任期初期（1993 年）首先是将一项从老布什时期延续而来的税收立法中的最高个人所得税税率从 30% 提高到了 36%。之后，又提高了汽油税和医疗保险税。政府设法增加收入，是因为救市产生了 3000 亿美元的支出。但是，救助资金到位后，通过 1993 年的《税收法案》（*Tax Act*）产生的税收收入中的一多半（大约 1500 亿美元）却被重新分配出去了。借助克林顿 1997—1998 年的减税政策，这些钱大部分以削减资本利得税和遗产税的形式分配给了最富有的 20% 的家庭。[②]

尽管克林顿 1997—1998 年的减税政策在减税总额方面不

---

[①] 从另一个角度来看：1981—2000 年，里根至克林顿时期平均每年在国防战争的支出增加了 2000 亿美元，也就是 40000 亿美元。1981—2000 年，即新自由主义政策实施的头 20 年里，国防支出总额接近 80000 亿美元。2000 年之后，在小布什至奥巴马执政期间，支出增加速度进一步加速，在特朗普的领导下，这一数字增长似乎还会进一步加快！

[②] Robert Pollin, "Anatomy of Clintonomics," *New Left Review*, May-June 2000, 22.

及里根的减税政策，但克林顿减税政策的意义在于，它开创了营业税减税的新领域，为之后小布什的减税政策开辟了道路。克林顿率先开始削减资本利得税和遗产税，而小布什在10年后也将通过类似的减税政策，为数万亿美元的减税"大开方便之门"，从而暗示企业不要将海外利润转回美国，因为这样做将不得不支付35%的正常企业税率。

在削减社会项目支出方面，克林顿的财政政策采用的是一种更经典（即里根式）的新自由主义方式。克林顿基本废除了美国在20世纪60年代引入的少数族裔家庭收入补充福利支出项目，包括对贫困家庭的援助支付、食品援助项目（即食品券）和其他相关项目，总额达数百亿美元。

克林顿经常声称，尽管他削减了税收和增加了战争支出，但他成功地缩减了预算赤字。在他的第二个任期中，有两年确实出现了这种情况，但这并不是由提高税收、削减国防支出或削减社会项目造成的。出现这种情况的一个原因是20世纪90年代末的科技繁荣带来了额外的税收收入（随着2000年互联网泡沫破灭，这份税收又迅速消失）。这与克林顿的政策毫无关系。另一种解释是，克林顿的预算能够从社会保障信托基金（Social Security Trust Fund）盈余中借入资金，兑换成不可交易的美国国债从而平衡预算。自1986年里根上调工资税以来，社保基金盈余一直在增长。数十亿美元被从社会保障信托基金转移到美国预算中，抵消了减税和战争支出造成的损失。社会保障成为"摇钱树"，对美国未解决长期不断增长的预算和债务形成的双赤字解决方案提供了补充。①

在自由贸易方面，克林顿将墨西哥引入《北美自由贸易协定》，并通过使中国加入世界贸易组织，向中国开放美国和世界市场。他还将美国的优先国家贸易权（PNTR，原来的最惠国待遇）扩大到中国。这些在贸易政策方面的举措的结果是，美国的贸易赤字再次开始飞涨。贸易逆差从克林顿上台前一年（1992 年）的 340 亿美元，上升到 3750 亿美元。据估计，由于永久性正常贸易关系扩大到中国，美国的工作岗位在向中国流失，加上美国对中国的贸易逆差，美国又损失了 170 万个工作岗位。②1997 年，美国对中国的年贸易逆差为 500 亿美元，到2006 年增加到了 2350 亿美元。③

到 1998 年，对因《北美自由贸易协定》失去工作或收入的美国工人，克林顿政府几乎没有任何补偿。④ 随后的研究表明，《北美自由贸易协定》造成美国工人大量失业、工资减少。就其对工人的影响来说，它实际上是一个无效的贸易援助计划。

---

① 到 2018 年，联邦政府从社会保障信托基金和其他联邦政府雇员养老基金的借款超过 50000 亿美元。

② Robert Scott, "*Costly Trade with China,*" Economic Policy Institute, April 2007, 4.

③ 2006 年，美国的全球贸易逆差总额为 8570 亿美元。2006 年，中国加上《北美自由贸易协定》的总贸易逆差占美国当时贸易逆差的一半以上。

④ 1998 年《总统经济报告》。

对于新自由主义的《北美自由贸易协定》，后来的研究揭示了其全部负面后果。[①] 正如一项关于克林顿时期《北美自由贸易协定》对美国就业和工资影响的早期分析得出的结论："从墨西哥进口增加了 195.1%，从加拿大进口增加了 61.1%，远远超过了（美国）出口增长……与 1993 年相比，对这些国家的净出口逆差为 300 亿美元，到 2002 年达到 850 亿美元，增长了 281%。其结果是，《北美自由贸易协定》导致了 50 个州的就业岗位都在流失。"[②] 作者补充说，与 20 世纪 80 年代相比，克林顿时期美国对墨西哥和加拿大的外国直接投资增加了 5 倍，工作岗位也随之流失。据估计，《北美自由贸易协定》导致美国净失业人数 87.9 万人。而根据其他研究，在 21 世纪的头 10 年里，至少有 100 万个工作岗位被转移到了国外。

在产业政策方面，克林顿执政期间去工会化的趋势仍在延续，工会成员的比例从 1988 年的 16.8% 下降到 10 年后的 13.9%。当时，工会的主要立法目标是通过《罢工破坏者替代法案》（*Strikebreaker Replacement Act*），防止公司在工会罢工期间聘用替代员工。克林顿充其量也只是给予了不温不火的支持，而该法案最终未能在国会获得通过。虽然在其任期内没有出现导致工作岗位流失和工资停滞或下降的衰退，但工作岗位外包

---

① Robert Scott, "*The High Price of Free Trade: NAFTA's Failure Has Cost US Jobs,*" Economic Policy Institute, 2004.

② Scott, *High Price of Free Trade*, 3.

再次成为一个主要问题，表现为工资较高的制造业就业岗位流失和工资增长放缓。此外，克林顿的产业政策允许大量的外国技术劳工以 H1–B 和 L–1 工作签证进入美国，来满足科技行业的需求（有时被称为"在岸外包"）。H1–B 和 L–1 签证的配额被提高到每年 10 多万个。到 2000 年，每年有超过 50 万的签证配额被颁发给外国高薪技术工人，其中大部分进入科技行业。法律允许美国雇主以更低的工资和更少的福利聘用更多的临时工，而克林顿政府没有解决这个问题。20 世纪 90 年代，临时就业岗位迅速增加，从而降低了平均工资和薪酬的增长幅度。政府的回应只是委托撰写特别报告，以确定日益严重的"临时工"问题影响范围。[1]

在产业政策方面，克林顿的新自由主义政策在养老金和退休计划领域有所拓展。在克林顿执政期间，雇主被允许最多挪用固定收益养老基金中的健康保险福利费用的 20%，用于支付雇主所应承担的医疗保险费用。这进一步破坏了工人养老基金的稳定性，加速了养老基金危机发生，并导致了该基金的最终崩溃（下一个年代就发生了）。公司也被允许实行所谓的"养老金缴款假期"，在这个假期里，他们可以完全暂停对公司养

---

[1] 参见 The Clinton administration's "Contingent Work" surveys and reports of 1995 and 2001 at Bureau of Labor Statistics, *Contingent and Alternative Work Arrangements, Report #900*, CPS Supplemental Survey, August 17, 1995, and the follow-on February 2001 supplement to 1995。

老金计划的缴款，而不会被要求在负债达80%的情况下仍需足额缴纳养老金。[①] 将养老基金收益用于支付其他公司成本、养老金缴款假期，以及对养老金投资回报的欺诈性假设，奠定了养老金计划在克林顿任期内破产的基础。

与这些新自由主义的产业政策相反，联邦最低工资在克林顿第二任期内得到了提高。1997—1998年，联邦最低工资分两次提高到了每小时5.15美元。然而，对于刚刚参加工作的青年工人引入了低于最低工资的特别工资，在其工作的头90天每小时4.25美元。这意味着几乎所有在暑期打工的学生，获得的都是较低的最低工资。餐厅员工的最低工资只有区区每小时2.13美元。与新自由主义理念相反的另一项政策是提高贫困工人的收入所得税抵免（EITC），这一政策在克林顿时期也得到了改善。

最低工资和所得税抵免的改善表明，民主党总统和政府倾向于缓和新自由主义政策对最贫困人口的负面影响，同时对中产及以上阶层的工人阶级继续和强化这些负面影响。然而，这种对最贫困人口的慷慨不应该被过分夸大，因为正如上面提到的，收入所得税抵免的提升部分，因为克林顿取消了福利项目中的收入转移，已经被抵消掉了。此外，尽管所得税抵免额提

---

① 这是通过允许企业获取养老基金投资的非凡利率回报来实现的，有时能达到市场利率的两倍或三倍。或者通过假设劳动力预期退休年龄更低算出来的。克林顿政府的劳工部和其他机构被告知对公司的做法视而不见。

高了，但与 1981—1992 年的里根和老布什时期相比，最贫穷的 10% 的劳动者其平均工资在克林顿时期是有所下降的，而在里根和老布什时期，工人的工资也呈持续下降趋势。在 1981—1992 年期间，最贫困的 10% 劳动力的平均时薪为 5.68 美元，而在 1993—2000 年期间仅为 5.52 美元。①

在产业政策领域，克林顿时期也许可以被称为"新自由主义之光"。尽管它是"对最贫穷的人心怀愧疚的新自由主义"，但从更广泛的角度看，它仍然是新自由主义。

在货币政策方面，克林顿政府将决定权完全交给了银行业和中央银行。1994 年之后，中央银行将货币政策转向了低利率和宽松货币政策，并保持了 10 年。在克林顿执政的第一年，克林顿和中央银行主席格林斯潘之间的对抗导致克林顿在剩下的 8 年执政期内丧失了对货币政策的影响力。再加上在美国财政部担任要职的花旗银行的前高管与克林顿的对抗，银行界几乎可以在不受克林顿干预的情况下操纵美国的货币政策。②

就像他的前任里根一样，克林顿也采取了保持美元较低汇率的政策。在这一点上，他完全配合了美联储主席格林斯潘的货币政策，即在他的任期内由中央银行提供过度的流动性，其

---

① 参见 Table 6 in Robert Pollin, "Anatomy of Clintonomics," *New Left Review*, May–June 2000, 36。

② 关于克林顿当政时期格林斯潘领导下的美国中央银行货币政策的演变，请参见 Rasmus, *Central Bankers at the End of Their Ropes*, 94–105。

后果是全球金融资产泡沫激增。正如里根的政策迫使美元从 1985 年的高点贬值了近 50% 一样，克林顿和格林斯潘在克林顿的第一个任期内保持了美元的下行趋势。[①]

克林顿时代的美联储货币政策导致了墨西哥的主权债务违约和 1997 年亚洲金融危机。当时的美联储主席格林斯潘实施了向美国和全球经济体加快注入过度流动性的政策，助长了投机者对外币的投资，催生了亚洲金融危机以及墨西哥和其他新兴市场经济体的过度主权借贷和债务。到了克林顿的第二个任期，"格林斯潘对策"的势头更猛，这助长了全球金融资产泡沫。

美国银行家牢牢控制着克林顿时代的货币政策。美联储的格林斯潘非常愿意听从他们的命令，为 20 世纪 90 年代快速金融化的美国和全球经济体提供流动性。之后，由美联储提供的过剩流动性推动的全球货币和政府债务投机行为发生爆雷，首先是对冲基金长期资本管理公司破产，之后是墨西哥债务危机，然后又是亚洲多国货币崩溃。这时，美联储出手拯救了因过度投机而身处风险之中的美国的银行。这就是其资本主义设计者

---

① 尽管如此，在克林顿的第二个任期内，亚洲的金融危机、拉丁美洲和其他地区的主权债务危机还是迫使美元升值。但美元的升值与克林顿政府的政策意图相反。保持较低的美元汇率的新自由主义倾向在克林顿时期也占据了上风。参见 J. Bradford DeLong and Barry Eichengreen, *Between Meltdown and Moral Hazard: The International Monetary and Financial Policies of the Clinton Administration* (University of California and NBER paper, May 2001)。

创造美联储的根本目的：救助那些因过度扩张而面临风险的美国的银行，通过向它们提供更多的流动性（从而为未来的金融泡沫和纾困需求埋下伏笔）来拯救它们。

在其第二个任期的末尾，克林顿对金融业的历史性放松管制进一步加剧了未来的金融不稳定性。1999—2000 年，克林顿废除了 20 世纪 30 年代的《格拉斯–斯蒂格尔银行监管法案》（*Glass-Stegall banking Regulation Act*），随后通过了《格雷姆–里奇–比利雷法案》（*Gramms-Leach-Bliley Act*），促进了衍生品证券（次级抵押贷款债券、信用违约互换和其他证券化金融工具）的爆炸性增长。这些衍生品证券正是 2008—2009 年银行业崩溃的核心要素。由于《格雷姆–里奇–比利雷法案》，石油和其他商品成为在全球金融市场交易的具有高度投机性的金融资产。此后，在金融投机者的推动下，全球石油价格因证券期货投机交易而不断大幅涨落。

与此同时，随着《格拉斯–斯蒂格尔法案》被废除，商业银行（拥有家庭存款）与更具冒险精神的投资银行（以及其他所谓的高风险影子银行）之间的壁垒被消除。中央银行不断注入的流动性助长了高风险机构的投机性贷款，由于《格拉斯–斯蒂格尔法案》的废除，这些机构现在越来越多地与商业银行整合。整合意味着更大的风险，并可能加快风险在投机银行和商业银行部门之间的传播。

甚至在克林顿政府解除对金融业的管制之前，美国财政部就已经批准了花旗银行与旅行者保险公司的合并，后者就是一家倾向于高风险投资的"影子银行"。因为克林顿任内管理美国财政部的是花旗银行的前高级经理罗伯特·鲁宾（Robert Rubin），他在缺乏授权立法的情况下，促成了这次合并。[①] 花旗银行与旅行者银行合并后，《格拉斯–斯蒂格法案》才最终被废除，这不过是将克林顿和鲁宾实际上已经建立起来的东西正式合法化了。

克林顿新自由主义政策组合的重要遗产是：到他任期结束时，医疗保健领域出现了两位数的通货膨胀，导致5000万人没有医疗保险；始于1997年的科技股和房地产泡沫，分别于2000年和2006年破裂；商业减税新举措（后来被他的继任者小布什进行了大规模拓展）。[②] 克林顿时代的货币政策也直接和间接地导致了墨西哥的主权债务违约和1997年亚洲金融危机，他在第二个任期时放松金融业管制的措施（废除《格拉斯–斯蒂格法案》和通过《格雷姆–里奇–比利雷法案》）助长了衍生证券（次级抵押贷款债券和信用违约互换等）的爆炸式增长和投机性投资，最终导致了2008年的金融危机。

---

① 由于这样的整合，花旗银行2008年因银行业崩溃实际上已经资不抵债并破产了。但因为其规模太大而不能倒闭，奥巴马政府花费了3000多亿美元来为它纾困。

② L. Randall Wray, "Can a Rising Tide Raise All Boats? Evidence from the Clinton-Era Expansion," *Journal of Economic Issues*, XXXIV , no. 4 (December 2000), 811–844.

## ● 第六章

2001—2008 年:

小布什总统与"打了
激素"的新自由主义

随着小布什登上总统宝座，里根新自由主义政策的演变开始加速。小布什的政策可以说是"打了激素的里根经济政策"！

在财政政策方面，小布什政府对企业和投资者的减税再次加速，战争支出也再次增加。此时的战争支出是由美国所谓的全球"反恐战争"推动的。美国首先针对阿富汗发动了全面战争，然后是伊拉克，还在全球几十个国家实施了特别行动计划。

在小布什任期的前3年（2001—2003年），小布什政府每年都在通过新的税收法案削减税收。2001—2010年，逐年减税总计超过34000亿美元。据估计，其中80%的资金流向了投资者和企业。[①] 无党派组织"税收正义公民组织"（Citizens for tax Justice）的数据显示，美国最富有的1%的家庭在10年里节省了10780亿美元的税收。[②]2004—2005年，小布什政府还相继出台了针对石油和能源行业的减税措施。

但这还不是全部。2005年，小布什政府出台了更多的减税措施，因此美国的跨国公司获得了一笔意外之财：海外业务

---

① Institute on Taxation and Economic Policy Tax Model, June 2003. For the broader evolution of Bush tax policy, 参见 Rasmus, *The War at Home*, 79–104。

② Citizens for Tax Justice, "Final Tax Plan Tilts Even More Toward the Richest," June 5, 2003.

的正常公司利得税税率从 35% 降低到海外子公司转回利润的 5.25%。这被称为"遣返减税"，为了将当时这些公司隐匿的海外利润吸引回美国经济，估计总额达 7000 亿美元。他们隐匿这些利润是为了避免交税。这些资金被吸引回国内后，如果投资于实物资产，将在美国创造就业机会并促进美国 GDP 增长。不过与预想的不同，5.25% 的企业税率最终只吸引了约 3000 亿美元汇回国内，而且这些资金主要用于回购公司股票，向股东支付更多股息或通过并购活动收购竞争对手。尽管法律明确规定了减税的先决条件，但实际上并没有多少资金流入产权投资领域。2005 年，美国企业"操纵"回流税收的成功经验，刺激美国跨国公司在 2017—2018 年特朗普任期内提出并通过了相似的有漏洞的税收方案，不过这次的规模更大，达到数万亿美元。

小布什最后一次减税是在 2008 年春天，当时美国经济正迅速陷入衰退，家庭消费支出迅速下降。该减税政策的目的是刺激家庭消费支出，总额达 1800 亿美元。不过，这次减税收效甚微。原因之一是当时的汽油和能源价格翻了一番。由于海外原油生产商和石油期货投机者将油价推高至每桶 150 美元，美国石油公司不得不提高了石油价格。实际上，对消费者的减税，只是被市场力量转移到了石油巨头和他们在中东和其他地方的海外供应商身上。

小布什在任期间，战争支出也遵循了新自由主义的模式，增加了数万亿美元。这些支出主要用于中东战争，新创建的"国土安全部"的运营（每年 500 亿美元），中央情报局、国安局和其他情报机构高达数万亿美元的非正式军事预算，以及纽约和华盛顿特区遭受"9·11"袭击之后美军采取的"特殊行动"。

2008年，诺贝尔经济学奖得主乔治·斯蒂格利茨（George Stiglitz）估计，仅伊拉克战争就耗费了美国30000亿美元。[1] 后来，随着冲突的延续，他在2010年提高了这一估值。[2] 这还只是伊拉克战争。根据美国布朗大学的独立学术研究估计，截至2017年11月，美国2011年9月之后发生的实际战争成本累计高达57000亿美元。 这不仅包括美国五角大楼和国防部在"海外应急行动"上的战争相关支出（设备和人员等直接战争支出），还包括退伍军人的福利、国土安全、战争支出产生的债务利息，等等。

此外，这57000亿美元并不包括美国进一步发展核武器的相关成本（由美国原子能委员会承担）、维持美国在世界各地超过100个军事基地的成本、航空和其他与燃料相关的成本（列入能源部预算）、中央情报局、国家安全局以及国务院的其他部门的运营成本。这一估值也没有包括美国每年在新武器研发上花费的500多亿美元"黑色预算"，毕竟这些项目从未在

---

[1]  George Stiglitz and Linda Bilmes, *The Three Trillion Dollar War: The True Cost of the Iraq Conflict*, W. W. Norton & Co., 2008.

[2]  Sitglitz and Bilmes, "The true cost of the Iraq war: $3 trillion and beyond," *Washington Post*, September 4, 2010.

任何美国官方预算或其他文件中出现过。

美国政府在削减税收的同时增加了战争支出，这在历史上尚属首次。即便是在第二次世界大战期间，美国政府对公司和富人的税收最高税率也曾大幅提高，最高达到过 91%；并且在 1942 年，税收对象第一次"扩大"到了普通工人。[①] 在小布什的领导下，减税额度和战争支出增加的速度和水平同时在创造纪录。结果，美国预算赤字每年也毫不意外地创纪录增长。根据美国国内生产总值数据，美国政府的"国防支出"几乎翻了一番，从 2001 年小布什当选总统时的 3910 亿美元增加到 2008 年年底的 7540 亿美元。

由于年度预算赤字上升，小布什政府每年对美国国债总额的贡献从 2001 年的 1330 亿美元上升到 2008 年的 10100 亿美元。由于小布什政府的年度预算赤字激增，2000 年美国国家债务为 56000 亿美元，而到 2008 年小布什离任时，这一数字已经达到 100000 亿美元。[②]

---

[①] 1942 年的税收法案面向工人阶级引入了所谓的"工资扣税"。这意味着在工人领到工资之前，税收已经直接从工资支票中扣掉了。扩大增税和工资扣税政策本计划随着第二次世界大战的结束而终止。当然，随着美国战争支出的性质转为支持冷战和 1945 年后美国经济帝国的扩张，这两项税收政策延续了下来。

[②] Kathy Ruffing and James Horney, "Economic Downturn and Bush Policies Continue to Drive Large Projected Deficits," *Center on Budget and Policy Priorities*, May 10, 2011.

美国年度预算赤字和国债创纪录的增长，在里根时期引入的"双赤字"安排支撑下，得以持续。美国支持中国加入世界贸易组织，并在克林顿领导下建立的中美永久性正常贸易关系，为小布什带来了回报。中国同意通过购买超过 10000 亿美元的美国国债和其他有价证券，将其不断增长的数千亿美元贸易逆差回流到美国。几乎美国所有其他贸易伙伴都是这样做的。美元回流到美国，为其减税、缓慢复苏、战争支出增加和医疗等项目成本上升所造成的赤字提供资金。

新自由主义的货币政策确保了美联储的流动性过剩以及较低的美元估值，这些政策在小布什执政期间仍在继续。自 1986 年格林斯潘担任美联储主席以来，该政策一直在加大美联储向美国（乃至全球）经济的注资力度。20 世纪 90 年代末，这为科技股、全球货币投机以及墨西哥和其他新兴市场经济体的主权债务泡沫提供了助力。2000 年春，科技泡沫终于破裂，引发了 2001 年的经济衰退和 2002 年的复苏乏力。当年，尽管始于 1997 年的房地产复苏已进入正常增长周期的末尾，但小布什和格林斯潘仍一致同意以进一步刺激房地产市场作为应急措施来促进经济增长。①

2003 年之后，小布什和格林斯潘策划了对美国住房市场的第二次人为刺激。格林斯潘进一步将中央银行利率降到了 1%。

---

① Rasmus, *Central Bankers at the End of Their Ropes*, "Greenspan's Bank: The Typhon Monster Released," 94–105.

这人为地提振了经济，造就了另一场房地产泡沫，而此时美国正计划发动伊拉克战争。房地产泡沫还受到了小布什政府广泛放松金融管制的刺激，这种放松造成了对基于房地产领域和其他市场的金融衍生品的过度投机性投资。对金融市场和房地产市场的管制放松将这两个行业联系在一起，加大了金融危机在各个市场蔓延的可能性。当房地产泡沫在 2006—2007 年开始破裂时，很快就把金融市场也拖下了水。因此，从 2006—2007 年的房地产行业崩盘、2008 年更广泛的金融业崩盘到 2008—2009 年实体经济"大衰退"，新自由主义的经济金融化和对金融部门的放松管制在其中发挥了重要作用。

小布什的自由贸易政策和美元政策是对克林顿政策的延伸，而他的财政税收和战争支出政策则是里根政策的延伸。小布什推动自由贸易条约，美国政府与中美洲和加勒比地区的经济体谈判达成了一项新的协议，称为《中美洲自由贸易协定》（CAFTA）。[1] 此后，小布什政府试图在西半球进一步扩大自由贸易，并拟定了一项《美洲自由贸易条约》（FTAA），希望将自由贸易扩展到南美洲。然而，由于其他南美国家抢先建立了自己的自由贸易区——南方共同市场（MERCOSUR），美国的这一自由贸易倡议最终以失败告终。在建立美洲自由贸易区失败后，小布什放弃了这方面的努力，转而在全球其他国家逐个谈

---

[1] Jack Rasmus, "CAFTA and the Legacy of Free Trade," *Z Magazine*, October 2006.

判双边自由贸易协定。

小布什政府与格林斯潘及美联储达成了协议，向美国经济注入更多流动性，通过人工助推住房市场繁荣保持经济增长，同时以极低利率在全球市场保持美元低价。[①]

小布什政府积极的放松管制政策，反映了激进的新自由主义在这一政策领域的回归。环境保护署成了其针对的主要目标，它的预算和支出被小布什掏空了。阿拉斯加进一步开放了石油开采权。更多的联邦土地向采矿、伐木和畜牧业开放。金融业也是小布什放松管制的重点之一。克林顿通过的商品期货交易法案，是对金融业放松管制的开始。但州一级的金融监管仍对纽约、加州和一些其他地方银行和金融界的利益造成了阻碍。小布什任命前高盛集团首席执行官亨利·保尔森（Henry Paulson）为新的财政部部长，让他来完成解除金融管制的任务。保尔森上任不到一年，房地产市场的金融危机就蔓延到了整个体系的其他部分。具有讽刺意味的是，他后来"负责"重新监管濒临破产的银行和抵押贷款机构。他的缓慢反应和对监管的漠视对 2008 年金融危机的加剧起到了一定作用。[②]

---

① 小布什和格林斯潘在 2002 年达成的协议人为地推动了处在下行周期的房地产市场的繁荣，参见 Rasmus, *Epic Recession*, "The Perils of Paulson," 255–264。

② 对金融去监管化和不情愿的恢复监管过程，涉及保尔森任财政部部长期间的内容，参见 Rasmus, *Epic Recession*, "The Perils of Paulson," 255–264。

保尔森在这个职位上的无能或许在他处理所谓的"问题资产救助计划"（TARP）时表现得最为明显。2008 年 9 月至 10 月，是美国银行业崩溃最严重的时期，他要求国会提供 7500 亿美元的银行救助资金。但在召集大银行家在财政部开会时，他很快发现救助需要的资金需要以万亿美元计，而不是以十亿美元计。这 7500 亿美元加剧了美国的预算赤字和债务，但是只花掉了一半。中央银行最终扮演了拯救银行系统的角色——至少花费了45000 亿美元。这是继克林顿在国家层面废除《格拉斯－斯蒂格法案》之后，小布什在州一级推动进一步对金融部门放松管制造成的后果。

小布什时代的产业政策集中于医疗保健和公共教育的私有化、进一步破坏固定收益养老金计划、推动社会保障退休制度私有化、阻止对最低工资的调整、减少加班费以及对公共部门工会的全面攻击。与里根一样，小布什极力施行新自由主义的产业政策。

克林顿在 20 世纪 90 年代颁布政策，企业得以享有"养老金缴款假期"，这为 2001 年之后的养老金崩溃埋下了伏笔。2001 年的经济衰退摧毁了 1000 多个大型养老金计划，到 2003 年资金缺口达到 2780 亿美元。固定收益养老金资金总缺口达6000 亿美元。小布什政府的政策是让大公司把他们的养老金交给政府机构，即养老金担保公司（PBGC）。钢铁公司、航空公司和其他制造业公司放弃了他们的养老金计划，而政府只能为工人们提供不到一半的养老金。那些尚未陷入困境的公司再次被允许暂停向其养老基金缴款两年以延缓其破产进程。或者，他们被允许通过对养老基金的投资回报率做出极端和欺诈性的假设来掩盖计划中的问题。2006 年，一项所谓的《养老金保护法》允许公司将他们的传统养老金转换为"现金平衡计划"，即一种混合型 401k 私人养老金计划，并自动将他们的员工纳入 401k 私人计划中。因此，小布什的政策推动了固定收益养老金计划的终止，并以个体化的私人养老金计划取而代之。新自由主义的私有化政策与产业政策相结合，最终目的就是终止固定收益养老金计划。

小布什同样试图推动社会保障退休制度的私有化。他还提议在社会保障体系中建立类似 401k 的制度，即所谓的个人投资账户（PIA）。政府将鼓励工人从社会保障体系中拿出部分缴款，投资于私人银行。后来这一倡议因反对而失败了。不过，按照同样的思路，私有化成功扩大到雇主提供的医疗保险福利计划中。小布什提出了所谓的健康储蓄账户（HSA）并得到国会通过。这与 401k 个人养老金计划类似，就是让工人们从雇主提供的健康福利计划转向购买自己的私人健康保险。（在某种程度上，HSA 将成为奥巴马后来制定的《平价医疗法案》的一个榜样。）小布什对所有这些福利私有化计划进行了"炒作"，并称其为由他提出的"业主社会"的范例：你的养老金、医疗保健、部分社会保障退休缴款等都属于你自己。小布什的私有化攻势并没有局限在医疗和退休福利领域。随着名为"不让一个孩子掉队"（No Child Left Behind, NCLB）的新教育提案提出，公共教育的私有化也在推进。该提案中提出了创建特许学校的建议。

在产业政策中的工资政策方面，联邦最低工资在小布什政府执政的前 6 年里一直被冻结，上一次调整还是 1997 年，当时提高到了每小时 5.15 美元。小布什在他总统任期的最后一年，将最低工资提高到了每小时 5.85 美元。但餐饮和其他"小费"工人每小时 2.15 美元的最低工资没有变化。作为小布什政策的一部分，加班工资等其他最低工资也被削减。小布什政府劳工部在 2004 年 4 月发布了新规定，他们武断地对数百万工人的职业进行了重新定义，将一批职业"豁免"于加班费法规的覆盖范围之外，导致 550 万 ~700 万工人失去了获得加班费的资格。[1]

在小布什执政期间，美国首次出现了针对公共部门工会的攻击。此时，公共部门工会会员仍占其劳动力数量的 35%。与私营部门工会成员人数已经下降到 7% 不同，公共部门的工作岗位不能像制造业那样，因贸易赤字的上升而"外包"、自动化或减少。对公务员及其工会的攻势，是从公务员的罢工权利开始的，而攻击的重点是他们较为丰厚的养老金和福利计划。

最后，在小布什当政期间，私营部门工会进行让步式谈判的情况越来越多。曾经强大的工会现在同意实行"双层"工资制度，即新聘用的工人得到的工资比熟练工人的要少得多；在

---

[1] 关于布什对加班费问题的成功攻击，请参见 Rasmus, *The War at Home*, 172–180。

工会会员之外聘用更多的临时工，而不是全职的永久雇员；在工资不变的情况下延长合同期限至 7 年甚至 10 年（传统的平均期限为 3 年）；以"一次性"年度奖金代替年度加薪；干脆放弃工人正常的工资增长，用这笔钱来帮助政府保留雇主医疗保险福利，因为在小布什执政期间，这些服务的价格每年都在以两位数的速度上涨。这种为维持健康保险而转移工资的做法被称为"维持福利"（MOB）谈判。

## ● 第七章

## 2008—2009 年：

经济崩溃、奥巴马总统
与"吸食了鸦片"的新
自由主义

奥巴马在 2008 年参加了总统竞选。他参选的资助者是美国中西部和芝加哥地区的大资本家。他还获得了纽约金融集团的大力支持。他在哈佛大学法学院读书时与这些金融集团建立了密切关系。美国媒体把他描绘成一个自由主义者，甚至是一个进步主义者，但他两者都不是。挽救 2008 年金融危机所代表的新自由主义政策危机，他成为最佳候选人。[1]

在 2008 年的大选中，奥巴马看起来完全不像新自由主义政策的捍卫者：他承诺取消小布什对企业和投资者的减税政策，提高对年收入超过 25 万美元的富人的税收，结束阿富汗战争和伊拉克战争，并用节约的资金来恢复就业及投资美国基础设施项目。他估计，通过取消小布什的减税政策和削减国防战争支出，总共可以节省 7910 亿美元。[2] 对于工会支持者，他提出了一种"卡片检查"的方法，允许工会在没有雇主操纵、故意拖延或恐吓工人投票支持工会的情况下组织起来。他批评《北美

---

[1] 关于奥巴马在 2008 年竞选期间政策建议的演变过程，请参见 Jack Rasmus, *Obama's Economy: Recovery for the Few* (London: Pluto Press, 2012), 22–34, 后续章节则描述了在他第一个任期的前 3 年中实际政策的演变情况。

[2] Amy Belasco, "The Cost of Iraq, Afghanistan, and Other Global Wars on Terror Operations Since 9/11," *CRS Report for Congress, September 2010.*

自由贸易协定》，承诺重新对银行进行监管，并推出一项新计划，减少完全没有任何医疗保险福利的美国人的数量，这在当时至少有 5000 万人。他说，他将停止教育私有化，为退休和养老金制度等社会保障提供保护。

选举结束后，他立即搁置了废止小布什减税政策的竞选承诺。2008 年 12 月，奥巴马的顾问宣布将小布什的减税计划向后延续两年到 2010 年 12 月 31 日，这与小布什政府最初的计划是一样的。将减税政策延续两年的决定所导致的税收损失高达 4500 亿美元。

奥巴马在 2009 年 1 月推出的一揽子经济复苏计划中，包括了 2880 亿美元的减税。和小布什的减税一样，减税对象主要针对企业而不是消费者；另外 2880 亿美元被分配给各州，以便使各州因经济衰退导致税收锐减而资金短缺的项目延续下去；而 7870 亿美元中剩下的部分，1000 亿被指定用于长期（大多超过 10 年）的基础设施支出，其他的则用于各种各样的短期支出计划。①

2009 年 1 月，美国国会实际上提出的支出额为 9200 亿美元，在最初的 7870 亿美元基础上，增加了 330 亿美元的消费者减税和更多的教育支出。但奥巴马的顾问拉里·萨默斯（Larry Summers）说服总统取消了对消费者减税和增加教育支出的提

---

① *American Recovery and Reinvestment Act*, Congressional Budget Office, 2009.

议，将这一数字降至 7870 亿美元。萨默斯是 20 世纪 90 年代克林顿政府财政部的重要人物，与银行业关系密切。

奥巴马最初提出的 7870 亿美元经济复苏计划的构成是有问题的。这当然不是对新自由主义政策的挑战，但对企业和投资者（2880 亿美元）减税，并向那些因经济衰退导致收入锐减的州的民主党政客（2880 亿美元）发放政府支出补贴，只能算是对危机的温和回应。因此，奥巴马 2009 年的复苏计划是很糟糕的，同时考虑到危机的严重程度，财政刺激的力度也不够。更糟糕的是，企业和州政府将分配给他们的 7870 亿美元中的大部分都囤积起来，而不是用于投资（企业）或聘用更多的公共工作人员来应对自 20 世纪 30 年代大萧条以来最严重的失业率上升。从 2008 年 11 月到 2009 年 3 月，美国的就业岗位以每月 100 万个的速度减少，其轨迹几乎与 1929—1930 年的情况完全一样。作为 7870 亿美元的一部分，预计用于基础设施建设的 1000 亿美元（平均每年 100 亿美元），也无法弥补工作岗位的损失。在基础设施上的支出是长期性的，因此在 2009—2010 年这短短两年内，其对就业和经济增长的影响可以忽略不计。

到 2009 年夏末，不仅美国经济没有复苏，为提振汽车和住宅行业，政府支出还增加了 750 亿美元。[①] 但美国经济的增长速度仍未达到历史上从衰退中复苏时的一半，失业人数到 2010

---

① 这些项目被称为"现金换旧车"和"首次购房者"计划。两者都是直接向家庭支付现金。

年也一直在持续增加。2010 年年底，因为数百万新增加的失业人员，美国政府还额外追加了 550 亿美元的失业救济金。

因此，奥巴马政府头两年的非国防支出总额达到了 4180 亿美元，由原计划的 2880 亿美元、750 亿美元（汽车和住房补贴）和 550 亿美元（失业救济延伸）组成。然而，按照真正的新自由主义传统，这两年的减税幅度更大，事实上达到了以往的 5 倍多。小布什的减税政策原本应在 2010 年废止，奥巴马将其延长了两年至 2012 年，代价是美国政府减少了 4500 亿美元的税收，但减税仍未结束。由于在 2010 年没有实现经济复苏，到当年 12 月，营业税又减少了 8030 亿美元。

因此，在 2009—2010 年的短短两年时间里，奥巴马累计削减了超过 20000 亿美元的税收，同时通过 2009 年的经济复苏计划，增加了 4180 亿美元的非国防支出。[1]

在小布什执政期间，五角大楼的预算从每年的 4500 亿美元上升到近 7000 亿美元。而在奥巴马时期，五角大楼的预算超过了小布什时期，达到了平均每年超过 6000 亿美元。[2] 然而，五角大楼的支出并不等于美国的"国防"预算，它只是国防支出的一部分。在奥巴马的第一个任期内，美国在国内生产总值中算在"国防"预算大类中的支出从每年 7540 亿美元上升到 8170 亿美元。

---

[1] 有关复苏计划的细节，请参见 Rasmus, Obama's Economy, 38–43。

[2] 参见美国管理和预算办公室的年度美国预算。每年增加 1500 亿美元，甚至超过了 2000 年克林顿政府任期结束时的水平。

五角大楼每年超过 6000 亿美元的预算，并不包括美国在外国战场的直接战争费用。这些所谓的"海外应急行动"（OCO）的支出，与五角大楼的总预算是分开的。2009—2012 年伊拉克战争的"海外应急行动"直接费用为 2271 亿美元，其他战争的直接费用为 3805 亿美元。

这还不包括未包含在上述国防部年度预算和海外应急行动支出之内的战争后续费用，如退伍军人的递延成本，额外的军事养老金，联邦调查局、国家安全局和中央情报局预算中的与战争有关的费用，原子能委员会的核武器开发支出，国务院的开发援助，"黑色预算"预算（未公开记录的秘密技术开发），以及与国防和直接战争支出相关的债务利息。在小布什执政期间，美国每年的战争国防总支出很可能超过 10000 亿美元，而在奥巴马执政期间则一直在每年 10000 亿美元以上。并且，这项支出自此之后就一直保持在每年 10000 亿美元以上。

2008 年，小布什政府的年度预算赤字为 4590 亿美元。2009 年，奥巴马的财政政策（包括减税、2009 年的经济复苏计划中的财政刺激计划和五角大楼长期高水平的战争支出）使美国的年度预算赤字增加到 14130 亿美元。2010 年，美国年度预算赤字为 12940 亿美元。年度赤字在 2011 年和 2012 年也继续保持了超万亿美元的水平。奥巴马第一任期的累积赤字达到 50940 亿美元。

在奥巴马的第二个任期内（2012—2016 年），随着财政刺激政策的结束，以及美国在伊拉克的海外应急行动成本从高点回落，赤字有所缓解。但奥巴马在他的第二个任期出台了更多的减税措施。2012年12月，因为之前对小布什减税政策的两年延长期即将结束，奥巴马政府与当时共和党占大多数的美国众议院达成了协议，将小布什的减税政策二次延长。这次延长为期10年，减税额度大约为38000亿美元。[1] 因此，奥巴马在两届任期内的减税总额达到了约58000亿美元。

另一方面，按照缩减社会项目支出的新自由主义传统，奥巴马在2011年8月和2013年1月两次与共和党控制的国会达成协议，在大部分美国公众处于金融危机后面临着长期困难的情况下，削减了数万亿美元的社会项目支出。作为2011年8月预算控制法案的一部分，奥巴马和共和党人就美国政府债务上限达成妥协，政府支出减少了10000亿美元，受影响的主要是教育和其他社会项目。[2] 作为该法案的一部分，双方同意在2013年1月再次削减12000亿美元，其中大约一半来自国防支出削减计划，其余则是对社会项目支出的削减。社会项目削减计划最终在2013—2014年如期生效，而国防支出削减计划则被暂停，这让奥巴马所属的民主党更能够接受对社会项目的削

---

[1] 关于奥巴马与共和党国会的协议，请参见Jack Rasmus, "The Three Faces of the Fiscal Cliff," *Z Magazine*, January 2013. The estimate of \$3.8 trillion is from the Congressional Budget Office, as reported by Ruffingand Horney, Center for Budget and Policy Priorities, May 20, 2011, 10, Table 2。

[2] 拉斯马斯的《财政悬崖的三副面孔》。

减。回顾过去，这一切似乎都是共和党人给出的一种狡猾的诱饵和陷阱，而愿意为一个不可能的两党合作付出任何代价的民主党人则完全失败了。

与之类似，尽管奥巴马 2009 年的经济复苏计划包括 7870 亿美元的刺激资金，但在 2011 年超过 10000 亿美元被收回，2013 年之后又以社会支出项目削减的形式收回了更多。这种对社会项目支出的净削减相当于是"美国式紧缩"，在形式上与当时的欧洲紧缩计划不同，但在内容上没有区别。[①]2011 年的预算控制法案，以及国会中导致更多社会项目支出削减的所谓"财政悬崖辩论"（但国防支出削减被暂停），揭示了在奥巴马执政期间，新自由主义财政政策在社会项目支出削减方面发挥作用的方式。然而，即使削减了 10000 亿美元的社会项目支出，也无法弥补奥巴马逾 50000 亿美元减税所造成的美国赤字缺口。减税、长期高额国防战争支出以及总体上滞后的经济复苏，共同导致了赤字和债务加速上升达到创纪录的水平。

在小布什执政期间，美国政府债务总额从 2000 年的 56000 亿美元上升到 2008 年的 100000 亿美元。奥巴马则在 2016 年年底前将这个数字翻了将近一番，达到 195000 亿美元。在奥巴马执政的 8 年里，美国国内生产总值年增长率不到 2%。相比之下，美国债务以每年 8.2% 的速度增长，几乎是国内生产总值的

---

① Jack Rasmus, "Austerity American Style," *Against the Current Magazine*, no. 165, April 2013.

5倍。考虑到减税总额超过50000亿美元，2009年经济复苏计划中将近10000亿美元的支出和每年近10000亿美元国防战争支出，这样的债务增加速度并不令人意外。

不过问题是，每年对企业和投资者数万亿美元的减税和每年数万亿美元的国防支出对美国经济其他部分的刺激作用，已经大不如前。事实上，刺激计划的效果正在减弱。正如经济学家所说，支出的"乘数效应"，尤其是减税的"乘数效应"，是小于"1"的。21世纪的美国经济已经发生变化，财政政策和货币政策失去了从前的效果，这也是奥巴马当政时期新自由主义政策开始"崩坏"的原因之一。①

---

① 下一个合乎逻辑的问题是"乘数效应"为何会减弱。人们经常认为，家庭"债务负担"的增加是原因之一。随着债务与服务费（本金／利息）比值增加，当财政支出或税收政策将一定数量的收入注入经济中时，由于家庭需要用这些收入来偿还债务，家庭实际支出的增加将不会那么多。但实际工资收入增长缓慢也产生了同样的影响，医疗保健、大学教育、住房租金和抵押贷款的成本不断上升也是如此。财政刺激被用来弥补不断上升的成本，这对增加实际经济产出毫无帮助。企业支出和投资乘数也发生了类似的变化：企业减税和政府的直接补贴被转移到金融资产市场，转移到离岸投资（实体和金融），用于并购融资，或转移到跨国公司的离岸子公司，或者只是放在公司资产负债表上。由于上述所有原因，"边际消费倾向"和"边际储蓄倾向"作为企业投资和家庭消费乘数效应的基础，都在下降，乘数效应自然也会随之下降。因此，在21世纪的发达经济体中，财政政策在促进正常经济复苏方面越来越无效了。

第二个原因是，超低利率的货币政策对实际商业投资的影响力也大不如前。正如政府财政支出和减税带来的"乘数效应"在减弱一样，投资也正如经济学家们喜欢说的那样，变得越来越"没有弹性"。这意味着在商业设备、建筑、库存等方面的实际投资增长对利率并不敏感。事实上，随着时间的推移，利率下降对实际投资增长的促进作用越来越小。

在奥巴马政府的领导下，由本·伯南克（Ben Bernanke）领导的美联储大幅降低了利率，并在更长时间里将利率维持在过低的水平。作为对 2008 年金融危机的回应，美联储将其基准利率，即联邦基金利率从 2007—2008 年的 5.25% 降到了 0.25%；到了 2009 年夏季，甚至降低到了更低的水平，然后维持到 2015 年 12 月。[1] 但这跟减税政策的效果一样，并没有对银行放贷形成刺激，自然也没有对实际投资形成刺激。

非银行类企业在美国国内的投资并没有增加，而是将贷款投到了美国以外的新兴市场经济体。他们将贷款投资于美国或全球的股票和债券市场、支付给股东更多的股息、购买自己的股票、收购竞争对手，甚至只是在资产负债表上囤积了数十亿美元（或者把它们藏在离岸避税地）。低利率政策和低息贷款几乎没有在美国转化成那种能够创造高薪工作、提高工资或提

---

[1]  关于伯南克时期美联储利率政策，请参见 Rasmus, *Central Bankers at the End of Their Ropes*, chapter 5, "Bernanke's Bank: Greenspan's 'Put' on Steroids," 106–141。

高生产率的真正投资。这就是为什么"奥巴马复苏计划"的经济增长率仅仅是衰退后正常复苏增长率的一半。

21世纪，美国的实际资本投资增速一直在放缓。[①] 实际投资的放缓造成了生产力增长的放缓，进而对工资增长停滞起到了重要作用。2008年之后美国生产力崩溃的情形与20世纪70年代经济不景气时期大致相同，这两个时期都是美国经济的萧条期。

在2008—2009年美国银行业崩溃期间，美联储引入了新的"工具"，以比传统货币工具更快的速度向经济系统注入资金。公开市场操作、债券购买计划、调整银行准备金要求和改变美联储贴现率等传统政策，都被称为量化宽松的美联储新政策所取代，量化宽松是向私人银行提供过剩流动性的主要工具。

通过量化宽松，美联储实际是在"印"钱，不过是通过电子手段，并且是第一次直接进入市场大力买进债券。美联储买进的不仅有国债，还有公司债券。在量化宽松计划的最后阶段，美联储每月花费850亿美元，以高于市场的价格从个人和机构投资者手中收购债券。这些投资者经历了债券价值的暴跌，尤其是私人持有的各种次级抵押贷款，它们是2008—2009年金融危机的核心。这还不包括美联储在债券到期后的"贴现展期"。在未将"贴现展期"计算在内的情况下，中央银行用于购

---

① 特别是在调整了小布什执政时期与住房和商业地产泡沫相关的建筑业的支出之后。

买债券的官方数字也达到了 45000 亿美元，[①] 这相当于将 45000 亿美元的私人企业和投资者债务，从他们的资产负债表上移到了美联储的资产负债表上。对私人企业和投资者而言，这实际上是还清了债务。但以这种方式解决的债务，其本身仍然存在。它只是从一个私人机构身上转移到一个（准）政府机构身上，即美联储。如果算上债券到期后再重新发行（即贴现展期）的费用，美联储承担的私人债务总额可能在 55000 亿 ~60000 亿美元。[②]

2013 年，也就是伯南克任职美联储主席的最后一年，美联储曾试图逐步减少债券收购和贴现展期的额度。这预示着美国利率将会上升，新兴市场经济体迅速出现了被称为"削减量化宽松恐慌"（Taper Tantrum）的情况。美国利率的上升意味着美元的升值，这与新自由主义政策是相反的。美元升值会导致美元汇率上升和外币价值下降，从而导致新兴市场资本外逃、外国直接投资减少，进口商品价格上涨造成通货膨胀，以及经济衰退。这还意味着，如果在海外开展业务的美国跨国公司将外币兑换成美元，利润将大打折扣。伯南克很快撤回了对美元加息的信号。2013—2014 年，美联储没有加息，其他国家的"削

---

① 美联储的债务资产负债表在 2014 年 12 月达到 45000 亿美元的峰值，在量化宽松新债券购买计划停止、旧债券到期的情况下，仍然一直保持到 2017 年 12 月。原因是美联储"贴现展期"并在旧债券到期时回购新债券。到 2018 年年中，美联储持有的债务已降至 43200 亿美元。

② 作者计算的基础是"展期债券"相对总债务的权重。

减量化宽松恐慌"也有所缓解。

2014—2015年，伯南克在美联储的继任者珍妮特·耶伦（Janet Yellen）延续了他的量化宽松货币政策，即收购债券和过度注入流动性的政策。在她任职的头两年里，尽管新的债券收购计划被暂停，但实际上美联储的资产负债表上的债务仍在上升。随着旧债券到期，耶伦持续对其进行贴现展期并重新发行。这使得美联储的量化宽松和资产负债表上的债务到2016年一直维持在45000亿美元上下。2014—2015年，美联储利率始终接近于零。直到2016年下半年，美联储才开始改变货币政策，允许利率缓慢上升。当时，实际投资、生产率和实体经济的增长都在持续放缓，低利率政策已经几乎完全失去了"弹性"。

2009—2015年，美联储利率连续6年接近于零，这样就人为地提振了股票和债券市场，造成了金融市场的不稳定。公司通过发行债券借入了大量新债务，这些债券的收益被用来支付股东创纪录的股息和以创纪录的价格回购自己的股票。2013—2017年，这5年间美联储利率接近于零，美国公司债券发行量达到创纪录水平，股票回购和股息支付数额每年都超过10000亿美元。[1]

---

[1] Gretchen Morgenson and Tom McGinty, "Insiders Make Hay On Rising Buybacks," *Wall Street Journal* and *Birinyi Associates*, June 11, 2018, B1; Noel Randewich, "S&P 500 Companies Return $1 Trillion to Shareholders," *Reuters*, May 25, 2018; and Jon Sindreu, "Firms Poised to Jack Up Dividends," *Wall Street Journal*, April 19, 2018, B1, sources: JP Morgan and FactSet.

美联储长期实行量化宽松和近零利率政策，严重扭曲了金融和资本市场。对实际投资的积极影响也日益减弱，金融风险日益增加，美联储陷入了矛盾之中。从 2016 年开始到 2018 年年底，美联储不得不放弃新自由主义的低利率和低价美元的货币政策，进行了一轮加息。

因此，奥巴马领导下的美联储在 2015 年后又恢复了 2008 年经济危机之前的政策。但美联储利率再次上升，有可能引发另一场危机，就像 2007—2008 年美联储基准利率达到 5.25% 时那样。然而，利率尚未达到 5.25% 就引发了又一次金融市场小崩盘，美国股市在 2018 年 11 月至 12 月暴跌 30%。这一次引发金融动荡的联邦基金利率门槛仅为 2.375%。

奥巴马货币政策的一个显著特征是，美联储加速了新自由主义式的过度流动性供给，从而产生了过低的利率和美元汇率。在 2008—2009 年的经济衰退之后，美联储又连续 6 年将利率维持在接近零的水平。早在 2010 年，美国政府对银行业的救助就已经完成了，此时已经不再需要美联储的流动性。2010 年之后，美联储的职责不再只是作为"最后贷款人"（即拯救危机的银行），而是拓展功能，以量化宽松为基础对银行利润进行直接补贴。①

---

① 至于为什么美联储的职能已经从"最后贷款人"演变为永久性的银行补贴者，请参见 Rasmus, Central Bankers at the End of Their Ropes, "Subsidizing the Banking System in the Name of Financial Stability," 297–302.

但是，通过量化宽松补贴企业利润、对企业和投资者大规模减税以及战争国防支出长期居高不下，并不是新自由主义政策提高企业赢利能力的唯一手段。政府对降低生产成本（从而帮助提高利润率、税后利润或资本回报率）的支持是新自由主义的另一个标志，现在我们来看看奥巴马时代的产业政策。

尽管不像里根和小布什那样激进，奥巴马的产业政策也延续了新自由主义传统。反工会政策更多地表现为视而不见，任由私人和企业力量持续对工会进行攻击。此时越来越多的攻击集中在了工会会员制的最后堡垒——公务员工会身上。

尽管教师工会在2008年和2012年的选举中都曾积极支持奥巴马，但奥巴马的教育政策是推动建立特许学校。这一政策减少了公立教师工会成员人数，并从公立学校系统中抽走了公立中小学的资金。在选举期间，奥巴马多次宣称他支持公务员工会，但是当威斯康星州的公务员在2011年为捍卫集体谈判权利，反抗反工会的共和党新州长斯科特·沃克（Scott Walker），举行大规模的示威和静坐时，奥巴马在整个冲突期间都没有对此事发表过任何公开评论。①

对于私营部门的工会，奥巴马在2008年大选期间宣布，他将推动《雇员自由选择法案》（*Employee Free Choice Act*）来恢

① Michael Yates, *Wisconsin Uprising: Labor Fights Back* (New York: Monthly Review Press, 2010).

复工会活动的公平地位，从而获得了来自工会的大力支持。[①]
但当选之后，他从未提出或推动过该法案，正如工会人士所说，
该法案在他的任期内一直被放在最下层的抽屉里。尽管 2009—
2010 年，民主党在国会两院中都拥有绝对多数席位，但他们
只是在口头上表示支持这项立法，实际上却已经通过投票使得
《雇员自由选择法案》无法进入公开辩论环节。

2012 年，当奥巴马第一个任期结束时，美国私营部门的工
会成员比例下降到了 6.7%，而包括公务员在内的全体工会成员
的比例仅一年就从 11.8% 下降到了 11.3%。[②] 到奥巴马第二任期
结束时，私营部门的工会成员比例进一步下降到 6.4%，总体工
会成员比例下降到 10.7%。[③]

---

① 这将允许工人们通过签署授权卡表明他们希望成立工会，从而迅
　速使工人工会化。如果 60% 的人签字，工会就成立了。该卡提供
　了一种方法，可以绕过企业合法操作，将选举推迟数月，而这段
　时间可用来聘用反工会的律师事务所恐吓和威胁工人，说成立工
　会将意味着他们将失去工作、福利，甚至当前的工资。

② 美国劳工统计局，"Union Members-2013," January 24, 2013。

③ 据美国劳工统计局数据，"2016 年工会成员比例为 10.7%"，《经济
　日报》，2017 年 2 月 9 日。在奥巴马的第一个任期内，美国劳动
　力数量一直保持在 1.54 亿人左右，但在 2012 年之后奥巴马的第
　二个任期内，劳动力数量开始再次增长，达到约 1.6 亿人。相比
　之下，工人数量在增长，而工会成员人数却在持续下降——这与
　过去的情况形成了鲜明对比，过去工会成员人数通常随着劳动力
　的增加而增加。工会成员数量现在几乎不受经济增长的影响。

工人的实际周收入在奥巴马执政期间也没有提高。2009年奥巴马上任时，1.05亿美国产业工人和工薪阶层的实际周收入中值为340美元；到2012年奥巴马第一任期结束时，这一数值仅为334美元；而到2016年奥巴马第二任期结束时，也只有348美元。[①] 换句话说，剔除通货膨胀因素后，1.11亿美国工人的周工资增长了8美元，按百分比计算仅增长了0.02%。由于这一数据指的是全职工作，并不包括兼职、临时工作和其他偶然性就业，这些工作岗位人数的增长速度比全职岗位人数的增长更快，通常占全职工作的50%~70%，所以奥巴马执政期间0.02%的工资增长率，看起来是工资增长停滞，实际上是一种收缩。在奥巴马执政期间，工作岗位增加了，但增加的都是低质量的工作——工资增长停滞的全职工作和工资更低的兼职或临时工作。因此，工人阶级选民在2016年大选中集体抛弃了民主党，也就不奇怪了。

在新自由主义的监管政策和私有化政策方面，奥巴马时期对金融和银行业进行的重新监管《多德－弗兰克法案》（Dodd-Frank Act）是虚弱和无效的，同时其通过的《平价医疗法案》（又名"奥巴马医改"），促进了医疗保险行业和医疗保健部门

---

① 这些数字经过了通货膨胀的调整，但仅代表全职员工。如果算上兼职，收入数会低得多，下降幅度更大。见美国劳工统计局，普通工薪阶层周收入中位数：第四季度，2009年1月22日，2013年1月18日和2017年1月24日。

的私有化。

关于私有化，《平价医疗法案》不应被简单地理解为5000多万工人除了医院急诊之外，无法获得其他医疗保险服务。这一法案也是新自由主义私有化政策的代表。奥巴马不仅没有提及民主党20世纪60年代的计划（全民医疗保险，而不仅仅是对老年公民的医疗保险），在国会对医疗体系改革进行辩论时，他甚至没有让全民医疗保险计划进入辩论范围。《平价医疗法案》从根本上说是一项"健康保险公司补贴"法案。这项计划每年耗资9000亿美元，但仅为1500万没有保险的人提供了新的保险。另一方面，它确实为穷人（有工作和没有工作的）提供了基本的医疗保险，这就是所谓的医疗补助计划（不要与老年公民的医疗保险计划混淆）。但是，尽管有医疗补助计划，《平价医疗法案》在本质上仍然是一个医疗保健服务私有化的解决方案。根据这个方案，个人被要求进入私人保险市场购买医疗保险。因此，这完全符合新自由主义政策传统。

《平价医疗法案》与新自由主义的不相符之处，在一定程度上体现为它加强了（而非放松）对遭到破坏的美国医疗体系的监管。它还有一个与新自由主义对立的地方，即大规模提高对富人和企业的税收，对低收入家庭通过保险交易所在公开市场上购买私人保险提供补贴。该法案带来的税收在10年间达到了5920亿美元，这是一个相当大的数目。后来《平价医疗法案》遭到有组织地反对，这项税收是主要原因。为破坏这一法案，企业界和极右翼的富人自2010年开始为反对《平价医疗法案》

的活动提供资金。

在监管方面，奥巴马新自由主义政策的另一个反常之处是被称为《多德－弗兰克法案》的银行监管法，它也是在2010年通过的。尽管该法案在提出时就显得软弱无力，但其中的几个部分还是引起了银行业的特别仇视。禁止银行直接从事衍生品交易的条款，以及将多家银行认定为系统重要性金融机构（SIFI）的条款，遭到了银行业的强烈反对。因为为应对可能的危机，系统重要性金融机构被要求持有超额的资本。银行家和企业界反对《多德－弗兰克法案》的另一个原因是这一法案建立了消费者金融保护局（Consumer Protection Bureau），该机构允许消费者起诉银行，并收回银行在金融危机期间及之后从他们那里"窃取"的资金。2010年，《多德－弗兰克法案》以一种常规而模糊的形式获得通过。随后，奥巴马政府将银行业和企业界评论和反对提案的时间史无前例地延长到4年，许多条款要在2014年年底才能生效。银行业的游说者因此被给予了4年多的时间来破坏该法案，他们确实也是这样做的。

《平价医疗法案》和《多德－弗兰克法案》都是在奥巴马政府任期将要结束时制定的计划框架。特朗普于2017年上任后，没花多少力气就将它们废除了。

与战争国防支出和长期削减营业税一样，自由贸易和疲软的美元也是新自由主义政策的基石。从里根到小布什，奥巴马与他的所有前任一样，一直是自由贸易的热心支持者。尽管在竞选期间，他曾承诺就《北美自由贸易协定》重新谈判，[①] 但就职后没几天，他的顾问们就放弃了这一竞选承诺。奥巴马随后与多个亚洲和拉丁美洲国家签署了一系列双边自由贸易协定。2011 年，他促成了小布什时代遗留下来的 3 个著名的自由贸易协定（与韩国、巴拿马和哥伦比亚的自由贸易协定），并计划再签署至少 12 个自由贸易协定。

奥巴马曾宣布要在 2015 年之前将美国的出口额翻一番。2011 年美国出口额为 21060 亿美元，但到 2015 年，这一数字仅为 22640 亿美元。[②]

在他的第二个任期，奥巴马更加卖力地提倡和推动一个全球区域范围的多边自由贸易协定：在他的任期结束时，建立跨太平洋伙伴关系协定（TPP），欧洲地区叫作 T-TIP，即跨大西洋贸易和投资伙伴关系。奥巴马对自由贸易的大力支持和在他任期内工资停滞不前、高收入的制造业岗位继续外流，对于包括总统竞选在内的民主党候选人的失败和特朗普的崛起，产生了重要影响。

---

① 在选举期间，奥巴马的首席经济顾问奥斯丁·古尔斯比（Austin Goolsbee）与加拿大商界和政界人士进行了秘密接触，告诉他们奥巴马公开提及重新谈判《北美自由贸易协定》只是为了竞选，奥巴马并没有真正打算废除甚至改变《北美自由贸易协定》。参见拉斯马斯的《奥巴马时期的美国经济》。

② Zachary Goldfarb, "Obama Gets Win as Congress Passes Free Trade Agreements," *Washington Post*, October 12, 2011.

　　奥巴马的政策对经济的刺激效果欠佳，当经济从2008—2009年的大衰退中复苏时，其增长率仅为之前经济复苏时的一半。这些政策为企业和投资者大量减税，导致赤字和债务的数额甚至超过了他的前任小布什。8年来美联储免费提供的资金只是让金融投机者变得更加富有，股息支付和股票回购的费用高达数万亿美元。还有数万亿美元被用于海外投资和并购。对工会和工人权利的忽视，为企业和右翼政客持续打击工会和破坏公务员的养老金制度开了绿灯。与此同时，按照官方数据，1亿工薪阶层和中产阶级家庭的实际周收入停滞不前，甚至实际上是下降的。

　　如果小布什的政策可以被比喻为打了激素的里根新自由主义，那么奥巴马的政策也许可以被描述为吸食了鸦片的新自由主义。

## ● 第八章

## 新自由主义 2.0:

特朗普时代新自由主义的
复兴

无论是国内、国际，奥巴马的新自由主义政策都没能成功应对 2008—2009 年的经济危机，而特朗普的当选及其当选后所采取的经济政策其实都是对奥巴马的失败做出的反应。此外，特朗普复兴新自由主义的尝试与里根最初提出的新自由主义计划有更多的共同点：在这两种情况下，他们的经济政策都是在试图应对美国经济的长期停滞。里根面对的是 20 世纪 70 年代的经济停滞和经济危机，而特朗普面对的则是 2008—2016 年发生的过去 50 年里从衰退中最羸弱的一次复苏。

然而，特朗普能否通过全面恢复以下新自由主义经济政策的 12 个标志性特征，来成功复兴新自由主义政策，还有待观察。这 12 个标志性特征是：

- 美国战争国防支出大幅增加。
- 通过对企业和投资者减税来补贴投资者和企业的利润。
- 将总税负 ① 转移到工资税和其他递减税上。
- 减少社会项目和社会福利支出。
- 调整美国与全球资本主义竞争对手（盟友和敌人）的对外贸易和货币关系。
- 签署更多多边或双边自由贸易协定。
- 长期保持美元低汇率，保证美国跨国公司的离岸业务利

———————————

① 税负，是因国家征税而造成的一种经济负担。——编者注

润最大化和美国出口企业的竞争力。

● 继续实施"双赤字"解决方案，为越来越高的美国预算赤字和国债融资。

● 维持美联储通过传统的债券购买操作和量化宽松来保持长期低利率，补贴私人银行系统和金融市场利润的政策。

● 扩大放松管制和对公共产品、服务、计划的私有化。

● 破坏工会和集体谈判，挤压名义工资和谈判附加福利。

● 延迟最低工资和保护性工资立法及通货膨胀调整，鼓励增加临时性就业岗位，工作岗位外包，鼓励通过自动化以资本取代劳动力，通过 H1-B 和 L1-2 签证引入低薪熟练劳动力：通过以上政策来压缩工资。

这些自 1981 年以来的政策攻势，共同定义了美国新自由主义政策体制。在新自由主义时代，这些政策反过来又促进了美国资本家与其他资本主义经济体以及美国国内非资本主义群体和阶层的经济关系调整。相当重要的是，这些政策恶化了广大工人的生存环境，这也是特朗普赢得总统大选的原因。

2008 年的金融危机造成了之后的新自由主义政策危机。不过，在特朗普施政近 3 年后，可以看到新自由主义经济政策的几个关键要素被成功地恢复了。它们是：

● 对企业和投资者减税。

● 增加国防战争支出。

● 放松管制和私有化。

● 压缩劳动者报酬和破坏工会。

正在恢复中的新自由主义要素：

● 恢复长期低利率（即美联储货币政策）。

● 确保美元低估值（即汇率政策）。

但对于特朗普来说，也有很多新自由主义政策很难恢复。特别是以下几点：

● 大幅削减福利和其他社会项目支出。

● 调整美国的贸易关系。

● 确保"双赤字"解决方案得以延续，这是继续为美国预算赤字和国债成功融资的必要条件。

特朗普无法同时全方位恢复新自由主义政策，部分原因是构成新自由主义政策组合和体制的 4 个维度之间存在根本矛盾，即新自由主义政策体制内部存在着根本性矛盾。

但特朗普的失败并不仅仅是因为新自由主义政策之间的根本矛盾，还因为特朗普的努力受到了来自国内外的阻挠。特朗普推出了一种更激进、更激烈的新自由主义，试图将崩溃的新自由主义政策体制再延续 10 年。因此，这是一个更激进的 2.0 版本的新自由主义，是为了克服新自由主义的内在矛盾和受到的抵制，而做出的孤注一掷的努力。

特朗普更激进、更激烈的新自由主义，不仅需要推出新的新自由主义方案，比如全球贸易关系调整方案，还需要对美国政治管理机构和美国政治文化进行基础结构改革。因此，为了实现更积极的经济政策目标，新自由主义背景下的政治变革是必需的。

换句话说，与新自由主义政策演变推动了经济结构调整，经济结构调整需要更激进的新自由主义政策一样，当这些政策变得更加激烈和咄咄逼人时，为消解政策阻力，新自由主义政策会再次去推动政治结构调整。

因此，新自由主义后期的演变需要改变美国法定的政府机构（国会、行政部门、司法部门）内部和它们之间的关系，选民与这些机构之间的关系，传统政党内部和它们之间的关系，以及新的政治规范与受《人权法案》保护的传统的公民自由和民主实践之间的关系。在为新自由主义发展扫平道路和拓展新自由主义所做的努力推动下，国际政治机构也在发生变化。国际货币基金组织、世界银行、北约（NATO）、七国集团（G7）、二十国集团（G20）、美国及其盟国之间的国家安全协议等，都成了美国调整的目标。

本书的最初几章论述了经济结构调整与新自由主义政策 4 个维度之间的关系，以及为什么理解这些关系对全面理解新自由主义至关重要。随后的章节将讨论从里根时代到奥巴马时代，美国新自由主义政策体制的演变过程。

本章将聚焦于在特朗普的领导下，新自由主义经济政策在 4 个维度上的变化，并展示其成功和失败之处。

在最后两章，我们将把目光转向近几十年来不曾间断的政治调整（在特朗普领导下现在正在加速），之后将对当下新兴的更基础的物质力量进行讨论。未来 10 年，在这些力量的推动下，新自由主义经济和政治变革将不可避免地加剧其内部矛盾并进一步推动政治改革。新自由主义是否会在 21 世纪 20 年代演变为一种更加激进的形式，或者其内在矛盾是否会阻碍这种演变，将取决于美国国内外对其日益增长的抵制能发展到什么程度。

## 新自由主义财政政策

在 2016 年竞选期间，特朗普曾承诺对企业、投资者和最富有的家庭减税。在 2016 年 2 月与其他共和党候选人的辩论中，他提出了超过 50000 亿美元的减税计划，比小布什和奥巴马之前的减税计划还高。特朗普的减税提案面向的是富有的个人和企业。他提议将个人所得税的最高税率从 39.6% 降至 25%，将营业税的最高税率从 35% 降至 15%。他还提议取消对富人征收的遗产税和替代性最低税（Alternative Minimum tax），以及对投资者征收的 3.8% 的利得税，而这 3.8% 的税收是"奥巴马医改"的一个重要资金来源。特朗普以新自由主义的方式履行了自己的诺言，并且还不止于此。[1]

当选后，特朗普的税收提案是由他的财政部部长史蒂夫·姆努钦（Steven Mnuchin）和经济委员会主任加里·科恩（Gary Cohn）秘密制定的，两人都曾在投资银行巨头高盛担任

---

[1] Jack Rasmus, "The \$10 Trillion US Tax Giveaway," *teleSUR* English edition, February 4, 2016.

高级经理。特朗普税改法案在国会进行投票前，国会中只有极少数人了解其细节。2017 年 12 月，在圣诞假期休会前的最后一刻，国会强行通过了该法案。

## 2018 年减税：不是 15000 亿美元，而是 45000 亿美元

2017 年 12 月中旬，特朗普的税收法案获得通过。姆努钦立即宣布，这相当于减税 15000 亿美元。[①] 主流媒体公布了对企业、投资者和富人的减税预期。但实际上，此次减税总额达 45000 亿美元，已经接近特朗普在 2016 年竞选期间承诺的 50000 亿美元。

2017 年 12 月，在没有激烈辩论的情况下，特朗普的税收法案被共和党控制的国会迅速通过。该法案通过调整房屋抵押贷款抵扣、州所得税、个人免税额和许多其他之前对中产阶级利好的税收政策，实现了对中产阶级和工人阶级 15000 亿美元的增税。这样一来，净减税额就削减到了 30000 亿美元。特朗普政府荒谬地假设，美国经济将因为减税政策在未来 10 年加速增长，并因此增加 15000 亿美元的新税收，于是总减税额就变成了 15000 亿美元。税收收入将增加 15000 亿美元的荒谬假设，需要美国国内生产总值在未来 10 年以每年 3.5%~4% 的速度增长。这意味着美国在未来 10 年（2018—2028 年）不能出

---

① Michael Shear and Michael Tackett, "Saving a Major Win in a Year of Setbacks," *New York Times*, December 21, 2017, 17.

现衰退，但美国发生经济衰退的平均时间间隔为 7~9 年，而且到 2018 年税法生效时，距离上一次衰退（2008—2009 年）已经过去了 9 年。[①] 姆努钦和科恩都赞同近 20 年不会出现经济衰退的荒谬假设。正如他们当时声称的那样："明年我们很容易就能看到 4% 的（国内生产总值）增长。"[②] 用这两组数据来预测减税对美国预算赤字的影响，必然得到错误和虚假的结果。

特朗普本人后来透露，他（和其他人）完全清楚，对资本所有者的减税总额接近 50000 亿美元。2018 年 1 月初，当时减税法案刚刚签署，特朗普在美国农业社团联合会会议的一次演讲中告诉他的听众，税收改革的减税额甚至比我们预估的 45000 亿美元还要高。奇怪的是，这句话没有得到主流媒体的关注。引用特朗普自己的话来说："总共减税 55000 亿美元。"[③]

减税的细节表明，特朗普对资本收入的减税，在规模和构

---

① 在轻微衰退的情况下，剩下的 10 年的增长率也必须是每年 5%，而美国现代历史上从未实现过这样的增长。因此，按照姆努钦的观点，美国国内生产总值在未来 10 年的年增长率将比前 10 年高出一倍以上。

② 希尔和塔克特，2018 年第一季度美国实际国内生产总值增长率为 2.2%，仅为预期 4% 的一半，比 2017 年第四季度更低。目前，大多数经济学家预测美国将在 2020 年陷入衰退。过去 6 个月该作者的预测是美国下一次衰退将于 2019 年开始。参见 Jack Rasmus, "Trump's Tax Cuts, Budgets, Deficits...Trump's Recession2019?," *Z Magazine*, April 2018, 30–33。

③ Michael Shear and Jim Tankersley, "Trump Inflates Size of Tax Cuts by $4 Trillion in Speech to Farmers," *New York Times*, January 9, 2018, 13.

成上都远远超过了里根、奥巴马和小布什。这里仅列举几个数额较大的条款：

● 企业营业税最高税率从 35% 降至 21%，个人所得税最高税率从 39.6% 降至 37%（税收收入损失 14000 亿美元）。

● 在接下来的 5 年里，所有投在设备上的企业投资在第一年就可以完全折旧（税收损失 5000 亿美元）。

● 针对企业的替代性最低税彻底停征，个人替代性最低税也大幅削减：在 400 万名年收入超过 50 万美元的纳税人中，有 388 万名纳税人将不再需要支付任何费用（税收损失 3400 亿美元）。

● 房产或遗产税以前只适用于 5300 个最富有的家庭（美国每年有 270 万人死亡），现在只适用于 1700 个超级富豪，仅覆盖 0.1% 的死亡人口（税收损失 2380 亿美元）。

● 另一项适用于非法人企业的大规模减税措施，称为"直通"（pass through）条款。非法人企业之前的纳税税率也是 39.6%，但现在其应纳税所得的前 20% 无须纳税，因此实际上将其所得税税率从 39.6% 降至 29.6%（税收损失超过 5000 亿美元）。[①]

但是，美国跨国公司才是减税的最大赢家。据估计，仅《财富》美国 500 强企业就将 26000 亿美元的利润转移至其海外

---

① 详见 Journal Report, "The New Tax Law," *Wall Street Journal*, February 14, 2018, R1–R8. For the "pass through provision," ranging from $40 billion in 2018 to $60 billion in 2024, 参见 Table 3 in Joint Congressional Committee on Taxation, "Tables Related to the Federal Tax System As in Effect, 2017–2026," April 23, 2018, 4。

子公司（或将公司总部迁至海外），拒绝将利润"汇回"美国，按照当时 35% 的税率缴税。[1] 如果把 500 强在内的所有美国跨国公司都包括在内，海外未纳税的未分配利润总额至少有 40000 亿美元。甚至在特朗普减税之前，来自它们的总有效税收"自全球金融危机以来下降了 9%"。[2] 然而，根据特朗普的最新税收法案，跨国企业无须再支付高达 35% 的营业税，对它们在海外积累的现金和流动性资产只需支付 8%~15.5% 的税收并且未来离岸利润免于征税。美国跨国公司现在可以将 40000 亿美元"汇回"国内了（税收损失：10 年内 20000 亿美元）。[3]

这些为跨国公司做的打算，被商业媒体有意忽略了。特朗普减税政策的最大受益者显然是多年来一直将利润转移和储存到海外避税的美国跨国公司，尤其是科技、制药、能源公司和大银行。

2019 年的最新数据显示，40000 亿美元的海外资金，美国跨国公司仅汇回了其中的 7765.1 亿美元，并且按照 8%~15.5% 的

---

[1] 根据各种信息来源，跨国公司海外利润转移总额估计为从 35000 亿 ~40000 亿美元。

[2] Rochelle Toplensky, "Multinationals pay less tax despite curb on avoidance," *Financial Times*, March 12, 1018, 1.

[3] 基于海外囤积的 40000 亿美元和在第一年（2018—2019）汇回的 20000 亿美元，并且支付税率为 8%~15.5%，而不是 35%。在接下来的 10 年里，随着美国跨国公司不再为海外利润纳税，美国将实现另一项总额 11000 亿美元的减税。

税率缴纳税款，而不是 35% 的税率，这至少可以节省 1860 亿美元（7765 亿美元的 24%）。[①] 而这只是 2018 年的情况，因为从 2019 年起，它们将海外资金"汇回"美国，将不必再缴纳税款。也就是说，它们在 2018 年留在海外的 32400 亿美元利润转回国内时无须缴纳任何税款。按照之前 35% 的税率，这进一步削减了超过 10000 亿美元的税收。按照特朗普的政策，海外利润不再需要纳税，所以 2019—2027 年，跨国公司未来在海外赚取的任何利润（以及他们在美国赚取的，但巧妙地转移到海外子公司的利润）都不需要交税。换句话说，美国跨国公司从特朗普 2018—2027 年的减税法案中获得 12000~20000 亿美元（可能会更多）的减税。

据美国独立税收政策研究中心（Independent Tax Policy Center）估计，特朗普的减税政策中，只有 10% 会惠及年收入低于 10 万美元的中产阶级家庭。[②] 对税收影响的巧妙操纵也意味着，对中产阶级个人的减税到 2025 年将逐步取消，而对企业的减税将继续下去。并且 2018—2019 年对个人减税的政策也是"前重后轻的"。这种前重后轻的方案和 2018 年对工资税减免政策的变化，使得中产阶层和工薪阶层家庭看起来也分享了整体减税的利好。

---

[①] Eric Morath and Theo Francis, "U.S. Companies Repatriated More Overseas Profits, *Wall Street Journal*, June 21, 2019, 4.

[②] 参见 Tax Policy Center, "Updated Effects of the Tax Cuts and JobsAct on Representative Families," *Urban Institute and Brookings Institution*, December 22, 2017。

然而，美国最富有的 110 万个"税收单元"（最富有的 1%的家庭）第一年（2018 年）获得的减税额为 51140 美元，到 2025 年这一数字将增加到 61090 美元。相比之下，位于美国收入分配底层 60% 的人最初会获得 70~900 美元的减税，但到 2025 年，他们的税负将开始增加。[1] 正如《纽约时报》所总结的，"收入在全国前 0.1% 的家庭中的 92%，平均减税 206280 美元"，而"与现行法律的纳税额相比，新的税法使得收入在 54700~93200 美元的家庭中有 70% 将每年支付更多税款"。[2]

减税几个月后，特朗普表示，他计划提议将减税政策在 10 年有效期后永久化。这意味着对企业和富人持续减税，对中产阶级和工人阶级持续增税。[3]

## 减税没能创造就业机会

特朗普、姆努钦和特朗普减税政策的受益者声称，这项政策将使美国实际投资和就业机会激增，从而对美国国内生产总值产生创纪录的提振。但"接受耶鲁大学调查的首席执行官

---

[1] Tax Policy Center, "Distributional Analysis of the Conference Agreement for the Tax Cuts and Jobs Act," December 18, 2017, Tables 1 & 2, 3–4.

[2] Editorial analysis, "Feathering Their Own Nests," *New York Times*, December 19, 2017, 24.

[3] Reuters, "White House seeks to make personal income tax permanent," March 15, 2018.

中，只有 14% 的人表示，他们的公司计划在税改后立即在美国进行大规模资本投资。"[1] 此外，芝加哥大学的达米卡·达哈马帕拉（Dhammika Dharmapala）为美国国家经济研究局（National Bureau of Economic Research）所做的一项广受好评的学术研究得出的结论是"有关美国跨国公司将大量资金汇回国内从而提振国内投资的预测是编造的"。他对 2004 年小布什政府减税政策的分析显示："在 2004 年减税期间，企业将资金转回美国后，每 1 美元中有 79 美分用于股票回购，15 美分用于分红。"[2]

那么，特朗普的减税政策（仅 2018 年就将企业利润提高了22% 以上）对减税第一年（2018 年）的美国企业投资产生了怎样的影响呢？2018 年，美国跨国公司最终汇回的 7760 亿美元（其离岸现金储备为 40000 亿美元），对美国投资产生了多大影响？2019 年的趋势又如何？换句话说，减税对投资有多大的影响，进而对投资创造就业有多大的影响？

衡量投资可以用两个关键经济指标，一个叫作资本支出（Capex），另一种叫作私人固定投资净额（net private fixed Investment）。特朗普的减税政策在 2018 年 1 月生效后，这两个指标当时并没有发生变化，并且自 2018 年年底以来，这两个数

---

[1]　Julia Horowitz, "34 things you need to know about the incoming tax law," CNNMoney.com, December 20, 2017.

[2]　Jonathon Rockoff, "Investors to Benefit from Tax Overhaul," *Wall Street Journal*, December 19, 2017, B5. 除用于股票回购和派息外，汇回国内的资金还用于企业并购。

据的增长率反而开始急剧放缓。

从 1947 年到 20 世纪 90 年代，在这半个多世纪的时间里，美国私人固定投资净额每年的增长率都在 8%~10%，1998 年科技热开始时达到了 10.9% 的峰值。在 2008 年金融危机前的 2006 年，这一数据仍有 8%。在奥巴马执政时期，私人固定投资净额的年增长率始终低于历史平均水平。特朗普在 2016 年曾承诺通过减税来提振投资，他的减税法案最终于 2017 年 12 月通过，并于 2018 年 1 月签字生效。然而，减税只在一开始对投资形成了刺激，但刺激作用很快就消失了。正如穆迪投资者服务公司（Moody's Investors Service）首席分析师丽贝卡·卡诺维茨（Rebecca Karnovitz）在 2018 年 1 月所预见的那样："我们预计企业投资不会有实质性的增长，因为美国非金融企业可能会优先考虑股票回购、并购和偿还现有债务。对个人减税的大部分将被高收入者获得。"按照卡诺维茨的说法，75% 的减税将落在每年应纳税收入超过 20 万美元的人身上。而且，正如本章接下来的部分所展示的那样，这些钱并没有用于实际投资，大多数都用在了股票回购、并购和其他投机用途上。"2018 年，在特朗普政府的努力下，投资增长率仅为 6.9%，而且这一增长率仍在下降。这主要是特朗普的反贸易政策造成的。"[1]

2018 年第四季度，《财富》美国 500 强公司的投资增长率已

---

[1] Joseph Sternberg, "What's Missing from the Trump Economic Boom," *Wall Street Journal*, May 24, 2019, 15.

降至 5.4%。在随后的 2019 年第一季度，这一数据进一步下降至 2.7%。[1] 此后，这一趋势进一步恶化。2019 年第二季度，根据可获得的最新数据，在设备、厂房、软件等方面的企业投资增长实际上已经降为负数，为 -0.5%。[2]

资本支出是另一个衡量投资的指标和计量工具。在 2018 年 1 月特朗普推出减税措施后，该指标的数据也同样出现了快速下降。[3] 根据标普全球（S & P Global）2019 年 6 月发布的数据，美国资本支出在 2018 年增长了 11%，但美国资本支出 2019 年的预计增长率仅为 3.0%。[4]

简而言之，就投资而言，特朗普的减税政策是失败的。对投资者和企业数万亿美元的减税，换来了非常短暂的投资增长期，其影响力在 2018 年年底迅速消散，而投资增长率在 2019 年夏季降至接近零或低于零的水平。此外，统计数据也揭示出，

---

[1] Amith Ramkumar and Theo Francis, "Firms Tighten Capital Spending," *New York Times*, May 20, 2019, 1.

[2] US Bureau of Economic Analysis, *Percent Change from the Preceding Period in Real GDP*, Table 1.1.1.

[3] 资本支出是指用于购买、维护或升级厂房、地产或设备的支出。与国内私人投资指标不同，该指标包括土地，且项目持续时间超过一年。

[4] Richard Henderson, "US companies cut back on spending plans," *Financial Times*, August 19, 2019, 10; Richard Henderson, "Weak corporate capex stirs up US political risk," *Financial Times*, June 26, 2019, 20.

特朗普声称的减税必然会提振投资和就业，是供给侧经济学意识形态言过其实的结果，除非有人相信减少投资能够创造就业机会！ [1]

在提到国际货币基金组织（IMF）2019 年 6 月发布的《全球金融稳定报告》（*Global Financial Stability Report*）时，商业专栏作家吉莲·邸蒂（Gillian Tett）简洁地总结道："正如国际货币基金组织报告所指出的那样：'美国大部分利润被用于回购、支付股息和进行其他金融冒险了。'并没有用于增加投资。" [2] 那么有多少钱被用于回购、支付股息，又有多少钱用于金融冒险了呢？

## 用于股票回购和分红的 80000 亿美元

正如先例和预测的那样，特朗普的减税有很大比例被企业用来回购股票、支付创纪录的股息、为与竞争对手并购提供资金或被用于在下一次衰退之前偿还从前欠下的债务。 [3] 2018 年，企业名义最高税率从 35% 降至 21%，根据行业不同，预计平均利润将增加 10%~30%，而标准普尔 500（S & P 500）指数中市

---

[1] 至于为什么在特朗普 2017—2019 年任期内的就业机会会增加，我们将在本章稍后的新自由主义产业政策分析部分进行讨论。

[2] Gillian Tett, "Corporate America is failing to invest," *Financial Times*, April 12, 2019, 9.

[3] Theo Francis and Richard Rubin, "New Tax Law Fattens Corporate Profits," *Wall Street Journal*, May 4, 2018, 1.

值最高的那些公司的平均利润将增加 18%。[①] 不过，这笔意外之财大部分被计划用于回购、派息、并购、偿债和其他业务拨款。

　　在奥巴马执政的 5 年里，美国每年的股票回购总额加上股息总计约为 10000 亿美元，而据估计，2018 年股票回购加股息总额增加到了 12000 亿~13000 亿美元[②]。事实证明，仅《财富》美国 500 强公司的回购金额就达到了 7980 亿美元。并且在 2018 年第四季度，回购金额加速增长，达到了 2250 亿美元。[③] 股息支付则需要另算。2018 年,《财富》美国 500 强公司的股息支付总额达到了 4560 亿美元，所以股票回购加股息支付，总额达到了 12500 亿美元。[④]

---

① Ed Crooks and Katrina Manson, "US companies set for big profit windfall from tax overhaul," *Financial Times*, December 18, 2017, 1. The "effective" tax rate paid by the F500 fell from 30% to 15%.

② 安德鲁·埃克克里夫 – 约翰逊,《特朗普减税为美国投资者带来 10000 亿美元的财源》，英国《金融时报》，2018 年 3 月 5 日，13 版。例如，高盛集团 2018 年 2 月估计，2018 年的回购规模将比 2017 年增长 23%，至 6500 亿美元，而摩根大通预计将该数据将增长 50%，至 8000 亿美元。据《纽约时报》2018 年 3 月 1 日报道，第一季度的股票回购超过了 2000 亿美元，这使得摩根大通的预测更符合真实情况。

③ Michael Wursthorn, "Buyback Drop Threatens Stocks," *Wall Street Journal*, July 3, 2019, p. b1.

④ Robin Wigglesworth, "Shareholders Reap \$8tn Bonanza," *Financial Times*, March 7, 2019, 11.

正如一位商业新闻评论员所言："2018 年的股票回购和股息支付的激增，使这一数据自 2009 年以来的总额达到接近 80000 亿美元……按照世界黄金协会（World Gold Council）的说法，这几乎相当于迄今为止开采的所有黄金的总价值。"[①]

但 2018 年总计 12000 亿美元、创纪录的股票回购和股息支付数额，迅速在 2019 年被超越。《财富》美国 500 强公司仅在 2019 年第一季度的股票回购额就达到约 2230 亿美元。然而，美联储在 2019 年 6 月决定，允许美国大型银行在 2019 年回购更多股票并支付更多股息。此前，为了确保银行在未来发生金融危机时保留足够的货币资本用于缓冲，美联储曾禁止了银行的这一权利。取消这一限制符合特朗普全面持续地对银行业放松管制的政策精神。现在，美国各银行手中的应对资金减少了，如果再次发生像 2008 年那样的金融危机，将如何应对。2019 年，银行股东将通过股票回购额外获得数千亿美元的收益。

在美联储做出决定之后，美国最大的四家银行宣布，他们将在 2019 年增加 1050 亿美元的股票回购额（加上支付更多的股息，数额尚未确定）。因此，考虑到此前有 35 家大银行被禁止回购股票或增加股息，2019 年美国银行股票回购总额的增加额可能会轻松超过 2000 亿美元。[②] 所以，银行股票和股息支

---

① Robin Wigglesworth, 11.

② David Benoit and Lalita Clozel, "Fed Lets Banks Lift Payouts, Buybacks," *New York Times*, June 28, 2019, B9.

付的总额可能会高达数千亿美元。并且，美国五大银行——美国银行、花旗集团、高盛集团、摩根大通银行、富国银行，在2018—2019 年还因特朗普的减税政策享受到了企业税率的降低（原为 35%，摩根大通银行降低到 15%，富国银行和美国银行降低到 17%~18%）。[①]

银行业助长了股票回购总额增加的趋势，2018 年所有企业股票回购总额为 12500 亿美元，2019 年仅《财富》美国 500 强公司的股票回购总额就将升至 11000 亿美元。2018 年全国股息支付的总额为 4500 亿美元，今年可能会以同样的比例增长。

因此，《财富》美国 500 强公司在 2019 年的股票回购和股息支付总额可能超过 15000 亿美元。

这 15000 亿美元仅涵盖了美国最大的 500 家公司，目前还不清楚美国最大的 3000 或 5000 家公司的支出情况，但毫无疑问，这将在 15000 亿美元的基础上再增加数千亿美元。如果把欧洲、日本以及其他国家和地区的企业也计算在内，全球范围内的企业支出总额还会进一步增长——因为企业将过去创造的财富源源不断地分发给股东（主要是最富有的 1% 的家庭和机构），这不仅仅是美国的现象，而是 21 世纪新自由主义在全球范围内的标志性特征。

从里根到特朗普，新自由主义税收政策为美国企业和投资者提供了周期性的、巨额的额外利润。这是新自由主义减税政

---

① Emily Flitter, "Big Banks Earn Tens of Billions, Trump Tax Cuts Aided Windfall," *New York Times*, July 18, 2019, B3.

策的主要功能。从里根在其第一任期（1981—1982年）的大规模减税，克林顿在1997—1998年的减税，到小布什的37000亿美元，到奥巴马的超过50000亿美元（在2010年和2013年延续了小布什的减税政策，并在2009—2010年增加了他自己的减税政策），再到最新的特朗普的45000亿美元，新自由主义税收政策的目标是为企业、投资者和最富有的1%的家庭提供一笔巨大的意外之财，其规模是前所未有的，甚至可能是难以想象的！

减税带来的意外之财中的大部分，并没有流到实际投资或用于创造工作岗位，而是被转移到了美国国内外的金融市场，或者被美国跨国公司为了自身利益用在海外新兴市场的扩张，或者直接用于了股票回购和支付创纪录水平的股息。但这并不是全部。企业积累的数万亿美元的资金也被用于收购竞争对手，这催生了创纪录的并购活动，尤其是在2008—2009年之后。

## 并购热潮

特朗普减税政策带来的意外之财造成的主要后果之一是并购支出快速增加。据推断，2018年企业用于并购的支出超过35000亿美元。[①]根据数据提供商路孚特（Refinitiv）的数据，仅2019年第一季度，"就已达成价值9270亿美元的并购交

---

① Eric Platt, "Global M&S Tally Topples Pre-Crisis Record," *Financial Times*, September 2018, 14.

易……比上一年最后一个季度增长了 22%"①。

并购支出对实体经济没有任何提振作用。事实上，并购往往会导致工作岗位和供应商数量的削减，从而减少经济支出。但并购确实也是提升股价的好方法，它能够提振金融市场，并提高投资者的收入。一家公司在被收购前，其股价几乎总是会大幅上涨。换句话说，这是一种"间接回购"。但它对实际国内生产总值和整个实体经济几乎没有任何贡献，并且很大可能会造成经济收缩。

并购行为还有一个次要的负面影响。在某种程度上，可用的投资资金被用于并购活动，而它们原本可以被用于实际投资（如扩大生产，购买厂房、设备等）。因此，并购也会导致实际投资的萎缩，进而减缓实体经济的增长。

## 减税与货币政策的联合效应

值得注意的是，新自由主义的税收政策在提高利润及促进股票回购和股息支出方面的作用，被新自由主义的货币政策放大了。

减税刺激了股票回购和股息支付，美联储的货币政策也起到了同样的作用。虽然自 1985 年以来，大部分时间都是如此，但 2008 年之后这一现象更加突出了。通过量化宽松和其他货币工具，美联储向银行注入了数万亿美元的免费资金，并将利率

---

① James Fontanella-Khan, Arash Massoudi and Don Weinland, "US deals fuel \$927bn global tally for quarter," *Financial Times*, March 29, 2019, 15.

降至接近于零的水平，且在 2009—2016 年一直保持在这一水平。大多数时候，美联储向银行收取的利率仅为 0.15%。[①] 接近于零的利率使得美国企业能够通过发行新的公司债券另外筹集数万亿美元，并且向债券买家支付的利息数额很小。企业从债券销售中获得了数万亿的额外资金，其中相当一部分以股票回购和股息支付的形式重新分配给股东，这与减税时的情况是一样的。因此，到 2018 年为止，股票回购加上股息支付的总额达到 80000 亿美元。这不仅仅是来自减税带来的创纪录的利润，公司借款和债务也是重要的资金来源。在这方面，苹果公司可以说是典型。虽然该公司拥有 2500 亿美元的现金（其中 95% 保留在离岸子公司用以避税），它还是通过发行债券借入了数百亿美元，用以偿付它以股票回购加上股息支付的形式已经分发给股东的款项。由此，苹果公司通过借入资金（几乎不用支付任何利息）让它的股东更加富有，并且自己能够继续坐拥 2500 亿美元的现金储备（其中 95% 留在海外）。

因此，新自由主义税收政策和新自由主义货币政策（即保持低利率）在奥巴马政府执政的最后一年（2016 年）出现短暂分歧之后，在特朗普的领导下再次趋同。不过在特朗普政府执政的头两年，由于美联储采取了与新自由主义相悖的政策，短暂地进行了加息，这一过程被稍稍延迟了一段时间。

总的来说，新自由主义政策，包括财政、货币、产业、贸易

---

① 有关奥巴马与特朗普领导下的新自由主义货币政策的更多细节，请参见下文。

（外部政策）4 个主要方面，都在以多种方式补贴资本收入和利润。对企业、投资者和最富有的 1% 的公民减税，只是补贴资本收入的主要方式之一。美联储长期人为压低利率则是另一个途径。通过多种方式压缩劳动力成本，产业政策也发挥了作用。贸易政策也是如此，将成本从美国企业转移到外国资本主义竞争对手身上。

## 特朗普最新的减税举措

但很明显，特朗普为使资本收入受益而实施的减税行动并未到此为止。2019 年年底，在参议院的背书和支持下，美国政府宣布了新的计划——2018 年开始实行的特朗普对投资者和企业减税 45000 亿美元的政策到 2027 年后将永久有效。特朗普的减税政策的有效年限是 10 年，即从 2018 年到 2027 年。在此期间，尽管官方宣布的减税总额为 15000 亿美元，但实际数字是 45000 亿美元。不过，由共和党控制的国会已表示，在 2020 年 11 月大选之前将出台特朗普减税政策 2.0 版。据报道称，该版本会提议将 2018 年的减税政策在 2027 年到期之后永久延续下去。

此外，特朗普本人也宣布了进一步的计划，即将 2018 年对资本利得的大规模减税与通货膨胀挂钩，甚至可能会可以回溯。他计划绕过国会和重新立法的要求来实现这一点。他将通过发布总统行政命令来将资本利得税 ① 与通货膨胀水平挂钩。尽管这种做法早在 1992 年就被裁定为非法，但特朗普已经公开宣

---

① 资本利得税：指对非专门从事不动产和有价证券买卖的纳税人，就其已实现资本利得征收的一种税，属临时税。——编者注

布，他不在乎什么法律和先例。

据宾夕法尼亚大学沃顿商学院的一项研究估计，单是资本利得与通货膨胀挂钩就意味着每年对企业、投资者和富裕家庭的减税将增加 1000 亿到 2000 亿美元，这超过了 2018 年特朗普的减税总额。此外，特朗普可能还会更进一步：将资本利得税的税率降至 10%，而不是目前的 21%。[①]

然而，资本利得并不是特朗普减税计划中的唯一目标。2019 年夏末，《华盛顿邮报》透露，特朗普政府计划削减为社会保障和医疗保险提供资金的工资税。由于在 14% 上下的工资税中有一半是由雇主支付的，这意味着企业支付给员工的所有薪酬中都将获得最少 7% 的减税。2011—2012 年，奥巴马提出了 2% 的工资税削减，但那是暂时的，随后又恢复了。特朗普可能会削减得更多，并试图使其永久化。

削减工资税，无论是暂时的还是永久性的，都会对美国经济造成重大而消极的影响。首先，这意味着美国的预算赤字将再增加 10 多亿美元，目前美国预算赤字已经超过每年 10000 亿美元，并且还在增加。其次，它将起到鼓励雇主暂停为工人加薪的计划。他们会简单地认定，工人 7% 的工资税削减，已经实现了其工资足够的工资增长。最后，超过 5000 万退休人员的退休社会保障和医疗保险支出是由工资税提供的，对工资税的削

---

① Alan Rapaport and Jim Tankersley, "Trump Administration is Weighing a Tax Cut for Investors," *New York Times*, July 31, 2019, B4.

减将进一步减少这些支出，而这些退休人员绝大多数是工人阶级。

特朗普表示，他也在考虑利用贸易战收取的关税为投资者和企业提供进一步减税空间。特朗普的首席经济顾问在 2019 年 8 月中旬提出了一种可能性，虽然有可靠的历史证据表明，投资者不会利用减税来投资国内经济，但特朗普仍可能会利用对中国进口商品征收关税的收入为投资者进一步减税。摩根大通银行的分析师估计，对从中国进口的商品加征关税后，将为美国带来数百亿美元的收入，可用于为企业和投资者提供更多的减税。但加征关税后商品价格会上涨，这意味着减税的收入实际上将来自美国家庭和消费者，平均每年每户将分摊 1000 美元。并且，特朗普增加关税代表着行政部门无须经过美国众议院立法部门就能获得收入来源。

特朗普政府在暗地里起草了额外的"一次性"减税计划。自 2016 年 11 月以来，他们一直在努力阻断奥巴马医改法案残余部分的资金来源。掐断《平价医疗法案》资金来源，其核心是对富裕家庭征收的税率为 3.8% 的投资所得税。这相当于为了帮助《平价医疗法案》筹款，未来 10 年向投资者和企业征收 5920 亿美元的税收（大约每年 590 亿美元）。① 对于那些反对《平

---

① 2018 年 1 月，随着特朗普减税法案签字生效，与《平价医疗法案》相关的税收也被削减了 155 亿美元，为期两年，影响到医疗设备和健康保险公司的税收。包括这些在内的所有《平价医疗法案》税收政策几乎肯定会在未来几个月成为永久性政策，并在接下来的 8 年里减少超过 1000 亿美元的税收收入。

价医疗法案》的富人来说，废除医保税一直是他们的真正目标。他们持续资助保守党中的草根激进团体，来反对和摧毁《平价医疗法案》。

因此，在特朗普领导下，新自由主义政府在全力为企业和投资者减税。并且，在特朗普的领导下，针对企业和投资者的新自由主义减税政策已经完全复原。也许"复原"一词并不十分准确，因为新自由主义减税政策从未真正消失过。正如前一章所述，奥巴马对企业减税的力度甚至超过了小布什。从长期来看，与其说是"复原"，不如说是"加速"。自里根 1981 年首次减税以来，没有任何新自由主义政策比现在的政策更"成功"。

特朗普在 2016 年年初竞选总统时承诺，如果当选，他将减税 100000 亿美元。目前[①]，他至少已经完成了一半。

## 战争国防支出政策

自 1981 年以来，在所有新自由主义政策体系中还有一个财政要素，那就是不断增加的战争国防支出。经历了 2008—2009 年的经济危机和伊拉克撤军之后，在奥巴马执政期间，美国的战争支出曾出现过暂时放缓，但特朗普的政策成功地将其恢复到了新自由主义的状态。

与小布什当政时年复一年不断快速增长相比，在奥巴马的第二个任期内，国防支出的增长率有所放缓。特朗普让美国的

---

① 指本书写作时。——编者注

国防支出重新走上了长期稳定增长的道路。因此，它被"成功地复兴了"。

战争国防支出包括 3 个主要类别：①五角大楼的"基础"支出；②被称为"海外应急行动"的直接战争支出，这也是五角大楼支出的一部分；③"支持"业务支出，包括退伍军人福利、国土安全支出、能源部（军事燃料）和核武器发展支出、情报机构（包括国务院、中央情报局、国家安全局）向民用承包商的支出和其他实际军事活动的支出等。但是，甚至在"支持"业务支出中也没有提到下一代军事技术研发费用，这是预算外支出，因为这些技术从未公布过，只有军方和国会军事委员会的某些主席知道。

伊拉克战争爆发后，美国在 2003—2005 年的军事支出，包括"基地"和海外应急行动支出稳步上升，从每年 4370 亿美元增至 4780 亿美元。随着 2007 年美国在伊拉克和 2009 年在阿富汗的战事急速升级，军事支出更是快速上升。到 2010 年，这一数字达到了 8510 亿美元。其中增加的主要是海外应急行动支出，因为到 2010 年这一数字翻了一番，达到 1630 亿美元。2011 年，在奥巴马执政期间，国防支出达到了 8550 亿美元的峰值，随后逐渐下降，平均每年约 7500 亿美元。这是因为到奥巴马执政的最后一年，也就是 2016 年，海外应急行动的支出下降到了 590 亿美元。在奥巴马执政的 8 年里，国防部和五角大楼的"基本"支出几乎没有下降，减少的主要是海外应急行动支出，这一支出较 2010—2011 年的高点减少了约三分之二，原因是美军从伊拉克和阿富汗撤军了。

2011 年，美国国会和奥巴马同意立即削减 10000 亿美元的社会支出，从而将为应对金融危机在 2009 年推出的财政支出刺激计划完全撤销了，之后又撤销了其他一些财政支出。国会和总统达成的协议还包括，未来进一步削减 10000 亿美元的支出，这部分支出在社会项目支出和军事支出之间平均分配削减，即所谓的"自动减支"。然而在随后的几年里，虽然社会支出削减得以实施，但削减军事支出的计划每年都被搁置。结果是，国防部的基本支出仅从 2012 年的 5300 亿美元降至 2016 年的 5210 亿美元。

2017 年 1 月特朗普上任后，奥巴马任期最后几年国防预算停滞不前的局面发生了大逆转。

特朗普的第一个年度预算，即 2017—2018 年度预算提议增加 540 亿美元的国防支出，这部分资金来自医疗、教育、环境和其他项目的预算缩减。2018 年 2 月，特朗普与国会中的民主党人达成了预算协议，未来两年（2018—2020 年），在 2017—2018 财政年度国防支出的基础上，再增加 1950 亿美元。五角大楼要求军费支出增加 20%，其中 59% 用于"地面系统"（坦克和装甲车），13% 用于"机密项目"。这两项是增加支出最多的类别。[1] 在民主党于 2018 年 11 月接管美国众议院后，特朗普与众议院中的民主党达成了一项类似的"交换条件"协议，在保持社

--------

① Doug Cameron, "Defense Firms to Get Lift," *New York Times*, February 20, 2018, B3.

会项目支出大体不变的情况下，允许国防部进一步增加支出。

在特朗普执政的第一年，"基本 + 海外应急行动 + 支持"的军事总支出从 2016 年（奥巴马执政时期）的 7670 亿美元上升到 2017 年的 8180 亿美元。这一增长主要是由于海外应急行动支出的增加，从 590 亿美元增至 2017 年的 830 亿美元，这一增长反映出在打击"伊斯兰国"行动上支出的增加。

然而，第二财年的军费总支出甚至飙升到了 8900 亿美元。这一次几乎完全是由于基础支出的增长。随着"自动减支"限制在之后两年内被彻底废除，2018—2019 年度的军费规模进一步扩大到了 9560 亿美元。

一个重要的新支出类别是特朗普提议的"太空"支出，即一支规模和作用与美国空军相当的"太空部队"。2018 年 6 月 19 日，在对小企业游说团体全国独立企业联合会（National Federation of Independent Businesses）的演讲中，特朗普重申了自己创建"太空部队"的决心，他说："我在此指示国防部和五角大楼立即开始必要程序，建立武装部队的第六支军队，一支太空部队。我们将不仅有空军，还将有太空部队，它们同等重要，这是一件大事。"[①]

根据民主党和美国众议院最近提出并同意的预算，2020 财政年度的战争国防总支出将达到 9890 亿美元，包含"基础 + 海

---

① 引自 Karl Grossman, "Star Wars Redux: Trump's Space Force," *Counterpunch*, June 23, 2018。

外应急行动＋支持"三部分。商业媒体只报道了"基础＋海外应急行动"的部分，总计7330亿美元，但对所有"支持"类别不予披露。这7330亿美元中，141亿美元用于建立新的太空部队和司令部，96亿美元用于建设军事网络安全，10亿美元用于开发人工智能的军事应用。人工智能的军事应用是未来10年新一代军事技术的关键。[1]

媒体报道中也没有提及"预算外"的秘密军事技术开发支出，这一项目很可能至少有750亿美元。[2]因此，2020年真正的战争国防支出总额将远远超过10000亿美元。

在特朗普和民主党达成的7330亿美元的最新战争国防预算中，有一个特别引人注目的类别，显示了海外应急行动支出将急剧增加。海外应急行动支出预计将从2019年的690亿美元上升到2020年的创纪录1740亿美元。人们不禁要问，一年增加近1000亿美元的直接军事行动支出，是否反映了在2020年11月的总统选举之前，某个地方正在为一场真正的"热战"做准备。

## 社会项目紧缩

削减社会项目支出，并以此来抵消美国国家预算中因不断

---

[1] 有关五角大楼各项目（飞机、船舶、核武器等）预算支出分配的详细信息，请参见美国国防部2019年3月12日发布的《国防部2020年财政预算》。

[2] 2008年金融危机前估计的美国"预算外"支出总额在每年500亿~750亿美元。

升级的战争国防支出和对企业和投资者企业减税而增加的部分，一直是新自由主义的"首要原则"。自里根政府以来，战争国防支出增加和税收削减的总额，一直比社会支出的削减幅度要大得多。财政紧缩政策无法弥补这一差距。然而，削减社会项目支出始终是新自由主义政策的目标，并且通过削减社会项目支出来抵消军费支出和对企业与投资者减税的增加一定程度上取得了成功。特朗普很好地保持了这种新自由主义政策传统。

在特朗普执政的第一年，他中途修改了奥巴马政府的2016—2017 年预算。修改后的预算提出 2017 年的预算为 41000 亿美元，其中医疗保健支出削减 127 亿美元，食品券削减 190 亿美元，学生贷款削减 140 亿美元，贫困项目削减 270 亿美元，教育削减 92 亿美元，残疾人福利削减 70 亿美元。这足以满足他提出的战争国防支出增加 540 亿美元，退伍军人和国土安全支出增加 100 亿美元的计划。其他被削减的项目还包括环境项目、替代能源研究、社会残疾保障保险（SSDI），以及所有其他部门预算。其中，对医疗补助计划的削减额度最大，达到 800 亿美元。特朗普提议完全废除奥巴马医改，这一步只是计划中的一部分。只有社会保障退休计划和老年医疗保险计划没有被削减。[①]

---

① 参见各商业媒体（《华尔街日报》《纽约时报》《金融时报》等）的 2017 年 3 月 17 日的头版头条和摘要，了解 2017 年 3 月初公布的特朗普修订预算的详细情况；金佰莉·阿玛德奥（Kimberly Amadeo）的《2017 财年联邦预算与特朗普的支出对比情况》，2019 年 6 月 25 日。

当然，提案和实际支出并不是一回事。虽然特朗普提议削减几乎所有可自由支配的社会支出项目，但特朗普执政第一年的实际社会项目支出最终比奥巴马的原始预算还高出了500多亿美元。这样就形成了一种模式：只要他能大幅增加国防战争支出，不管他最初的提议如何，特朗普最终会同意不大幅削减社会福利项目。国防战争支出不仅包括五角大楼的基础支出，还包括海外应急行动中的直接的战争支出，国土安全以及其他军事"支持"项目，如退伍军人福利、核武器发展、军事燃料使用等包含在其他部门预算中的支出。

特朗普接下来的两份预算提案和实际的社会项目支出都重复了这种模式：以国防支出大幅增加为条件，换取象征性的社会项目削减，甚至可以为了应对通货膨胀而增加社会项目支出。在特朗普任期内的第一个完整年度预算，即2017—2018年的预算中，这种模式再次出现。最初的预算提案再次提出大幅削减社会项目支出后，非国防可自由支配支出（主要是社会项目）实际上从5620亿美元（被特朗普修订过的2016—2017年预算）上升到5760亿美元（他的第一个完整预算年度，2017—2018年度的预算）。然而，战争国防预算的增长速度更快，2017—2018年度增长了800多亿美元。特朗普的模式就是这样：用一些社会项目支出和非国防可自由支配支出的象征性增长，换取国防战争支出的大幅上升。

2017—2018年度，特朗普削减社会项目支出的主要目标是《平价医疗法案》。但他失败了。一开始，他曾尝试废除《平价医疗法案》，不过没能成功。之后，特朗普政府战略转向攻击《平价医疗法案》的资金基础。企业和个人必须购买或提供保险的强制性规定被暂停或取消了。所谓的"凯迪拉克税"（"Cadillac Tax"，主要影响工会合同中的最主要的健康保险计划）的征收被推迟，然后被取消了。医疗器械税也被取消了。当十几个共和党州拒绝在医疗补助计划上投入资金，或拒绝参与"奥巴马医改"时，对这项改革资金基础进行大破坏的目标达成了。特朗普的政策是通过提供极为简洁的私人保险替代方案，为《平价医疗法案》因资金不足而造成的致命伤口贴上创可贴。因为"平价医疗"每月的保费飙升，数百万人退出了该计划。如今，联邦医保计划只剩下一个空壳，只有像加州这样的地方，医保计划仍在艰难支撑。但特朗普和共和党人对《平价医疗法案》的破坏，并没有给美国预算带来真正的成本节约。受益的是企业界、医疗设备制造商和健康保险公司。不过，这个计划并没有完全崩溃。此外，一些旨在帮助《平价医疗法案》筹集资金的税收措施也没有被取消，比如对高收入家庭征收3.8%的投资所得税的政策。当然，这成为特朗普和麦康奈尔减税的下一个优先目标。

特朗普的第二份完整的预算提案（2018—2019年度）再次提出大幅削减社会项目支出。教育部的预算被削减了36亿美元，实际上的数额更大，因为新的教育私有化计划将由教育部削减后的预算提供资金。这些私立教育项目包括特朗普用纳税人的钱为富裕家庭的孩子提供的奖学金，让他们上私立学校，以及对奥巴马时代特许学校项目的大规模扩展。与削减教育预算的数额大致相同的资金将作为国土安全支出，用来聘用 2000 名移民海关执法局（ICE）移民官员和 750 名边境巡逻警察。

在政府预算中，对于社会项目支出越来越不友好。与之前的预算提案相比，特朗普 2018—2019 年度的预算提议中，对为 4400 万美国人（占美国人口的 15%）提供食物券的计划进行了大幅削减，并进一步削减为 1 亿多美国家庭提供医疗服务的医疗补助计划。在接下来的 10 年里，按照政府计划，削减食品券总额将达到 2130 亿美元，占预算的 30%。在同样的 10 年里，对联邦医疗保险的削减额预计将达到 4900 亿美元。[1] 在 2018—2019 年度的特朗普预算中，交通项目支出也将在 10 年内减少 1780 亿美元。另一项严厉的紧缩措施是提议将社会保障和医疗保险的适用年龄提高到 70 岁，以及让退休人员为社会福利支出更多，还有削减学校午餐预算，并撤销保护臭氧层的支出。总的来说，在特朗普的 2018—2019 年度预算中，非国防可自由支配支出比上一年度预算削减了 1710 亿美元，即 24%。[2]

除了提议削减可自由支配的社会项目支出和进一步增加战争国防支出外，特朗普还提议斥资 250 亿美元在美墨边境修建

---

[1] Julie Davis, "Trump's Budget Favors Military, Inflating Deficit," *New York Times*, February 13, 2018, 1. ；亦可参见 Amadeo, "FY 2019 Federal Budget"。

[2] Congressional Budget Office, "An Analysis of the President's 2019 Budget," revised August 2018, 7.

隔离墙。这一计划未获通过。他提出的社会项目支出削减计划
也再次没能得到实施。

同样，到 2019 年 9 月 30 日预算财年结束时，实际支出与
2018—2019 年度预算的金额大为不同。特朗普削减社会项目的
愿望几乎当时就破灭了。2018 年春，当政府再次面临关门威胁
下，特朗普与国会达成妥协，同意了一项 13000 亿美元的政府
支出法案。他的隔离墙计划得到了象征性的 16 亿美元。

特朗普对政府与众议院民主党人达成的妥协进行了公开抨
击，但他还是在该协议上签了字。他解释说他不得不这么做，
目的是增加军费支出，而这是他的首要任务。正如他所说的，
"我们别无选择，我们必须为军队提供资金……如果我们想建
设自己的军队，在某种意义上我们是被迫的。"① 在签署 2018—
2019 年度预算法案时，特朗普宣布："我再也不会签署这样的法
案了。"但一年后，他又这么做了。

特朗普于 2019 年 3 月宣布了下一财年（2019 年 10 月 1 日
至 2020 年 9 月 30 日）的预算提案。其中包括：7500 亿美元的
战争国防支出（包括五角大楼的基本预算和海外应急行动支出，
但不包括军事"支持"项目，军事相关支出再次增加了 2380 亿
美元）；削减 1500 亿美元的可自由支配的非国防支出和社会项
目支出，以及 27000 亿美元的强制性社会项目，如社会保障和

---

① Julie Hirschfield and Michael Shear, "A $1.3 Trillion Deal Flies in the
Face of His Agenda," *New York Times*, March 24, 2018, 1.

联邦医疗保险。

就像他之前的预算提案一样，特朗普的最新预算案再次提供了一个经典的新自由主义的"愿望清单"，在国防战争支出持续增加的情况下，削减社会项目支出和可自由支配社会项目支出。可自由支配的社会项目支出被削减了9%，而国防战争支出却增加了。在战争国防支出中，预算增加从直接的战争费用大量转移到装备和军事人员薪酬支出上。特别是下一代技术设备，包括人工智能、高超音速武器、网络安全、新一代战术核武器、军事建设以及更多的国土安全装备等。有趣的是，军事扩张资金似乎集中在战争国防支出预算中的海外应急行动支出部分，该支出在2020年激增至1740亿美元，而2019年为690亿美元。医疗保健、教育、食品券、交通和美国环境保护署（EPA）的项目支出再次遭到大幅削减，可自由支配的社会项目支出总额将削减1500亿美元。强制性的社会项目支出被严重弱化。未来10年，在医疗保险上削减总额将达到8180亿美元，医疗补助削减15000亿美元，两者平均每年削减约2300亿美元。①

但是，同样的情形第三次发生了。在政府和国会于2019年7月底达成的最终协议中，有关大规模社会项目支出削减（即紧缩）的提议再次被否定了。只是，这次协议的有效期是两年，之所以如此是为了双方不必在2020年9月大选之前再进行一次

---

① Jim Tankersley and Michael Tackett, "Record Budget is Trump's Shot Across the Bow," *New York Times*, March 12, 2019, p. 1.

预算谈判。虽然在特朗普和国会达成的最终协议里，战争国防支出继续增长，达到了 7380 亿美元（"五角大楼基地 + 海外应急行动"部分为 1570 亿美元），但他提议削减的 1500 亿美元的可自由支配的非国防支出的大部分得以保留，大规模削减强制性社会保障和医疗保险支出的计划也未获得通过。

在最终协商确定的预算中，可自由支配支出的总额为 13700 亿美元，其中战争国防支出为 7380 亿美元，可自由支配的非国防支出将约为 5990 亿美元用于政府一般支出和社会项目支出（教育、卫生、交通等）。[①] 后者如何在社会项目中分配，将在未来几周内的十几项拨款法案中确定。

回顾特朗普政府从他当选到现在的财政支出政策，有一些引人注目的焦点要素。

首先，在特朗普修订过的 2016—2017 年度预算中，非国防可自由支配支出和社会项目支出为 5620 亿美元，在 2020 年的最新预算协议中，这一数字上升到 5990 亿美元。相比之下，

---

① 然而，值得注意的是，5990 亿美元中的很大一部分是军事"支持"支出，这些支出被分散在退伍军人、能源和其他政府部门的可自由支配预算中。这是五角大楼预算和海外应急行动战争防御预算之外，分配给军事和五角大楼的支出。此外，无论是 7380 亿美元还是 5990 亿美元，都没有反映"黑色预算"这一在下一代先进军事技术上的支出，这些支出从未减少过，也从未在美国的正式预算和辩论中出现过。如上所述，这将使美国的国防预算每年至少增加 750 亿美元。

可自由支配的战争国防支出从 6250 亿美元上升到 7380 亿美元。战争国防支出预算的提高是显著的，而非国防支出的提高则微不足道，可以说是象征性的。

这期间，政府总支出（可自由支配的和强制性的）从 39800 亿美元上升到 47500 亿美元。这意味着在不到 3 年的时间里，这一支出增加了 7500 亿美元。与此同时，政府税收总额仅从 33100 亿美元增至 36400 亿美元，增长了 330 亿美元。这一巨大的缺口当然会导致年度预算赤字、国债以及债务利息不断上升。目前，债务利息已成为美国预算中增长最快的支出，从每年 2630 亿美元飙升到 4790 亿美元。

战争国防支出一直是主要的受益者，但从某种意义上说，社会项目也并非没有受益，因为这些可自由支配的预算并没有像经典的新自由主义"紧缩"政策所要求的那样被大幅削减。这意味着，就削减社会支出而言，特朗普的第一个任期并没有体现出"紧缩"的特征。这与 2011 年奥巴马和共和党国会达成的真正的紧缩计划不同，2011 年的紧缩计划立即削减了 10000 亿美元左右的可自由支配社会项目支出，并要求再削减 5000 亿美元。这是一个真正的紧缩协议，奥巴马 2009 年经济衰退刺激计划的支出为 7870 亿美元，而这一协议减少的支出是其两倍！

经典的新自由主义政策的目标是削减社会项目支出来为战争和国防提供资金，但迄今为止这一目标并没有很好地实现。特朗普无法恢复这一传统的新自由主义政策目标。为了提高国防战争支出，他不得不同意不削减可自由支配社会项目预算。

特朗普的做法一直是提议大幅削减社会项目支出，但随后放弃
并接受了保持当前的社会项目支出水平，因为这种妥协能够让
他获得更大的国防支出预算增加。换句话说，特朗普在第一个
修订版的年度（2016—2017 年）预算设定的模式，延续到了他
随后的所有预算方案中。

　　鉴于这些事实，我们必须要问：这还是新自由主义吗？在
里根执政期间，实现了一些对社会项目支出的重大削减，这是
里根财政政策的一部分，其中包括大幅增加国防战争支出和削
减对企业与投资者的税收。在克林顿执政期间，通过减少济贫
项目，大幅削减了社会项目支出。在小布什执政时期，在削减
环境项目方面取得了巨大成功。然而，在特朗普看来，大幅增
加国防战争支出比削减社会项目支出要重要得多。在社会支出
方面，他为恢复新自由主义式的紧缩所做努力显然已经失败了。

　　其结果是，不断增加的战争国防支出与不断升级的预算赤
字、国家债务和债务利息支出之间出现了矛盾。此外，在不断
增长的战争国防支出和国内民众、政党对削减社会项目支出补
充国防战争支出的抵制情绪不断升级之间，矛盾也在增大。美
国将在全球范围部署更多人员，美国资本家和精英们预计需要
在下一代军事技术、新武器系统（战术核武器、高超音速导弹、
空间指挥、网络战等）上投入数万亿美元。为实现不断增长的战
争国防支出，新自由主义政策能发展到什么程度，仍有待观察。

　　要克服这两个矛盾，可能只有三种方法。第一种是让美国
国内生产总值以每年 6% 的速度增长。虽然特朗普在 2016 年竞

选时曾做出过这样的承诺，但这是不可能实现的。第二种方法是取消小布什时期开始实施的逾 15000 亿美元的对企业和投资者减税的政策。奥巴马曾延续了这项政策，特朗普则加速了这一政策的实施。但除非美国发生类似 20 世纪 30 年代的危机，并出现重大政党重组，取消这一政策也是不可能的。在这个"联合公民"（Citizens United）判决和金钱控制选举进程的时代，共和党人和民主党人都不会考虑这一点。第三种方法是削减剩余的社会保障和医疗保险等大型社会项目支出。在 2020 年之后，这并不是不可能的。正如一名共和党参议员最近所说："我们已经向特朗普总统提出了这个问题，他说这是他第二任期的计划之一。"①

政府已经开始吹风，社会保障再次陷入危机。解决政府不断加剧的债务负担和每年 10000 亿美元的赤字，削减社会保障项目中的退休金和医疗保险投入（社会保障一部分）是肉眼可见的唯一途径。换句话说：过去 20 年里为企业和投资者（1%的富人）减免 150000 亿美元税金，每年 10000 亿美元的军事预算，以及 2027 年前每年产生的 9000 亿美元的债务利息，这些账单都要让 5200 万退休人员来支付。

## 赤字与债务政策

早期的新自由主义认为，美国的年度预算应该是"平衡

---

① Jim Tankersley and Emily Cochrane, "Budget Deficit is Set to Surge Past \$1 Trillion," *New York Times*, August 22, 2019, 1.

的"，即收入应等于支出。20 世纪 90 年代末，即克林顿当政时期，这一"谎言"仍然被视为新自由主义意识形态主张中一个不可分割的部分。克林顿声称他做到了预算平衡，但这也只能算是掩人耳目。他所谓的预算平衡，是通过向社会保险盈余借款实现的。到 20 世纪 90 年代中期，社会保险盈余已经累积到 10000 亿美元以上。

在 20 世纪 80 年代早期，作为里根税收政策的一部分，工资税被大幅提高来产生社会保险项目盈余。征收工资税所依据的工资收入也与通货膨胀率进行了挂钩。因此，随着工资的增长，工资税的征收额也随之增加。该项目旨在创造数万亿美元的社会保障盈余，为 2012 年左右开始退休的婴儿潮一代（1946—1964 年出生）做准备。到 2008—2009 年经济崩溃时，这一盈余已达到近 40000 亿美元。问题是，美国政府之前和现在每年都在从这些盈余中借款，代之以财政部的特别借据。因此，政府已经将实际收到的盈余花掉了。政府借贷的基金中也包括了联邦雇员养老基金。

在 2008—2009 年金融危机之后，为社会保险退休信托基金提供资金的税收收入开始出现缺口。2010 年以后，工资税的征收额已经不能完全覆盖福利费用。因此，从 2011 年开始，40000 亿美元的社会保险信托基金开始被"抽出"，来补充税款的不足。预计到 2032 年，之前积累的盈余将被耗尽。随着基金持续减少，政府为弥补年度赤字，能够借到的工资税资金结余也将越来越少。

2010 年之后，新自由主义政策不得不放弃预算必须平衡的主张。2011—2013 年，美国政府实施了所谓的"财政悬崖"政策，这一装模作样的自动减支政策代表了新自由主义"最后的努力"。正式的书面声明是，每增加一笔支出，就必须在其他地方削减一笔支出。但为了不断增加战争国防支出，这一规定经常被弃之不顾。随着特朗普的上台，尽管两党政客在竞选演讲中都对平衡预算顶礼膜拜，但实际上没有哪个美国国内政客真心认可这一点。

预算和债务政策是财政政策的第三个要素。这是另外两个因素，税收政策和政府支出政策共同产生的结果。如上所示，特朗普的税收政策不断扩大对企业、投资者和富裕家庭的减税；支出政策主要是以不大幅削减社会项目支出为条件，以加速增加战争国防支出。其结果是，自 2016 年以来，美国政府的年度预算赤字不断增加，国债也相应增加。

可以预见，美国年度赤字总额和国家债务将迅速上升，以至于赤字与债务政策正成为新自由主义政策体制内另一个日益增长的矛盾。也就是说，按照估算，如果仅债务的利息就将上升到每年 9000 亿美元，这必将严重影响新自由主义继续增加战争国防支出的能力。此外，由于减税、国防支出和利息成本而导致的赤字急速上升，削减社会项目支出根本无法与之相抵。

自 2000 年以来，为了给日益增长的赤字和债务提供资金，美国的资本主义体系不得不越来越偏向另一种主要手段，即双重赤字解决方案。由于 2001 年以来的减税和国防支出高达数万亿美元，2008 年后仅从社会保险和政府雇员养老金中抽取资金已经不够弥补这些支出。为预算赤字融资，越来越多地需要依靠双重赤字解决方案，这引发了新自由主义政策的另一个主要矛盾。

为了美国企业的利益，特朗普采用了一种更积极的方式（即贸易战）来调整全球贸易体系，但这种调整会危及每年为美国超过 10000 亿美元的赤字和不断上升的国家债务提供资金的双赤字解决方案。现在先简要回顾（更多细节见下文）一下，"双赤字"解决方案是美国新自由主义外部政策的组成部分。在美国的外部政策中，美国有意与世界其他国家和地区之间，特别是与中国、日本、欧洲各国和墨西哥之间，形成了贸易逆差，以使更多的资金从美国流出。美国与这些国家达成的"默契"是，这些国家或地区会以购买美国国债为主要途径，把美元回流到美国。这些通过购买美国国债回流的美元，使得美国政府能获得更多资金来弥补美国的预算赤字。换句话说，如果没有贸易赤字，美国政府不可能在年度赤字达到上万亿美元的情况下运行。那样的话，美国政府要么不得不提高税收，要么削减包括国防战争支出在内的政府支出，或者两者兼而有之。

但是，越来越依赖双赤字来为减税、战争支出和不断增长的预算赤字融资，产生了一个矛盾：特朗普的贸易战可能会带来巨大风险，即其他国家为应对美国关税上涨和制裁措施，放缓甚至停止购买美国国债，从而使该国美元回流美国的速度放缓或停止。社会保险盈余和养老金盈余作为赤字资金的来源，现在正在减少，而由于特朗普的贸易战和制裁，双赤字解决方案的融资能力可能会下降甚至崩溃。现在的情况是，一种新自由主义政策损害了另一种政策，即贸易战加剧了赤字和债务问题。同样，新自由主义产业政策的另一个特征，对社会保险盈余的转移，也制造了新的矛盾。

那么，问题到底有多大，解决潜在的矛盾又有多难呢？美国当前的预算赤字和国债规模是否已经达到足以威胁新自由主义财政政策的程度？新自由主义的赤字与债务政策的发展趋势是什么？最重要的是，2016 年之后，在重新稳定新自由主义赤字和债务政策基础方面，特朗普成功了吗？

特朗普没有能够恢复新自由主义对社会项目支出的紧缩政策，这导致美国政府预算赤字和国家债务迅速上升。在 2016 年竞选总统时，他承诺将消灭所有赤字，在 4 年内实现预算平衡，并偿还当时总额超过 190000 亿美元的国家债务。他说，他将通过每年使美国 GDP 增长 6% 来实现这一目标，而不会像奥巴马领导下那样（2010 年国内生产总值勉强实现了 1.5% 的增长率）。[①] 这是在重复里根的"供给侧"谬论，即减税对刺激经济是如此有效，以至于它们将产生数倍于税收的收入。此外，特朗普认为政府浪费现象严重，轻而易举就可以削减数千亿美元可自由支配社会项目支出。

但 6% 的国内生产总值涨幅也太夸张了。2018 年减税产生

---

① 到 2017 年，他将对国内生产总值增长的承诺下调至 3.5%~4%，并在 2019 年进一步下调至 2.4%~2.9%。

的影响到 2019 年第一季度就已经烟消云散了，对工厂和设备的实际投资在 2019 年春季就出现了收缩。"根据国会预算办公室的数据，算上因国家债务上升导致的利息支出成本增加，减税措施使国债在 2018—2019 财年增加了近 4000 亿美元。"[①] 用供给侧理论来解决赤字问题不过是说说而已。政府削减支出也只是说说而已，因为特朗普在每一次年度预算中，都是用不削减社会项目支出来一次次换取增加军费支出。由于上述这些原因，在特朗普的领导下，美国的赤字和债务已经膨胀到了失控的程度，如表 8-1 所示。

表 8-1 2004—2019 年美国赤字和债务（亿美元）

| 年份 | 赤字 | 国家债务 |
| --- | --- | --- |
| 2004 | 4130 | 73790 |
| 2008 | 4590 | 100250 |
| 2009 | 14130 | 119100 |
| 2010 | 12940 | 135620 |
| 2011 | 13020 | 147900 |
| 2012 | 10870 | 160660 |
| 2016 | 5850 | 195730 |
| 2017 | 6650 | 202420 |
| 2018 | 7790 | 215160 |

① Emily Cochrane, Alan Rappeport, and Jim Tankersley, "Deal Would Life Federal Budget by \$320 Billion," *New York Times*, July 23, 2019, 1.

续表

| 年份 | 赤字 | 国家债务 |
|------|------|----------|
| 2019 | 10900* | 227760* |
| 2020 | >12000** | >240000** |

资料来源：管理和预算办公室，历史表，表 1.1，1929—2017，2020 财年预算；管理和预算办公室，表 S-4；经济分析局，表 1.1.5。

\* 截至 2019 年 9 月 30 日的预计总数（不包括五角大楼的"黑色预算"支出），来自阿玛德奥的"2019 财年联邦预算"余额，2019 年 8 月 8 日。

\*\* 笔者的预测基础是 2020 年的国内生产总值增长不超过 1.3%。

关于 2019 年的预算赤字，国会预算办公室的数字最低，为 9600 亿美元左右，摩根大通银行的估值最高，达到 12000 亿美元。美国国会预算办公室预计，2020—2028 年，美国每年的预算赤字都将超过 10000 亿美元，到 2028 年将达到 15000 亿美元。

在特朗普执政的头两年里，美国国债增加了 20000 多亿美元，到 2028 年还将增加 124000 亿美元。这只是国会预算办公室的基线预测，并不是最坏的情况！[1] 因此，在下一个 10 年结束之前，美国国债可能会从目前的 220000 亿美元增加到 340000 亿美元以上。[2] 如果美国在此期间出现严重的经济衰退

---

[1] 国会预算办公室，《2018—2028 年预算和经济展望》，2018 年 6 月，4 页。尽管到 2023 年，美国每年的税收收入都将低于 2017 年，但财政支出将稳步增长。债务占国内生产总值的百分比将以 2013—2017 年平均水平的两倍增长。

[2] Rasmus, "Trump's Tax Cuts, Budget, Deficits," 32–33.

（这种情况很有可能发生，而且会很快发生），在340000亿美元的基础上，国债可能会再增加20000亿~50000亿美元。

我们只能得出这样的结论：特朗普不仅没能恢复新自由主义的赤字与债务保持稳定这一特征，而且他在第一个任期，彻底证明了供给侧经济学意识形态的错误，即对企业减税不会产生足够的回报（产生的税收收入不会大于减少的税收收入）。特朗普不仅没能恢复削减社会项目支出和可自由支配支出的新自由主义政策，而且他的贸易政策成为维持减税政策、战争支出和不断上升的预算赤字所必需的双重赤字解决方案的最大威胁。

## 新自由主义外部政策

在执政的第二年，特朗普一直在努力恢复美国在"外部"经济关系中的主导地位和霸权。所谓外部经济关系，就是与"双赤字"相关的贸易、美元和跨国货币资本向美国回流等问题。同时，更高的战争国防支出、更多地对企业和投资者减税，也就需要更多的美元以购买国债的方式回流到美国。这反过来又加深了矛盾：新自由主义的政策是保持美元低价，但更多的美元回流会导致美元价值走高。特朗普的政策旨在减少贸易逆差，减缓美元升值，这极大地危害了美国跨国公司海外利润最大化。

特朗普通过贸易战重整美国"外部"政策，目的是帮助美国企业从世界贸易中获得更大份额的利润，从而减少贸易逆差。

但这样一来，对美国预算赤字融资至关重要的"双赤字"计划就受到了破坏，因为它严重赖于外国购买美国国债。如果贸易伙伴因美国减少进口造成获得的美元减少，那么以购买美国国债或其他外国直接投资的形式回流到美国的美元也会相应减少。特朗普实际上选择了以美国赤字和国债为代价，提高了美国跨国公司的利润。

在特朗普执政的前两年，也就是2017—2018年，他试图通过其他方式来解决这一矛盾。他的办法是提高美联储利率，吸引更多的离岸美元来弥补赤字。但这样做提高了美元的价值，进而减缓了美国经济增速，并引发了新兴市场经济体的货币崩溃。因为美国国债的收益率提高，大量资金开始从新兴市场国家流向美国，对美元的需求进一步推高了美元的价值。

简而言之，特朗普为提高美国跨国公司利润来获取税收，发动了贸易战，但他这种做法导致了美元升值，这是与保持美元低价的新自由主义政策相矛盾的。这样做还激化了与新自由主义货币政策（低利率）的矛盾，同时也加速了全球经济衰退。与他削减美国政府财政支出的努力一样，特朗普试图恢复新自由主义"外部"政策的努力也失败了。

特朗普没有能力为美国企业在全球贸易中获得更大份额（贸易战的目标）的同时保持美元低价，也就是保障为美国预算赤字提供融资的"双赤字"解决方案的运行。允许贸易逆差恶化还是允许美元升值，这是一个两难的选择。换句话说：要么弱化双赤字解决方案，要么任由美国预算赤字进一步扩大。

2018 年 8 月，特朗普通过美国贸易代表办公室（USTR）发起了针对中国（见下文）的贸易战。在某些方面，特朗普发起贸易战与 20 世纪 80 年代里根执政前 5 年的情形类似。当时，美国的货币政策曾将利率推高到了创纪录的两位数。利率高企导致外国投资流入美国，随之美元在世界市场上的价格也相应上升。与欧洲各国和日本（尤其是日本）相比，美国出口企业竞争力下降。美元价格加速上升导致美国出口产品相对于竞争对手变得过于昂贵，出口受到威胁。美国跨国公司的海外利润也是如此。里根政府因此针对日本和欧洲各国制定了一项新的激进的新自由主义贸易战略，目的是让这些国家出现通货膨胀，从而提高其商品价格，降低其商品在国际市场上的竞争力，从而减轻美国出口的压力。

换句话说，里根政府没有为提高美国出口产品的竞争力而努力，而是采取了一种降低日本和欧洲各国产品竞争力的政策。通过 1985—1986 年的广场协议和卢浮宫协议，美国达成了这一目标。两个协议的签署为新自由主义赢得了时间，美国借此引入了一种更加有效的新自由主义政策——多边自由贸易政策。从 20 世纪 90 年代开始，多边自由贸易政策成为新自由主义外部政策的主导策略。

提高美国的出口竞争力，是所有新自由主义对外政策的共同特征，主要是通过迫使贸易伙伴降低其产品的竞争力或让他们签署多边自由贸易协定来实现的。美国一直以美国公司迁到目标国将带来更多美国资本投资为诱饵，让对方心甘情愿签订自由贸易协定。美国的资本投资能为竞争国创造更多的就业机会，这让他们的政客很高兴。同时，对方国内的资本主义精英也能与美国公司分享利润。当然，这些国家必须同意将更多的美元回流到美国（双赤字解决方案），而这些国家也很乐意这么做。

因此，双赤字解决方案和自由贸易政策紧密合作，保证了美国公司在外国市场的进一步渗透，并使得它们能将更多利润汇回美国。迫使贸易伙伴采取行动，降低其经济对美国的竞争力，通过这种方式，美国贸易竞争力下降的问题得到了"解决"。1971—1973 年，美国在尼克松的领导下解决了竞争力相对欧洲下降的问题；1985—1986 年，美国在里根的领导下解决了与日本的竞争力之争。

特朗普目前在贸易问题上的进攻态势，应该被视为美国政府站在美国公司立场上的又一次尝试，即通过调整贸易协议降低中国和其他经济体的竞争力，从而恢复美国的竞争力。但与尼克松时代与欧洲的贸易关系或里根时代与日本的贸易关系相比，特朗普将面临更大困难，尤其是在美国与中国的贸易关系方面。

### 特朗普贸易战的起源

特朗普掀起的贸易战表面看开始于 2018 年 3 月，但实际上在 2017 年夏天就已经开始了。2017 年 8 月，特朗普命令他的美国贸易代表办公室炮制一份分析报告，对中国涉嫌迫使在华美国公司分享技术以及中国公司出于同样目的试图收购美国公

司的情况进行分析。2018 年 3 月，美国贸易代表办公室发布了
该报告，特朗普随后发起了贸易战。[①] 与中国的贸易一直是美
国贸易结构调整的主要目标，而美国与北美自由贸易伙伴、欧
洲和其他盟友的贸易争端从来都是次要的。

最初，特朗普贸易政策的重点是钢铁和铝进口，目标是与
其签署了《北美自由贸易协定》的贸易伙伴、欧洲各国（尤其
是德国）、韩国和巴西等经济体。特朗普的新自由主义减税政
策是在 2018 年 1 月生效的，这之后不久，他于 2018 年 3 月宣
布对这些国家出口到美国的钢铁和铝加征关税，从而公开地将
贸易问题上升到了他的新自由主义政策议事日程的首要位置。

在 2018 年 3 月宣布对钢铁和铝加征关税之后，美国很快威
胁要对中国加征关税。当月，特朗普宣布对中国加征 500 亿美
元关税，然后，在中国宣布对美国出口商品对等征收 500 亿美
元关税后，他口头威胁会将这一数据再提高到 1000 亿美元，甚
至 2000 亿美元。与此同时，美国贸易代表团前往北京，美国的
利益集团则在幕后操纵着美国贸易谈判团队。

美国贸易谈判团队中的一个派别，是由其财政部部长姆努
钦领导的。他们的主要目标是让中国同意美方企业持有其在华
银行业务 51% 的股权，从而让美国的银行和公司在中国获得更

---

① 有关 2017 年 8 月对华攻击的起源，请参见 Presidential Memorandum
for the United States Trade Representative, August 14, 2017, in the US
Federal Register, 89 FR 39007。

多的市场准入。美国谈判团队中的另一个派别则希望中国购买更多的美国商品（尤其是农产品）。第三派由美国国防机构主导，他们希望能阻止中国在第五代移动通信技术（5G）、人工智能和网络安全等下一代技术上的发展，因为所有这些都对未来谁能处于军事领导地位至关重要。①

一开始，姆努钦被任命为美国谈判小组的负责人。他很快就去了北京，并在4月返回美国，表示两国已经就一项贸易协议达成了初步共识。据报道，中国原则上同意允许美国公司，特别是银行，在中国的合资企业中拥有51%的多数股权。姆努钦本人曾是影子银行家，他认为这是一笔不错的交易。中国还同意大幅增加对美国农产品的进口，这将缓解美国对近5000亿美元对华贸易逆差的担忧。

然而几天之后，以美国贸易代表罗伯特·莱特希泽（Robert Lighthizer）和特朗普的贸易顾问彼得·纳瓦罗（Peter Navarro）为首的对华强硬派和新保守派发起攻击，阻止了该协议的达成。两人都与美国军工复合体和五角大楼密切相关，这两个组织越来越担心"中国制造2025"可能会使中国很快在科技方面赶上甚至超过美国。"中国制造2025"的目标是在人工智能、5G、网络安全等下一代经济技术方面取得突破，而这些技术同时具有重大的军事意义。无论谁在这些领域占据主导地

---

① Office of United States Trade Representative, *OUST Report*, *Docket #USTR-2018-0005*, 3.23–18.

位，都将不仅能主导未来的关键经济产业，还可能会实现军事霸权。美国国会军事拨款委员会的主席们也与莱特希泽和纳瓦罗等新保守派的看法一致。他们共同发起了一波攻势，提出在美国的中国企业，如中兴等，对美国构成了战略威胁。这个派别迅速说服了特朗普，姆努钦谈成的协议被作废了。

2018 年整个夏天，中国不断提出新的建议，然而，美国并没有做出回应。相反，美国要求中国首先回到谈判桌上来。特朗普随后对 2500 亿美元的中国进口商品征收关税，并威胁称，如果中国不做出回应，到 2018 年年底将再增加对 2000 亿美元的中国进口商品征收关税。毫无疑问，这只是特朗普在 2018 年 11 月中期选举之前为了宣传在作秀。中国拒绝会面，一切都要等到选举结束再说。

2018 年 12 月初，中国国家主席习近平在布宜诺斯艾利斯的二十国集团（G20）会议上会见了特朗普。在晚宴后，特朗普宣布两国已在原则上接近达成协议，谈判团队将在 2019 年年初会面并敲定协议。与此同时，特朗普暂停了原定于 2019 年 1 月 1 日对中国征收的附加关税。但与此同时，对于在美国境内以及与美国盟友加拿大和欧洲各国做生意的中国科技企业，美国加大了攻击力度。处于攻击中心的是中国电信科技巨头华为。

2019 年 2 月，中美恢复谈判。根据 3 月和 4 月的内部消息，谈判取得了一些进展。中国代表团计划于 2019 年 5 月抵达华盛顿，据报道此行是为了达成最终协议。然而，美国又在谈判清单上增加了新的苛刻要求。其中包括要求中国停止补贴其国有企业（尽管美国刚刚为美国企业提供了数万亿美元的减税补贴）。显然这是一个对美国公共关系媒体很有用的话题。在2019年5月华盛顿会议前夕，美国还宣布，中国必须与美国分享其下一代技术（人工智能、网络安全、5G）的研究进展。美国的新要求基本上就是这些。此外，美国明确表示，即使达成协议之后，之前对中国商品增加的关税也将持续下去，并继续和其盟国对华为进行攻击，同时逼迫中国其他科技公司和中国学者离开美国。

到2019年5月，美国贸易谈判团队中的新保守派已经完全控制了局面，并说服了特朗普，而五角大楼和国会军事拨款委员会的主席们也在积极出谋划策。尽管如此，中国代表团还是来到了华盛顿，但离开时并没有同意美方的新要求。与2018年5月一样，对中国强硬的新保守派［莱特希泽、纳瓦罗和现在身居幕后的博尔顿（Bolton）］再一次获得了他们想要的结果，破坏了美国政府与中国可能达成的协议。

到2019年夏天，情况已经很明显，除非中国在技术问题上做出让步，新保守派不会与中国达成任何协议。现在已经不仅仅是制定规则，要求在中国做生意的美国公司技术转让最小化的问题，而是一场关于下一代技术的战争。贸易战已经悄然演变成为一场科技战。中国2015年提出的"中国制造2025"引起了美国军工复合体及其在特朗普政府和国会中的强大盟友的关注。他们打算用贸易谈判为手段，阻止中国的技术进步，否则就阻止两国达成任何形式的贸易协议。

2019 年 5 月的中美贸易谈判破裂，导致了美国和全球市场急剧萎缩。与此同时，实体经济指标显示，2019 年全球经济和美国经济都明显放缓。企业设备投资收缩和美国制造业疲软很快对美国第二季度的国内生产总值数据产生了影响。到 2019 年第三季度，美国制造业陷入衰退。整个夏季，美国在建工程数量（US Construction numbers）持续萎缩，美国的服务业增速也开始趋近于零。这个夏天，支撑美国经济的只有家庭消费。

2019 年年中，全球经济红灯大亮。压力促成了习近平主席与特朗普总统的又一次会面。2019 年 6 月，两位国家领导人在日本大阪举行的 G20 峰会期间举行了会谈，情景似曾相识，他们再次就双方谈判团队会面达成了一致意见。据报道，特朗普同意美国不会进一步提高对中国的关税，包括不会增加对已加征关税的价值 2500 亿美元输美商品的税率，也不会对剩余的价值 2000 亿美元输美商品加征关税。

2019 年 7 月下旬，美方贸易谈判团队再次前往北京。结果他们空手而归，美国没有提出任何新条件，中国也没有给出回应。据报道，特朗普对此感到十分愤怒，在美国代表团返回后的几天内，他宣布对剩余的 3000 亿美元中国进口商品增加关税，9 月 1 日起生效。据商业媒体报道，这次进一步提高关税的决定是根据贸易团队中的新保守派的建议做出的，而不是来源于姆努钦派的建议。新保守派和五角大楼仍在左右特朗普的决定，导演贸易战这场大戏。

与此同时，全球经济增速加速放缓，刺激外国资金加快流入美国国债和债券市场。结果美元升值，降低了外国货币汇率，更多的资本从新兴市场逃向美国，从而进一步推高了美元。全球经济放缓、特朗普贸易战导致的贸易减速、美元升值以及货币不稳定，开始对美国和全球的商业信心造成损害，进而对投资造成了负面影响。到 7—8 月，美国企业投资、制造业和建筑业指标都出现了明显萎缩。此外，有越来越多的迹象表明，在美国经济中占比更大的服务业也受到了影响。

作为对特朗普宣布的 3000 亿美元中国商品增加关税的反制，2019 年 8 月，中国宣布上调价值 750 亿美元的美国进口商品的关税。虽然特朗普 6 月下旬在大阪与习近平主席会谈时承诺不再加征关税，但此刻毫无疑问他会再次涌上加税的念头。作为针锋相对的回应，特朗普将最初 2500 亿美元中国输美商品的关税又提高了 5%，达到了 30%，并且，宣布对将于 9 月 1 日开始加征关税的 3000 亿美元中的一部分商品再加税 5%。他随后发表声明称，在中国开展业务的美国公司应该开始撤出中国，转向其他地方。随后，美国加大了对在美国投资、合作或以其他方式做生意的中国企业的攻击。中美两国的贸易战明显在升级，不仅有可能转变为货币战争（因为美元升值为人民币进一步贬值创造了压力），并且有可能会演变为世界上最大的两个经济体之间更大范围的经济战争。

市场在 2019 年 8 月第三个周末第三次跳水，预计到 9 月还将出现更大的收缩。2019 年 8 月 24 日，在法国比亚里茨举行的七国集团会议上，当记者问及特朗普此事时，他回答说，将

"重新考虑"关税问题。① 根据他的公关团队的说法，他的意思是，他后悔没有把关税税率提得更高一些。美国股市应声下跌600点，随后一周的股指期货下跌了1000多点。为了抵消此事的影响，特朗普再次食言，并宣布他接到了中国领导人的电话，称中方希望能再次举行谈判。当时的中国外交部发言人耿爽回答说，他不知道有这样的电话。特朗普的贸易政策现在已经变成了相互矛盾的"即兴"声明，有时甚至完全是编造的，然后是政府带有倾向性的解释。

与此同时，中国促使人民币在整个8月缓慢贬值近5%，从而抵消了特朗普最新的关税上调。贸易战正在演变成中美之间的汇率战，进而正在引发一场波及更加广泛的全球货币战。越来越多的分析人士认为，在2019年年底之前，中美之间达成贸易协议的可能性非常小，很可能在2020年美国大选之前也不会有什么结果。截至2019年夏末，控制美国谈判代表团的新保守派和反华强硬派仍然占据着美国谈判代表团的上风。

然而，输家越来越多。美国农业协会开始更加公开地表示担忧和抱怨，称贸易战（尽管迄今为止特朗普提供了近300亿美元的特别农业补贴）对他们的生意造成了毁灭性的影响。美国商会（US Chamber of Commerce）对作为特朗普票仓的中西地区的中小制造商受到的日益严重的影响表示了担忧。随着关税

---

① Jessica Donati, "Trump Aides Temper His Remark," *Wall Street Journal*, August 26, 2019, 6.

被转嫁到消费品价格上，美国消费者现在也开始感受到价格上涨的痛苦。据美国摩根大通银行的研究估计，中美贸易战已使美国消费者平均每年损失 600 美元，而在 2019 年 9 月 1 日的关税生效后，这一数字将很快增长到 1000 美元。[①]2019 年第三季度，美国商业投资进一步萎缩，预示着未来工作岗位将减少。在海外，新兴市场经济体受到的冲击更大，它们的货币贬值，货币资本加速逃离经济，出口放缓，政府和企业债务违约的风险越来越大。

在拖延了一个月后，中美两国代表团定于 10 月进行进一步磋商。然而，前景并不乐观。美国公开表示，有可能要求在美国股市上市的中国公司"退市"，这是一个重大的对抗升级。尽管美国放弃了这一做法，但它扩大了对从事人工智能和网络安全产品开发的中国公司的攻击，对中兴、华为等公司的攻击也有所增强。对此，中国表示也将采取适当行动进行反制。特朗普表示，他希望达成一项"大协议"，这意味着包含限制中国下一代技术发展的条款。中国则表示，他们希望达成部分协议，这意味着他们将继续在美国农产品购买、中国市场准入和其他领域的问题上妥协，但不会在技术问题上让步。

到了 2019 年第四季度，特朗普在中美贸易战上的败象愈加明显——对贸易关系及与世界其他国家外部经济关系进行全面重整的 2.0 版新自由主义的关键一役已经失败了。这场旷日持

---

① 摩根大通银行的调查结果。

久的贸易战，没能恢复和保证未来 10 年美国在贸易关系中的霸权地位，还对这种霸权造成了破坏；它没有降低美元价格，而是提高了；它非但没有强化"双赤字"解决方案，反而削弱了它。

到了 2019 年年底，真相也越来越明显：中美之间表面上是以关税为主要手段的贸易战，但根本上是两国之间关于下一代技术（人工智能、5G、网络安全）的战争。目前，双方都已经展示出了关税之外的其他斗争手段。简而言之，贸易战正在走向一个新阶段，开始演变为一场涉及更广的经济战。

9 月底，来自美国农业部门和农业贸易协会以及美国大型商业团体，如美国商会和商业委员会的政治和经济压力开始加大。随着中美贸易冲突显示出持续升级的迹象，企业界的耐心正在逐渐消失。特朗普宣布向农业部门再提供数十亿美元的直接补贴，但这一次已经无法安抚农民和制造商对贸易战迟迟没有结果日益高涨的不满。中国提出重新开始最低限度的农产品采购，以此作为重启谈判的序曲。特朗普抓住了这个机会，并邀请中国贸易代表团在 10 月初重返华盛顿。谈判取得的成果是一个"迷你版"的贸易协议，特朗普称其为第一阶段贸易协议。这只是一个口头协议，双方商定将在五周后，特朗普和中国国家主席习近平出席 2019 年 11 月在智利举行的亚太经合组织会议时再正式签订。

第一阶段协议的条款只是口头和原则上的。双方同意，中国恢复购买美国农产品。在美国白宫椭圆形办公室举办的一场由中国代表团和高级贸易谈判代表参加的新闻发布会上，特朗普宣布中国采购美国农产品的金额将达到 400 亿 ~500 亿美元。

不过，这一采购在什么时间执行并没有明确规定。在其他领域，条款甚至更加模糊。第一阶段协议提到了很多重大问题，但大多数要等到第一阶段协议签署后，留待第二阶段处理。中国同意了允许美国银行和信用卡公司在中国的合资企业拥有 51% 的股权。发布会上提到中美两国在汇率问题上也达成了一致，双方将举行会谈，最终解决汇率问题。特朗普同意美国将放弃将现有关税再提高 5% 的计划。对美国来说，最大的胜利是美国银行拥有了 51% 的合资公司所有权和中国重新采购其农产品。但中国在一年前，也就是 2018 年夏天，就同意了这两个条件。因此，特朗普只是得到了中方已经提供过的东西。第一阶段协议中没有包括的内容更值得注意，因为中国比美国受益更多。下一代技术问题显然不在讨论范围之内，说明这个问题已与贸易谈判脱钩。对中国来说，这是一个巨大的胜利。特朗普明确表示，美国将继续打压在美国做生意的中国科技公司，包括华为和其他公司，所以科技战争还会继续。不过，现在它将与贸易谈判分开进行。不管怎样，美国将继续对中国进口商品征收 25% 的现有关税，包括计划于 2019 年 12 月开始对 1600 亿输美商品加征的消费品关税。

总而言之，特朗普只是获得了中国一年前提供的优惠，但反过来，他却同意了科技问题与贸易谈判脱钩，这是美国贸易团队中对华强硬新保守派关注的核心问题。随着中国恢复采购美国农产品，美国农业部门将得到一些安慰，而允许美国企业拥有 51% 的所有权让美国银行家得到了他们想要的好处。新保守派们似乎成了输家，因为特朗普认为他赢得大选的政治基础是以农业和小型制造业为主的州，与新保守派和军工复合体两个派别相比，他需要优先考虑他们的意愿。然而，这并不意味着美国在下一代技术问题上已经投降。通过非贸易谈判的方式开展的科技战，只会变得更加激烈。这场科技战很有可能在2020 年及之后进一步升级。

美国新保守派可能会重新集结起来，虽然可能性很小，他们还是可能会对第一阶段的"迷你版"协议发起攻击。毕竟距离在智利举行的亚太经合组织会议还有 5 个星期，协议尚未正式签署。2018 年 5 月和 2019 年 5 月，他们曾两次阻止了协议达成，同样的事情发生第三次也不稀奇。在 2019 年 10 月 11 日的口头协议宣布后不久，就出现了一些类似迹象。财政部部长姆努钦公开宣布，美国决定将在 2019 年 12 月继续对出口美国的中国产品征收附加关税。中国政府消息人士通过《中国日报》指出，美国正表现出放弃第一阶段协议的可能。换句话说，贸易战并没有结束，只是达成了一个可能根本无法维持的妥协。与此同时，科技战也只是转向了另一条赛道。

## 贸易战代替了科技战

按照有利于未来 10 年美国霸权的路线调整新自由主义贸易政策，需要美国在对华贸易战中占据明显上风，但特朗普实现这一目标的可能性非常小。在他的第一个任期内肯定不可能，并且即使他再次当选也不太可能。如果贸易或科技竞争引发中美之间的经济消耗战，中国也能比美国更快地刺激国内经济。

在与中国的技术竞争中，美国取胜的可能性更小。在中美贸易相关的各个方面，中方都愿意做出让步，但绝不会在技术问题上妥协。特朗普的贸易政策似乎同样坚定，在下一代技术发展方面，中国必须排在美国之后。回想一下，中美贸易战起源于美国贸易代表办公室的莱特希泽在 2017 年 8 月发布的一份报告，该报告将"中国制造 2025"定性为未来 10 年对美国企业和国家安全利益的主要威胁。作为特朗普派出的美国贸易团队中的强硬反华派，在美国新保守派于 2018 年 5 月第一次阻止了贸易协定达成之后，纳瓦罗在《华尔街日报》上发表了一篇社论，其中写道："在一定程度上，中国希望通过获取美国最先进的技术来获得在经济和军事上的支配能力。"[1] 在最好的情况下，为达成与美国的贸易协议，中国会同意立法限制在中国的美国企业向其转让技术，但其不会减缓在"中国制造 2025"国家行动纲领上的努力。中美"贸易战"的核心是"下一代技术之战"。因此，无论贸易协议什么时候达成，都不意味着贸易战结束了，因为两国间更广泛、更重要的下一代技术之战才刚刚开始。贸易战只是一个借口或一个前奏，不管贸易协议能否达成，更加难以处理的科技战都将打响，并将持续相当长一段时间。

---

[1]　Peter Navarro, "Trump's Tariffs Are a Defense Against China's Aggression," *Wall Street Journal*, June 21, 2018, 17.

## 特朗普的另一场贸易战

相比与中国的贸易战愈演愈烈，特朗普在 2018—2019 年期间对其他国家实施的新自由主义贸易政策，仅仅是对现有贸易安排做出了象征性的改变。因此，特朗普正在实施一场"双轨"贸易战。与跟中国之间的情况不同，这些贸易协定的达成在许多方面更有利于美国贸易伙伴而非美国。美国偶尔也会对它们发出未来可能加征关税的威胁，但这些关税随后会被暂停，在欧洲各国进口汽车和日本农产品问题上就是如此。

2018 年 3 月初，特朗普宣布对美国进口的钢铁和铝征收关税，这是他的第一波贸易攻势。但在 25% 的关税开始征收后不久，特朗普就同意了数千项豁免，这样美国公司就可以继续以之前的价格进口钢铁和铝。因此，钢铝关税大多只是纸面上的。美国一直在威胁终止对其贸易盟友的豁免，但从未真正实施过。

在豁免了钢铁进口关税之后不久，美国就与其主要钢铁和汽车进口国之一韩国重新进行了贸易协议谈判。韩国由此完全摆脱了困境。尽管韩国是美国的第三大钢铁进口来源国[①]，但 2018 年年初签署的美韩贸易协定让这个盟友和贸易伙伴几乎可以零成本地继续向美国出口钢铁，美国对韩国汽车出口配额的象征性调整，以及对韩国向美国出口卡车的限制（已经非常

---

① 加拿大排名第一，占 16.1%，其次是巴西，再次是韩国，占 10% 左右。中国对美钢铁出口仅占美钢铁进口总量的 2.2%。《华尔街日报》2018 年 6 月 4 日 6 版。数据来自美国人口普查局、美国商务部和辉盛研究系统公司。

小），是修订后的贸易协定中唯一对美国有利的条款。作为交换，美国对从韩国进口的货物（包括钢铁）几乎没有征收新的关税，韩国每年向美国出口的价值 250 亿美元的汽车也保持不变。

美国接着与加拿大达成了一项协议。美国对美国乳制品生产商被挡在加拿大市场之外和加拿大制药公司以低于美国同行的价格销售处方药，歧视试图在加拿大做生意的美国制药公司这一事实提出了严正批评。特朗普还抱怨《北美自由贸易协定》解决贸易冲突的程序没有给美国企业提供任何特别的好处。

美加谈判的结果是，美国加工乳制品生产商被允许在加拿大销售更多的产品（奶粉和其他加工乳制品，而不是美国奶农生产的全脂牛奶）。作为美国最大的铝来源国，加拿大被允许继续保持其铝的对美出口水平。加拿大也是美国最大的汽车供应国，其汽车关税也没有提高。根据美加协议，除非美国首先在全球范围内对汽车征收 25% 的关税，否则不得提高对加拿大汽车的关税。然而，加拿大对美国市场的汽车出口配额现在已经提高到比加拿大实际出口数量更高的水平。因此，如果加拿大愿意，它可以向美国出口更多的汽车。美国的一个重大胜利是，通过要求加拿大允许药品价格上涨，提高了美国药品在加拿大的竞争力。加拿大的主要诉求是，不改变上一版《北美自由贸易协定》中对贸易争端的裁决方式，美国同意了这一要求。

2018 年，美国与即将卸任的墨西哥总统恩里克·培尼亚·涅托（Enrique Pena Nieto）匆忙达成了一项协议，美国和墨西哥之间的《北美自由贸易协定 2.0》（NAFTA 2.0）的后半部分随后很快出台。《北美自由贸易协定》的新名称改为《美墨加贸易协定》，简称 USMCA。不过，与《北美自由贸易协定1.0》相比，新协定并没有太多变化。正如美国前贸易谈判代表米基·康托（Mickey Cantor）所言，USMCA 基本上就是旧版的《北美自由贸易协定1.0》，仅仅有一些细微的改动。

　　尽管墨西哥也是美国的钢铁来源国之一，但美墨谈判的焦点是汽车行业。墨西哥提出了一项协议，美国总体上不提高关税，对其向美国出口的汽车也不加征关税。作为交换，它同意了美国的要求，只有汽车进口总额的 75%（高于之前的 62.5%）以上是在墨西哥、美国或加拿大生产，美国才会对进口的汽车免税。这并不意味着 75% 的产品在美国生产，而是意味着墨西哥或加拿大从中国或巴西等其他国家进口的汽车零部件产品的总值不能超过产品价值总额的 25% 即可。从墨西哥进口到美国的汽车也没有任何配额限制，对此墨西哥需要做的就是同意将汽车工厂工人的最低工资提高到每小时 16 美元。但该协议获得批准后，墨西哥有 5 年的时间来实现这一目标，并且每小时 16 美元的工资只适用于工厂里 30% 的墨西哥工人。此外，关于每小时 16 美元工资和 30% 工人的规定，只适用于从墨西哥出口到美国的轻型卡车生产厂。因此，从墨西哥进口的大量汽车完全不受每小时 16 美元的最低工资和最高 25% 产品外包的限制。这项协议不会让墨西哥汽车行业的工作岗位回到美国。不出所料，面对协议中的宽松条款，墨西哥欣喜若狂。墨西哥参议院以 114 票对 3 票迅速通过了该法案。

协议中的第 32 条代表着美国在 USMCA 中的重大胜利。它禁止协议中的任何一方以比 USMCA 更优惠的条件与其他经济体进行贸易协议谈判。实际上，这意味着加拿大或墨西哥在未经美国批准的情况下，无法与中国达成贸易协定。尽管特朗普之前在 25% 的关税上调中保留了数千项豁免，但 USMCA 协议还是保留了协议重签之前对钢铁和汽车的关税水平。虽然墨西哥签署并批准了 USMCA，但作为一项条约，USMCA 还必须得到加拿大议会和美国国会的批准。不过到目前为止，两个政府机构都尚未批准。

与韩国贸易协定的"模板"一样，USMCA 协议暴露了它本质上是美国与墨西哥和加拿大之间的"垒球"协议（"softball" agreement）。尽管美国贸易代表莱特希泽称其为未来贸易协定的"黄金标准"，但新旧协议之间并没有什么区别。这清楚地表明，特朗普的"双轨战略"意味着美国与盟友之间的贸易战只是象征性的，只对美国的某些行业有利，比如大型制药、农业、汽车或钢铁公司。美国面向盟国的软轨道贸易政策在任何意义上都不构成对新自由主义贸易关系的重大调整。真正的贸易战和新自由主义 2.0 攻击的目标是中国。

到 2018 年年底，美国尚未与欧洲各国和日本这两个主要贸易伙伴达成类似的贸易协议。特朗普会不时地向它们提出一个特定的贸易问题，包括通过推文威胁说，美国将对所有进口汽车征收 25% 的关税，这针对的是欧洲各国和日本。但与中国失败的协商，以及在 2018 年夏季专注于与美国最大的贸易伙伴加拿大和墨西哥达成《北美自由贸易协定 2.0》，耽搁了美国与欧洲各国和日本的谈判。出于公关目的，三者会不时发表意向声明，比如特朗普和日本时任首相安倍晋三就农业和汽车贸易的一般原则达成一致等，但美国始终没有与日本或欧洲各国展开新的正式谈判。

但随着中美谈判于 2019 年 8 月陷入僵局，美国与日本和欧洲各国达成部分"垒球"协议的新倡议被提出。特朗普大张旗鼓地与安倍晋三"原则上"达成了部分协议。和美国与韩国、墨西哥、加拿大等国达成的"垒球"协议一样，日本同意购买更多的美国农产品，作为交换，美国不对其从日本进口的汽车征收更多关税。对欧洲各国，美国选择了另外一条路径，美国利用世贸组织的一个决定，象征性地对欧洲各国出口到美国的价值 75 亿美元的农产品加征关税，以使美国波音公司相对欧洲各国空客公司获得更多好处。

总之，经过两年多的时间，特朗普未能深层次恢复新自由主义对外政策。显然，在他执政的第三年即将结束时，美国的新自由主义贸易霸权实际上已经显现出了颓势。新自由主义的对外政策和贸易政策仍然是新自由主义政策中最棘手的部分，从里根时代开始就是如此。

随着贸易战对商业投资和全球经济增长的影响日益加剧，不仅中美贸易协议在 2019 年夏末未能达成，其他已经签署的贸易协议在促进或巩固美国保持长期全球霸权方面也未有建树。相反，全球对美国贸易侵略的抵制越来越强烈，这增加了全球贸易进一步无序化的可能性。不仅是在贸易方面，新自由主义政策在有关美元汇率和双赤字的外部政策也表现欠佳。

旧的新自由主义贸易体系正在瓦解，但替代品尚未出现。其他国家，包括美国的盟友，已经开始准备走上更加独立的发展道路。在欧洲各国，人们更多地开始讨论，除美元之外，或许需要一种新的全球数字交易货币。[①] 欧洲各国已经在考虑用欧洲的贸易互换支持工具（INSTEX）替代由美国银行主导的环球银行金融电信协会（SWIFT）。[②]

特朗普也没有实现并保持美元低价这一新自由主义目标。与此相反，随着全球经济持续放缓，美元继续稳步升值，这在很大程度上是由特朗普的贸易战和美国对制裁和关税等强硬战术的过于依赖所导致的。所有这一切反过来又会破坏新自由主义"外部"政策的第三个要素。简而言之，特朗普没能在贸易领域恢复新自由主义，没能稳定资本主义的全球资金流动和汇率，也没能确保美国继续减税和维持战争支出所需的双赤字解决方案的延续性。

---

① 已离任的英国中央银行行长马克·卡尼（Mark Carney）曾发表了一份备受关注的声明，他选择在 2019 年 8 月下旬特朗普在法国参加七国集团会议时发表的这份声明。

② 美国控制的 SWIFT 对美国对其他国家实施制裁至关重要，通过识别用这一系统进行的全球石油、天然气交易，可以发现违反制裁的行为。

## 新自由主义的货币政策

特朗普任期前两年（2016—2018年）的货币政策偏离了美联储维持低利率这一新自由主义政策的传统原则。这是奥巴马的新自由主义货币政策8年努力的结果。美联储将联邦基金利率降至接近于零（0.15%）的水平，并在奥巴马的整个总统任期内一直保持在这一水平，将大量的流动性注入美国（和全球）经济。除了通过传统的购买债券的渠道，美联储还通过量化宽松政策直接购买债券来注入流动性。这种向市场注资的行为持续了很多年，在2010年之后仍在进行，虽然当时美国的银行基本上已经得到了纾困。

长期低利率让美国资本在许多方面受益。首先，这意味着在商业周期中的复苏阶段过去之后，企业借贷成本仍长期保持在低位。这样一来，企业通过降低融资成本获得了利润补贴。低利率政策也给股东提供了补贴。因为支付给投资者的成本较低，企业得以发行公司债券。然后，他们通过回购股票和增加股息的方式，将出售债券获得的收入重新分配给股东。从2011年到现在，企业以这种方式平均每年分配给股东的资金超过10000亿美元。美联储的低利率也起到了保持美元低价的作用——这是新自由主义"外部"政策的另一个目标。低价的美元意味着，美国跨国公司的离岸业务可以将其外汇利润以更高的汇率兑换成美元，从而进一步提高兑换后的利润额。因此，新自由主义的长期低利率政策大大提高了企业利润，并为股东提供了更多的财富分配，这是新自由主义利润补贴的主要形式。①

在新自由主义政策影响下，由美联储设定的长期利率越来越低，其趋势可以从以下联邦基金利率的历史记录中看出（表8-2）。

表8-2 经济衰退前夕联邦基金利率峰值

| 年份 | 经济衰退期 | 联邦基金利率 |
|------|------------|--------------|
| 1981 | 1981—1982 | 18% |
| 1990 | 1990—1991 | 8% |
| 2000 | 2001 | 6.5% |
| 2007 | 2007—2009 | 5.25% |
| 2019 | — | 2.375% |

在表8-2中最值得注意的是，在新自由主义的影响下，联邦基金利率的峰值一直在大幅下降。这是因为当衰退开始时政府会降低利率，而在衰退结束后，政府将低利率的政策当作一种为资本提供补贴的手段而保持下去。利率没有提高，而是长期保持在低水平，以便在经济复苏后很长一段时间内继续提供补贴。其后果是，当又一次衰退发生时，进一步降息的余地越来越小。因为在衰退结束之后的经济增长时期，利率工具也一

————————

① 新自由主义政策体制在里根领导下的开创以来，美国中央银行（即美联储）实施新自由主义利率政策的细节，请参见拉斯马斯的《穷途末路的中央银行家们》。

直被用来补贴企业和资本收入，随着时间的推移，利率工具就失去了稳定经济的作用。

每次衰退结束后，美联储试图重新提高利率时，都会遭到企业界和政界人士的强烈反对，他们要求恢复新自由主义的低利率政策。美联储在 2016 年后试图加息（预期下一次衰退不可避免）时，就出现了这样的情况。此前 8 年，美联储的利率水平一直接近于零。在接下来的两年里，利率接近于零的新自由主义货币政策被抛弃，利率开始稳步上升。

2016—2018 年，美联储在两年内加息 9 次，达到 2.375% 的峰值。不过，较高的利率导致美元相对于其他货币的价值上升，从而降低了其他货币的相对价值，对美国跨国公司海外业务的利润产生了负面影响。离岸业务赚取的外汇利润汇回美国后，"能买到"的美元减少，从而降低了美国的全球利润总额。美元走高也对美国企业出口商品的价格竞争力产生了负面影响，按照这些企业的说法，这使得美国的贸易条件恶化，增加了美国的贸易逆差。加息的第三个负面因素是，美国利率不断上升，导致美国股市和其他金融资产（如原油等大宗商品期货）严重缩水。金融资产的通缩对金融收益和资本利得产生了负面影响。因此，出于种种原因，较高的利率威胁到了美国的利润水平和投资者的资本收益。

但对加息的另一个认识更有意义，那就是能够造成股票、期货等金融资产市场出现大幅下跌和通货紧缩的利率值正在不断降低。1990 年，联邦基金利率达到 8% 才能导致资本主义的崩溃，在 2007—2009 年的衰退前，利率峰值为 5.25%，而在 2018 年 11 月至 12 月股市大幅下跌时，联邦基金利率仅上涨到了 2.375%。

这意味着 21 世纪的资本主义在其金融资产市场上对加息越来越敏感，哪怕利率只是适度上涨。利率涨幅无须很大，金融资产价格就会下降并引发金融危机。与之相反并且同样重要的是，为刺激非金融实体经济复苏，21 世纪的资本主义需要更大幅度的降息。但是，长期保持低利率意味着进一步降低利率以刺激经济的空间已经变得很小。

为了刺激不断放缓和陷入停滞的经济，一些国家的绝望的中央银行将利率推至负利率，也就是说存款收益是负的。在全球贸易放缓的情况下，他们拼命压低本币汇率，以使本国商品出口更具竞争力，但这进一步破坏了其金融体系的稳定性。欧洲各国和日本尤其如此，它们是全球资本主义经济中最薄弱的环节。截至 2019 年，全球有超过 170000 亿美元的政府债券为负利率（大多集中在欧洲各国和日本），这意味着这些经济体中的私人银行必须为中央银行持有的准备金向中央银行支付利息，而不是像通常情况下的那样，中央银行为私人银行准备金支付利息。此外，债券利率快速负增长的趋势仍在持续，特别是在欧洲各国和日本等全球资本主义的薄弱环节，而结束这种情况似乎还遥遥无期。

除了日益严重的负利率问题，新自由主义政策体制中一个更基础也更令人担心的矛盾也在持续加剧：新自由主义对外政策需要美元保持低汇率，这就要求低利率的货币政策。但随着时间推移，低利率会助长金融资产投机和泡沫，从而使金融体系变得越来越不稳定。同时，低利率政策刺激经济增长的能力也在下降。

因此，特朗普的贸易战与特朗普要求美联储实施的低利率货币政策是相互矛盾的。贸易战造成其他国家经济增长放缓的速度比美国更快，这会导致美元以外的货币汇率下跌，从而推高美元的价格，降低美国出口产品的竞争力，进而抵消美国在贸易战中征收的关税。新自由主义贸易政策（关税）会导致美元汇率上升，这会让自由主义货币政策不断降低利率的努力失去效果。

还存在另一个矛盾，即在新自由主义货币政策（低利率）和新自由主义财政政策（更多减税和增加战争国防支出）之间的矛盾。如上所述，新自由主义的财政政策（减税和战争国防支出）正在加速产生更高的赤字和债务。为了支付不断上升的赤字和债务，美联储必须出售越来越多的债券。而为了卖出更多的债券，必须提高支付给国债购买者的价格（利率）。未来 10 年，每年高达万亿美元的赤字意味着美联储必须再售出数万亿美元的美国国债，这就需要提高利率。美联储在 2016—2018 年就曾试图通过提高利率来为特朗普 2018 年的减税和战争国防支出增加买单。然而，正如前面提到的，不断上升的利率抬高了美元的价格。

不断上升的利率往往还会引发严重的金融市场收缩，比如 2018 年年末，美国股市收缩了 30%。换句话说，与新自由主义外部（贸易）政策和新自由主义货币政策之间存在日益加深的矛盾一样，新自由主义的财政政策（为政府赤字和国家债务融资）与新自由主义货币政策（低利率）之间也是矛盾的。

在特朗普的领导下，这些政策之间的内部矛盾［贸易政策的目标与货币政策相悖，而货币政策又与财政政策（还本付息）相悖］自 2018 年年底以来一直在不断加剧。特朗普追求的贸易关系调整，与他的减税政策和国防战争支出增加导致的预算赤字不断上升发生了正面冲突。美联储需要加息来弥补不断增加的预算赤字，但不断上升的利率会推高美元汇率，削弱美国出口的竞争力。到目前为止，美元升值（在过去一年里升值了 10%）不仅抵消了特朗普加征的贸易关税，同时降低了美国对中国输美商品加征关税的影响（人民币贬值也抵消了美国加征关税的另外 5%）。特朗普需要继续提高对中国输美商品的关税，才能抵消美元升值的影响。与此同时，他面临一个选择：要么为美国的预算赤字筹措资金，要么继续与中国打一场由关税驱动的、愈演愈烈的贸易战（或者说是经济战）。但两者不能同时进行。

在这种背景下，就可以理解为什么特朗普会在 2018 年年底强烈抨击美联储及其主席杰罗姆·鲍威尔（Jerome Powell）。[①]2018 年 11 月至 12 月，美国股市在短时间内收缩超过 30%。这次经济崩溃让人不禁回想起股市在 2008 年也曾出现过类似的快速收缩，投资者们，特别是银行家几乎再次恐慌起来。美国财政部部长姆努钦在华盛顿的办公室召集了一个由重要银行家和企业

---

① 当然，2018 年年末美联储加息对股市吸引力产生的负面影响进一步推动了特朗普对鲍威尔和美联储的攻击。特朗普尤其将股市视为美国经济健康状况的主要晴雨表。这对于一个前房地产和股票投机来客来说，这并不奇怪。

负责人组成的特别小组（该小组的成员尚不清楚），讨论的议题是如果 2008 年的危机即将重演，下一步该做什么。从 11 月初开始，特朗普一直在批评美联储主席鲍威尔，并要求美联储不要再延续 2018 年全年不断提高利率的做法。在幕后支持特朗普攻击鲍威尔的银行家和企业越来越多，到 2018 年年底，甚至有媒体称，特朗普甚至可能会不顾美国法律，解聘鲍威尔的职务。

在 2018 年圣诞假期的前一周，特朗普对美联储的攻击到达了高潮。不过，特朗普并不需要解聘鲍威尔。12 月的最后一周，鲍威尔被召到白宫与总统会面，会面的结果是，美联储在 2019 年 1 月初做出让步，公开宣布将停止提高美国利率。特朗普、企业部门和投资者们都要求在 2018 年 12 月之前停止加息，在他们的压力下，美联储屈服了。美联储独立运作是一个常被提及的意识形态概念[①]，还有一个美联储在持续推广的相关概念，即美联储不会对金融市场的变化做出反应，只会对实体经济中价格和就业水平的变化做出反应。但在 2018 年年底，当美联储停止加息政策时，价格和就业并没有问题，发生崩溃的是股市。因此，有"确凿证据"表明，股市收缩和特朗普与银行家、企业的联合要求才是美联储停止加息的原因。

特朗普让美联储停止加息后，立即启动了新一轮反对美联储的攻势。现在他新的要求是美联储降低利率。换句话说，美

---

① 参见 See Jack Rasmus, "Trump vs. Powell: How Independent Is the Federal Reserve?", *European Financial Review*, April 2019, 19–25。

联储应该回归标准的新自由主义货币政策，将利率长期保持在极低水平。新自由主义货币政策（低利率及美元低价）在2016—2018年短暂中断两年之后，于2019年在特朗普领导下重新确立起来。这种试图恢复新自由主义货币政策的做法，意味着赤字和债务问题再次被放弃。这将留待以后，用提高利率之外的其他政策来解决不断增长的赤字和债务融资的问题。

2019年6—7月，鲍威尔和美联储面对的降息压力越来越大。在7月底美联储召开的利率制定委员会会议上，鲍威尔最终屈服了。美联储将联邦基金利率适度下调了0.25%，利率峰值也从之前的2.375%降低到2.0%~2.25%。但此前降息呼声正高的时候，投资者们本以为利率会下调0.5%以上。降息0.25%的结果让他们感到很失望。美联储主席鲍威尔的降息声明进一步加深了他们的失望情绪。鲍威尔说，虽然美国经济并没有出现大幅收缩的迹象，但这次降息是为美国经济可能出现的大幅收缩上的"保险"。"保险"的比喻说明这只是一次临时降息，未来不一定会进一步跟进。股票市场大幅下跌。就在同一周，特朗普宣布对中国加征更多关税。这对市场投资者造成了严重的综合影响，也使市场发生了深度调整。

此后，特朗普开始更直接、更猛烈地攻击鲍威尔。鲍威尔似乎在暗示，美国经济真的不需要降息，需要为美国国内外经济中隐约出现的阴云负责的是特朗普的贸易战。这激怒了特朗普，他将鲍威尔和美联储称为美国的"敌人"，并开始指责美联储将成为未来经济衰退的原因。[①] 同时，投资者们呼吁美联储在 9 月再次降息，这次他们的目标是 0.5%，而特朗普要求降息 1.0%。但与去年 12 月不同，这一次美联储坚持了自己的立场。美联储利率制定委员会的成员（美联储管理委员会的委员和美联储地区委员会的主席们）开始团结起来，公开出现在各种媒体上，为鲍威尔辩护，批评特朗普。

8 月底在怀俄明州杰克逊霍尔召开的美联储年度会议上，鲍威尔明确表明了美联储的立场，美联储不会被迫更快或更大幅度地降息。鲍威尔进一步指出，问题在于贸易战，美联储无法用利率政策抵消贸易战对经济的负面影响。正如他在杰克逊霍尔会议上的演讲中直接指出的那样："虽然货币政策是提振消费者支出、企业投资和公众信心的有力工具，但它不能为国际贸易提供一套稳定的规则。"[②] 前美联储理事和主席们的批评则更加严厉。美联储前副主席斯坦利·费舍尔（Stanley Fischer）在杰克逊霍尔会议上甚至公开宣称："总统正试图摧毁全球贸易

---

[①] Jeranna Smialek, "As Trump Stews, Fed Closes Ranks," New York Times, August 26, 2019, B1.

[②] 想进一步将特朗普的贸易政策与日益疲软的美国和全球经济联系起来，请参见 Jerome H. Powell's full speech, "Challenges for Monetary Policy," made at the "Challenges for Monetary Policy" symposium, Federal Reserve Bank of Kansas City (Jackson Hole, Wyoming), August 23, 2019。

体系。"① 纽约联储前主席比尔·达德利（Bill Dudley）则更进一步。他在接受彭博新闻社采访时表示，美联储进一步降息只会帮助特朗普在 2020 年连任。美联储不应为正在形成的经济灾难提供助力。② 达德利说到了一个基本问题，也就是说，特朗普要求美联储进一步、更大幅度地降息，是为了提振股市和获得连任，而不是为了健全货币政策。毫无疑问，达德利是在代表美联储发表讲话。作为非常重要的纽约联储的前主席，他与在职的美联储理事和地方联储主席保持着密切联系，并为鲍威尔提供建议。现任美联储理事和地方联储主席不能做的事，他却可以做。并且，他已经这样做了。达德利的观点可能反映出了美联储的想法，鉴于进一步降息的空间只有区区 2%，对于因贸易战和美国以外地区日益加深的全球经济不景气而陷入衰退的美国经济，利率政策起不到多大作用。

其至大多数主流经济学家也早就认识到，随着利率接近于零，进一步降息对实体经济增长的促进作用会越来越小。此外，如果投资者的预期是此次降息只是未来一系列降息的开始（即目前投资者的共识），那么投资者不会对早期的降息做出反应，而是会等待，直到利率已经"接近于零"时才会借钱投资。第

---

① Nick Timiraos, "Powell Hints at Another Rate Cut Soon," *Wall Street Journal*, August 27, 2019.

② Bill Dudley, "The Fed Shouldn't Enable Donald Trump," Bloomberg, August 27, 2019.

三点，也是最重要的一点，投资的决定源于对未来赢利的预期，而不仅仅是资金成本（如利率）。运营成本也不在考虑之列。受到全球宏观经济走势的影响，人们的预期利润会下降，这才是现在人们决定"不投资"的原因。

如果说特朗普在 2018 年实施的数千亿美元减税措施的结果是一次短暂的投资增长，到今天投资活动已接近停滞，那么人们凭什么认为，仅将资金成本削减 0.25% 就能实现大规模减税未能实现的效果呢？所以，降低利率几乎不可能产生能与减税相当的作用。

从长期来看，对于美国和全球发达经济体来说，即便是在较好的形势下，利率对实际投资的影响力也在下降。在 21 世纪的全球资本主义经济中，更多、更大幅度的降息，促进投资增长的幅度越来越小是一种长期趋势。[①] 这种长期趋势对短期效应造成了负面影响，抵消了降息对投资的拉动作用。

上述原因共同解释了为什么美联储的利率政策是一个在美国新自由主义的资本主义体系中不断加深的基本矛盾的一部分。

矛盾之所以出现，是因为美国在试图调整"对外贸易"关

---

① 相反，对于金融市场来说，导致经济金融方面出现严重收缩的利率上升幅度越来越小。新自由主义时期美国和全球经济的重组造成了这两种相关的效应：金融投资收缩对加息越来越敏感，实际投资扩张对降息越来越不敏感。深层原因在于资本主义金融体系的全球重组及其日益增长的"脆弱性"。参见 Rasmus, Systemic Fragility in the Global Economy, chapters 11–12。

系的同时，又想要保持新自由主义传统货币政策（低利率）。新自由主义无法同时实现这两个目标。

低利率意味着低价美元，这将降低其他经济体货币的价值。它们的货币贬值可以抵消美国关税的提高。低利率政策也进一步削弱了为美国预算赤字融资的"双赤字"解决方案（该方案允许美国继续削减对国内企业和投资者的税收，并增加战争国防支出）。总之，贸易关税政策会被货币汇率政策无效化，而低利率货币政策反过来又会降低货币汇率。在同一时间只能选择三个中的两个，而不能三个都选。要么实现新自由主义的"外部"（贸易和汇率）政策，要么实现新自由主义的货币（低利率）政策。此外，如果以牺牲货币政策为代价来选择外部政策，那么低利率政策与财政赤字和债务政策就会发生矛盾。

尽管如此，特朗普还是想两者兼得。他希望在实行低利率货币政策的同时，调整对外贸易关系。如果做不到，他就责怪中国和美国美联储主席鲍威尔。这两者是新自由主义货币政策和对外贸易政策之间的根本矛盾的化身。

## 新自由主义的产业政策

### 放松管制和私有化

新自由主义政策的另一个维度是产业政策。放松管制和私有化是产业政策的两个关键要素。特朗普未能完全恢复紧缩社会项目支出、低利率和保持美元低价等新自由主义政策，但与之不同的是，我们必须承认，从新自由主义的立场来看，特朗普在恢复放松管制和私有化政策方面是成功的。在这个意义上讲，新自由主义产业政策的恢复、战争国防支出增加和对企业与投资者减税，都是迄今为止特朗普恢复新自由主义政策的成功例证。

2017 年 1 月特朗普上任时，普遍放松管制是他的第一项政策倡议。环境、劳工、商业和能源方面的法规立即被总统颁布的数十条行政命令所取消。涉及濒危物种保护、工业和汽车排放、杀虫剂禁令、发电厂的砷和其他危险金属污染、限制地方媒体集中所有权的法规、清洁水、互联网网络平台、石油天然气开采公司的甲烷排放、卡车安全等一系列不胜枚举的项目，其中很多可以追溯到小布什时代或更早的时候。他出台的法规远远超出了自己的竞选承诺，即每出台一项规定，就取消两项规定。正如特朗普的预算主管拉塞尔·沃特（Russell Vought）吹嘘的那样："我们的比率达到了 13 ：1。"[1]

在他的一系列行政命令放松了对环境和众多行业层面的监管之后，特朗普接下来将放松监管的目标转向了废除奥巴马医改法案，这也是他放松管制倡议的重点。但彻底废除《平价医疗法案》的尝试在 2017 年以失败告终。此后，特朗普和共和党

---

[1] Brooke Masters, "A dangerous time for deregulation," *Financial Times*, August 29, 2019, 9.

控制的国会开始对它分化瓦解（即逐步放松管制），重点目标是它的资金来源。2018 年 1 月，特朗普签署了他的新税法，国会开始冻结并废除《平价医疗法案》资金条款所要求的税收，即医疗设备税、医疗保险公司税和其他条款中的税收，两年的税收总额超过 300 亿美元。[①] 要求企业和个人参与该计划或支付费用作为平价医疗资金来源的规定随后也被取消了。特朗普通过撤资和其他措施逐步分化瓦解《平价医疗法案》的努力仍在继续。

随着《平价医疗法案》的萎缩，特朗普政府修改规则，允许创建所谓的"协会健康计划"（Association Health Plans），即 AHP，一个企业低成本且无责任的计划。但是 AHP 计划意味着最小的覆盖范围和员工极高的自付成本。[②]

在放松监管方面，特朗普的第二项重大举措是废除了因 2008—2009 年金融危机而在 2010 年通过的《多德 – 弗兰克法案》。就像对《平价医疗法案》的放松管制仍在进行中一样，对银行监管的放松也是渐进式的。以下是一些目前已经完成的方面：除了最大的几家银行外，所有的银行都被美联储从 2010 年认定的"具有系统重要性金融机构"类别中豁免，消费者保

---

① 参见美国国会税务联合委员会。

② Stephanie Armour, "Rule expands Plans Skirting Health Law," *Wall Street Journal*, June 20, 2018, 3 and Robert Pear, "New Rule Allows Small Businesses to Skirt Obamacare," *New York Times*, June 20, 2018.

护局被撤销，禁止商业银行利用储户存款进行衍生品直接交易的"沃尔克规则"（Volker Rule）几乎被废除，银行为应对金融紧急情况而必须保留的缓冲资本数额大幅减少。要求银行制定"生前遗嘱"风险防控预案，说明它们将如何应对危机、反洗钱规定、年度压力测试要求以及该法案中确保银行未来稳定性的许多其他内容，要么被大幅削弱，要么被完全取消了。[①]

在特朗普的领导下，私有化的范围也在扩大。特朗普在2017 年宣布，他打算重组美国政府部门和机构，将其部分职能私有化，并交给私人企业来做。西部的大牧场主被允许使用政府的土地放牧。木材公司、石油和矿产开采公司也是如此。2018 年 6 月，政府公布了将邮政服务变成私营企业的提案。[②]政府开始向私人出售其战略石油储备，以及政府拥有的数千英里（1 英里 ≈ 1.609 千米）水力发电输电线路。而在奥巴马当政时，教育私有化的步伐就已经开始加快：推行特许学校扩张计划，为家庭教育提供更多的教育券，并为"营利性"大学提供更多支持。

医疗保险服务方面也引入了更多私有化政策。在 20 世纪90 年代克林顿执政期间，私营医疗保险公司被允许通过建立所谓的"优惠计划"来替代政府直接提供的传统医疗保险，从

---

① 《多德－弗兰克法案》，2010 年 7 月 21 日。

② Jennifer Smith, "Trump Aims to Privatize Postal Service," *Wall Street Journal,* June 23, 2018, 3.

而在老年医疗保险市场中占据了很大份额。允许私人医疗保险公司在医疗保险中"分一杯羹"，就等同于私有化。特朗普曾计划扩大退休和残疾人医疗服务的私有化。后来在医疗补助计划方面，即为穷人提供医疗服务的计划，也提出了类似的私有化提议。负责实施医疗补助计划的州政府现在将向管理式医疗组织（MCO）支付费用，而不是直接向为残疾人、穷人和单亲父母提供服务的医生和医院支付费用，这些人是医疗补助计划接受者中的绝大多数。[①] 此外，特朗普还提议，如果想保留享受医疗补助的资格，受益人现在必须去找工作（据推测，如果他们找不到工作，就得不到医疗保险）。由于健康或家庭状况，许多接受医疗补助的人根本无法工作。因此，医疗补助资格的"工作要求"实际上将从医疗补助名单中剔除数万人。因此，在特朗普的领导下，受政府资助的两项规模最大的重要医疗服务（面向老年人和穷人的医疗服务）的私有化程度显著提高。

## 去工会化

新自由主义产业政策的主要目标一直是通过各种措施压缩工资。这些措施包括立法、制定行政法规、促进法院判决、帮助企业和反工会的私人团体等。

因为工会在历史斗争中总是能在工资和福利上实现"差异

---

[①] Congressional Budget Office, "Exploring the Growth of Medicaid Managed Care," CBO Presentation, June 25, 2018.

化"，即与非工会工人相比，工会会员能获得更高的工资和福利待遇，所以新自由主义的应对策略集中在压制工会成员数量，限制集体谈判和使罢工更加困难的政策方面。

新自由主义的税收和贸易政策有助于达到破坏工会的目的。自 20 世纪 80 年代以来，新自由主义通过提供税收优惠鼓励企业将生产转移到海外的措施，使工会成员数量急剧减少。制造业受到的打击尤其严重，其他经济部门也受到了重创，比如通信服务、航空维护等，甚至医疗服务领域也大受影响。自由贸易条约也有助于离岸外包。根据自由贸易条约，将业务从美国转移出去的美国公司可以将在海外生产的商品出口回美国，并且实际上是免税（关税）的。自由贸易加速了货币资本的离岸流动，为美国企业的海外扩张提供了资金。税收激励措施使得企业机械化和自动化转型的成本降低，从而导致了企业雇员岗位减少，减少了工会成员的数量。

自克林顿时期开始，美国出台政策，每年允许 10 多万外国技术工人（主要来自亚洲）以 H–1B 和 L–1/2 签证进入美国工作，这通常会取代工会成员或挤占美国公民工作机会。他们最长可达 3 年的临时签证通常会转换为永久工作签证。仅在通信行业，最近几十年就有数以百万计美国人的工作岗位以这种方式被取代。工作机会还在，只是不再属于美国公民，而这些外国工人绝大多数都不会加入工会。

这些新自由主义的趋势，在克林顿当政期间急剧升级，已成为新自由主义产业政策的一个永久特征。他们摧毁了工会员工岗位，因为以前的工会岗位被数以百万计地转移到海外，或者被跨国公司引进的外籍技术工人所占据。工作岗位的流失，缩小了工会工人与普通工人之间工资和福利的差距，是自里根实行新自由主义政策以来美国工人工资整体压缩的主要原因。

在特朗普执政期间，新自由主义对工会的根本性攻击，在某种程度上来说更为致命。自里根以来，尽管政府一直在对工会进行打击，但这是第一次以如此公开的方式。从里根到奥巴马，私营部门的工会和集体谈判已经被摧毁了，现在特朗普攻击的焦点明显是公共部门的工会。这场攻击从几个方面展开：由私人组织发起的攻击，比如推动"开放商店"的科赫兄弟（Koch brothers）削减预算，降低教师工资，并按照半个世纪前工会成立之前的公务员制度调整了薪酬制度；在特朗普任命尼尔·戈萨奇（Neil Gorsch）为大法官之后，在美国最高法院，支持特朗普的法官以 5 比 4 稳居多数，很快工会代理制企业就会被取消。此外，特朗普还计划将邮政服务私有化，并削减联邦政府工作人员的工作岗位、工资和福利。目前，私营部门工会成员已减少到该部门成员的 6.5%，而公共部门工会成员仍能占到 36%，特朗普的第一个目标是将它也减少到 6.5%。[①]

在小布什和奥巴马执政期间，攻击工会的有效武器之一

①　Julia Wolf and John Schmitt, "A Profile of Union Workers in State and Local Government," Economic Policy Institute, June 7, 2018. 在美国东北部和太平洋沿岸地区，公共部门中工会成员的比例通常为 60%~72%。

是以通过州一级的"工作权利法"为目标的右翼企业运动的复兴。"工作权利"这个词与实际的工作权无关，而是与取缔工会合同条款有关。这些条款要求工会代表的工人要么在试用期后加入工会（称为"工会商店"），要么在不必加入工会的情况下支付同等的工会会费（称为"代理商店"）。而"开放商店"意味着，既不需要"必须加入"，也不需要"必须支付相应费用"，这相当于让支持工会的工会工人去反对那些想在集体谈判中"搭便车"的工人。它还在工人内部创造了一个破坏罢工的部门。

自 2000 年以来，咄咄逼人的新型"工作权利"运动席卷了更多的州，甚至曾经坚持工会化的密歇根州也加入了"开放商店"的行列。科赫兄弟等倡导反工会的资本家，在成功大量削减私营部门工会成员后，将目标转向公共部门。奥巴马组织的攻势更加有效，但特朗普的攻势范围更大。①

一个与广泛的企业和保守派推动的"开放商店"运动并行，并得到特朗普全力支持的最高法院在 2018 年年初的裁定，即公共部门的工会不能再以"代理商店"进行协商和收取代替工会会费的费用进行讨价还价。这是雅努斯诉美国州县市雇员联合

---

① 特朗普和共和党人组成的国会采取的首批行动之一，是《国家工作权利法》的立法问题，该法将适用于私营部门和公共部门所有工会。

会案（Janus v. AFSCME decision）的判决。[1] 不用一个州一个州的搞开放商店运动，最高法院的判决使整个美国的代理商店谈判都成为非法行为。其目的是剥夺工会的资金来源，不仅使其无法进行有效谈判，而且还将减少工会的组织资金，削弱工会为对抗反工会律师事务所开展的大规模进攻所做的努力。之所以会出现反工会律师事务所，是因为美国工会自己建立了大规模的法律服务产业。特朗普这样做更深层的动机是让工会在选举中不再支持民主党，从而使民主党在选举中争取多数票时进一步陷入"身份政治"的泥沼。

据报道，反工会行动的下一个进攻目标是使公司从工人的工资中直接收取工会会费成为非法行为。这将使工会不得不使用有限的员工四处奔走，向工会成员收取工会会费，从而进一步减少工会用于谈判和政治行动的资金，并在工会成员内部引起更多的摩擦。

联邦工作人员也成为反工会运动的目标，新规定特别烦琐，限制了他们在岗位上申请评估和参与工会活动的权利。

在特朗普的领导下，对私营企业工会长达40年的新自由主义攻击延续了下来，其形式是由特朗普的政府机构美国国家劳

---

[1] 有关工作权利运动和雅努斯裁决背后的企业和右翼政治运动的描述，请参见 Mary Bottari, "The Two Faces of Janus," *In These Times Magazine*, March 2018, 18–23. Also, most recently, Noam Scheiber and Kenneth Vogel, "Web of Donors Sees a Chance to Curb Labor," *New York Times*, February 26, 2018, 1。

动关系委员会做出新决策。美国国家劳动关系委员会的职责是在全国范围内执行有关工会、管理和谈判的法律。在特朗普的领导下，该委员会允许企业管理层升级他们的反工会威胁、更加轻易地开除和恐吓希望建立工会的工人、在工会已经开始组织时将生产迁移到他处。这些曾经非法的行为，在特朗普领导下都合法化了。美国国家劳动关系委员会的决定使得快餐特许经营点的工会组织工作变得更加困难。

　　增加规章制度成为新自由主义攻击工会的另一个手段，总体来说是要求地方和国家层面工会在支出会员会费时遵循更加复杂和严格的财务规定。新的"受托人"条例经常被用来对付那些对雇主过于强硬的地方工会。在特朗普的领导下，针对工会支出会费时涉嫌违反受托人条例的调查和法律行动已越来越多。通常，这些法律行动会在工会准备就新合同开展谈判时发起。

　　在特朗普的领导下，另一个对所有工人（工会和非工会会员）都有重要影响的重大法律事件是当时的美国最高法院发布的史诗系统公司诉刘易斯案（Epic Systems v. Lewis decision）的判决结果。根据 1935 年的法律规定，工人有权组织工会或采取集体行动，工人可以就雇主窃取或不支付工资的行为，提起集体诉讼。史诗系统公司诉刘易斯案的判决结果要求工人们在与雇主之间的发生纠纷时，以个体为基础与雇主就强制仲裁达成协议。关于工资窃取的集体诉讼现在也被禁止了。

　　所有这一切都意味着，虽然工会成员的工资与普通员工的差距一直在缩小，但现在在特朗普领导下缩小的速度更快了。与此同时，工人的总体工资也受到了挤压，要么是在某些行业，要么是工资在某种意义上被保持在低于本来应有的水平。

其他通过立法行为（或立法不作为）付诸实施的新自由主义产业政策也对工资和福利所得产生了压缩效应。在联邦层面调整联邦最低工资的努力一直遭到特朗普的阻挠和反对。虽然特朗普吹嘘名义平均工资一直在上升，但实际上大多数工人的实际工资一直停滞不前，甚至在持续下降。特朗普的数据没有考虑通货膨胀因素，反映的是全职工人的工资（因此不包括大约6000万非全职工作岗位）。并且，平均工资是所有私营部门劳动力的平均收入，没有反映出大部分工资都被高收入的科技、医疗、专业人员和低级别管理人员拿走的问题。

## 工资压缩

在特朗普的领导下，工资一直在上涨，这种说法太荒诞了。因为如果是这样，那就意味着工资没有被压缩，特朗普的产业政策从这个意义上讲就不是新自由主义的。但对工资统计数据进行更仔细的研究，就会发现工资并没有上涨。原因如下。

在特朗普执政期间，经常被引用的工资增长数字是每年约3.1%。但这并没有考虑到通货膨胀因素。这只是一个平均水平，因此包括了劳动力中收入最高的10%，如专业人士、经理和主管等。并且，它只适用于全职工人，因此忽略了大约6000万兼职人员、临时工和零工工人。它还可能包括了工作时数

（混淆了"收入"和"小时工资"）。它狭义地定义了"工资"，没有将递延工资（养老金支付）和社会福利工资（退休人员的社会保障金）包含在内。

3.1% 的数字体现的是"名义"工资增长。如果考虑到 1.6% 的通胀率（而且，由于各种原因，通货膨胀本身也被低估了），那么实际工资增长每年只有 1.5%。

但这也只是一个"平均"数字，意味着高收入者（包括工薪阶层）的收入增长高于 1.5%，而那些中等收入和低收入人群的收入增长则远低于 1.5%。在大多数情况下，他们的收入都不会增长这么多。美国金融网站银率网（Bankrate.com）的一项调查发现："超过 60% 的美国人表示，他们在过去 12 个月里没有获得加薪或没有获得一份薪水更高的工作。"所以，如果 60% 的人的工资没有增长，工资怎么会增长 3.1% 或 1.5% 呢？这意味着，收入最高的 10% 的劳动力去年的工资涨幅必须达到 7% 或更高。这些人包括软件工程师、数据科学家、医师助理、拥有高级学位的专业人士，当然还有中高层管理人员，他们的工资大多是以工资形式支付的。[1]

参考那些关注中位数工资（而不是平均工资）的独立调查，我们会发现"根据全球员工薪酬数据库信息网（PayScale）的

---

[1] 挣最低工资的工人们也得到了加薪，但只在少数生活成本最高的州。大多数人被每小时 7.25 美元的最低工资困住了。联邦最低工资标准自 2009 年以来一直没有调整。

数据……扣除通货膨胀因素后，工资中位数比去年同期增长了1.1%，全年增长了1%。"Payscale 的调查得到了麦肯锡全球研究所（McKinsey Global Institute）最近一项研究的证实。该研究显示，自 2007 年以来，工资中位数根本没有增长。到 2017 年，这一数字增长了不到 1.1%。麦肯锡和 Payscale 的研究成果两相对照，说明在特朗普执政期间工资没有发生变化。[①] 事实上，Payscale 的调查得出的结论是，从 2018 年 6 月至 2019 年 6 月，实际工资下降了 0.8%；而从 2006 年算起的话，实际工资下降了 9%。[②]

因为平均工资偏向于专业人士、管理人员和高薪工人等高收入的工薪阶层，所以应该引用的统计数据是工资中位数，而不是平均工资。并且，它应该根据通货膨胀率进行调整。这样一来，工资增长率从 3.1% 降到了 1.1% 甚至更少。但这还不是全部。

无论是 1.5% 还是 1.1%，这一数据都只适用于全职员工，因为它没有考虑到目前在美国存在 6000 万 "临时" 劳动力（兼职、临时工、零工）。低工资和工资增长不足是这些岗位的典型特征。这相当于 1.6 亿劳动力总数的 37.5%。美国劳工部的统计

---

① 参见 Exhibit 3: Weak productivity growth is the biggest cause of slow wage increases, in James Manyika et al., "A new look at the declining labor share of income in the United States," *McKinsey Global Institute*, May 2019, 6。

② James Wellemeyer, "One-third of Americans say they need a side gig to pay expenses," *Marketwatch*, Fidelity.com, June 15, 2019.

数据只计算那些以兼职、临时工和零工为主要工作的人，并没有准确地计算那些有主要兼职工作（或主要全职工作）但还从事第二甚至第三份兼职、临时工作或零工的人。银率网的调查证实了这一点。调查发现，45% 的美国工人拥有第二份或第三份工作。这其中 48% 为千禧一代（1981—1996 年出生），39% 为 X 一代（1965—1980 年出生），甚至 28% 是婴儿潮（1946—1964 年出生）一代。

真实的情况并不是传统的全职工人的基本工资每年增长 3.1%。目前的情况是，对于那些收入数额在后 90% 的工人来说，工资几乎或根本就没有增长，尤其是收入在中位数及以下的工人，他们不得不从事第二职业和第三职业以维持生计。与此同时，主要由专业人员、管理人员、技术人员和高学历特殊职业人员构成的一小部分劳动力实现了远高于平均水平的工资增长。事实上，那些处于"顶层"的人可能会得到相对较大的工资增长，远高于 3.1% 甚至 7%。这是因为美国劳工部规定了周收入"上限"。这意味着年收入在 15 万美元以上的人会被记作不超过 15 万美元。那些年收入超过 15 万美元的人的实际工资和实际工资增长并没有包含在报告内。[1]

---

[1]　Elise Gould, *Wages 2018, Economic Policy Institute*, February 20, 2019, 2. 最高 15 万美元的标准自 1998 年就没有提高过。因此，随着时间的推移，越来越多的高端收入者可能对 3.1% 的收入增长做出了更大贡献。

政府统计的"平均时薪"（或周薪）常常与工资增长相混淆。然而，收入和工资是不一样的。收入指的是由于加班或由于一周工作时间增加而支付的额外收入。在特朗普执政期间，所有工人的额外工作时间似乎都有所增加。但这可能是因为兼职第二和第三职业的人数增加造成的。美国劳工部的统计方法并没能准确计算从事第二和第三职业的情况。例如，它最近对"零工"岗位的规模和增长情况的研究得出的结论是，美国的零工工人数量相当少，这与大众观感是相反的。但这项研究的问题在于，它询问被调查者他们的主要工作是否是"零工"。因此，它漏掉了所有那些除了全职或主要工作之外，以开优步、来福车或其他零工为次要工作的人。

## 就业创造神话

总体而言，削减营业税可以创造就业机会是新自由主义的一个标志性主张。这个观念，来自被称为供给侧经济学的经济意识形态。削减营业税会增加企业的可支配收入，而按照这一观念的假定，收入增加会让企业立即增加新投资，从而促进生产，进而增加就业。但这种欺骗性的意识形态是对现实的歪曲。企业不一定会把这笔意外之财用于投资。它们可能会将省下的税收投资于不会创造任何就业机会的金融市场。它们可以以股票回购和股息支付的形式将其分配给股东。它们可以利用这些资金合并和收购竞争对手。他们还可能只是把这些资金存在银行，来改善资产负债表。或者，他们确实把钱投资于扩大生产，但接受投资的是它们的海外子公司。所有这些都是现实情况，减税并不一定会创造就业机会。没有证据表明减税会促进就业机会的增加。我们来看一看特朗普 2017 年 45000 亿美元大规模减税的结果。在扩大工厂和设备投资以及因此产生的就业方面，实际情况怎样呢？在 2018 年年初的短暂增长之后，美国的企业投资增长下降到了 2.7%（历史平均水平为 10%）。2019 年，该指数在年中进一步跌至负值，因为"第二季度企业投资出现了自 2016 年第一季度以来的首次收缩"。[①] 这意味着如果投资没有按照供给侧经济学理论中工作岗位增加机制那样上升，那么对企业减税创造投资，从而创造就业的说法就没能得到证实。

自特朗普上台以来，就业岗位真的有大幅增加吗？是的，答案是肯定的，但这并不能归功于减税。实际创造的就业机会很大程度上是"临时"岗位，即兼职工作、临时工作或者零工（优步、爱彼迎）等低薪、无福利的就业形式。这有助于解释为什么在新自由主义的这个特定阶段，工作机会有所增加，而工资却几乎没有增长。这也进一步表明，美国劳工部的统计数据严重低估了"临时"岗位在其月度统计数据中的比例。劳工部很有可能没有准确地反映出这样的现实，即大量的工作岗位增加是作为第二和第三职业的兼职或临时工作，而不是更多的人被雇用了。当美国劳工部报告每月工作岗位数量时，它的统计

---

① Lucia Mutikani, "U.S. business investment appears to struggle in third quarter," *Reuters*, August 26, 2019.

数据并没有真正报告就业人数。它报告的是工作岗位增长，而不是就业人数增长。因此，工作机会可能增加了（随着第二和第三职业的增加），但就业人数实际上没有增加那么多。回想一下之前银率网的调查报告，45% 的美国工人表示他们要做第二和第三职业来维持生计！或者按照市场观察网（Marketwatch）的调查数据，33% 的人需要至少打一份零工才能收支相抵！

或许这些对就业创造数字的修正，能进一步体现劳工部就业统计数据的混乱。每年在各州失业保险记录公布后，劳工部都会调整去年的就业数据。在劳工部向下修正之前的报告中，2018 年的就业岗位被多报了 50 多万个。[①] 这说明 2018 年每月新增就业岗位远低于 20 万，而 2017 年每月新增就业岗位约为 18 万。也就是说，实际就业岗位并没有因为 2018 年 1 月特朗普的减税政策而增加。

美国劳工部的统计数据显示，从 2018 年 7 月到 2019 年 7 月，美国的就业岗位增加了 110 万个。这是否意味着劳工部的就业人数增长数据出现了近 50% 的误差呢？如果是这样的话，说明特朗普领导下的劳工部的就业报告高度可疑，或者美国的就业统计数据存在根本性错误。真正问题在于，统计数据未能准确反映作为第二和第三职业的就业岗位。

总之，特朗普的产业政策成功地延续了之前从里根到奥巴

---

① Ben Casselman, "Job Growth in 2018 Is Revised Downward," *New York Times*, August 22, 2019, B4.

马历届新自由主义总统的趋势和方向。放松管制和私有化仍在继续，并且放松管制实际上在加速。去工会化也在继续，并特别聚焦于公职人员和开放商店行动。工会合同中更多的集体谈判条款被判定为非法，与小布什和奥巴马执政时期一样，在特朗普执政时期罢工几乎没有出现。与政治报告相反，多达 80% 的劳动力的工资在持续被压缩，而那些中等及以下收入水平的人的实际工资也在缩水，也许只有那些拿最低工资的人和在某些州有些例外。特朗普一直在兜售对企业减税创造就业机会的虚假神话，但事实上在创造的就业机会中"临时"岗位的比例越来越大，并且由于在特朗普当政期间从事第二和第三职业的人越来越多，这种情况也愈演愈烈。这也解释了为什么会出现就业人数越来越多，失业率越来越低，但工资增长几近停滞这样的反常现象。

把特朗普的产业政策称为新自由主义的"复兴"，可能有些牵强，但它无疑扭转了奥巴马执政时期的监管温和化趋势。奥巴马执政期间确实对一些从里根到小布什执政期间一直盛行的最糟糕的新自由主义产业政策进行了些许回调。但是，除了《平价医疗法案》和《多德－弗兰克法案》这两项充其量算是温和政治改良主义的项目，奥巴马对自里根时代以来新自由主义的产业政策趋势进行的其他调整都是微不足道的、暂时的。在其他方面，对特朗普的产业政策更准确的描述应该是，他延续和深化了从里根到奥巴马一脉相承的具有新自由主义特色的发展趋势——私有化、压缩工资、持续兜售对企业减税刺激投资进而提升就业的神话。

## 特朗普复兴了新自由主义吗？

在执政近 3 年之后，特朗普复兴新自由主义政策体制的结果可谓喜忧参半。在小布什时期建立的对企业和投资者的减税及增加国防战争支出的财政政策延续了下来。事实上，对这些目标的追求更加激进了。我们现在看到的新自由主义 2.0，明显是更加激进的。在奥巴马执政期间停滞不前的战争国防支出［为证明对可自由支配社会项目支出进行更大的削减（10000亿 ~15000 亿美元）的正当性，这是必要的］已经在很大程度上得到了恢复。此外，特朗普两年的减税额度超过了奥巴马 8 年的减税额度。所以，至少这两项新自由主义政策得到了复兴。

在放松管制和私有化方面，特朗普的产业政策实现了新自由主义的复兴。特朗普取消了奥巴马在工资压缩、去工会化等产业政策领域相对柔和的方式，在产业政策的其他方面则延续了奥巴马当政之前的趋势。奥巴马放慢了对公共土地和公共产品的私有化，甚至在某些情况下还有所倒退，但特朗普成功地"拨乱反正"了。另外，通过特许学校计划和他的"不让一个孩子掉队"计划，奥巴马推动了教育私有化。同时，在教师工会和公共部门集体谈判遭到攻击时，奥巴马也没有向他们伸出援手。特朗普领导下与工资压缩和就业有关的产业政策，不仅阻挠对联邦和其他法定最低工资的调整，同时重新开启了对降低加班费领取资格的新自由主义攻击，这代表着从奥巴马时代的回归。不过，大多数工人的工资水平在奥巴马当政期间一直在下降，而在特朗普的领导下，虽然高端工薪阶层的工资水平可能还有所提高，但整体工资水平下降的趋势没有发生改变。

特朗普在增加战争国防支出和对企业与投资者减税两个方面的复兴非常成功，但未能削减社会项目支出和非国防可自由支配支出，这导致了年度预算赤字突破万亿美元大关和美国国债的加速增长。必须承认，在这一点上新自由主义的复兴失败了。

而在货币政策和对外政策两个领域，特朗普对新自由主义的复兴迄今为止明显是失败的。对外政策特指关于调整贸易关系和确保低美元汇率的政策。新自由主义货币政策被定义为确保美联储长期低利率，而这遇到了挫折。因此，到目前为止，无论是货币政策还是对外政策（尤其是贸易政策），特朗普都没能实现新自由主义的复兴。

问题在于，新自由主义政策中这些不同因素之间的固有矛盾是否能得到克服，甚至于是否有被克服的可能。正如本章开头所指出的，特朗普显然成功地复兴了新自由主义政策体制的一些关键要素，但有些要素显然未能复兴，还有一些关键要素的复兴仍在"努力中"。在新自由主义政策中，一些是从里根时代延续至今的矛盾，例如在不破坏新自由主义财政政策和货币政策要素的情况下实现新自由主义外部（贸易）政策目标；有些则是新出现或新加剧的矛盾，比如在财政政策内部，一方面需要为赤字和债务融资，另一方面需要实行新自由主义的减税政策和增加国防支出。在美国新自由主义的货币政策中，要求美联储在设定更低利率的同时，又要以有吸引力的利率出售国债来为预算赤字提供资金。新自由主义外部（贸易）政策的内部矛盾也在增强，比如在保持低美元汇率的同时提高关税，后者减缓了全球经济的同时也提高了对美元的需求，因此也提高了美元汇率。

自里根执政以来，新自由主义另一个长期存在的内部矛盾是，美国资本主义经济无法在不断增长的国防战争支出与对企业和投资者减税并进一步削减社会项目支出之间达成一致。除了上一次危机期间，在奥巴马的领导下短暂地（2011—2013年）削减了社会项目支出，来自国内的抵制一直使得这种削减无法实现。面对这种情况，新自由主义的"替代解决方案"是建立"双赤字"，这实际上是提高政府收入（来自借款）来弥补因持续上升的战争国防支出和规模越来越大的对企业和投资者减税所造成的赤字。但这种通过外部政策（运行贸易赤字和引入自由贸易协定）解决财政政策矛盾的做法引发了进一步的、甚至更严重的矛盾，即全球资本持有者对特朗普贸易战政策的反对情绪日益高涨，这本身就对解决财政政策矛盾的双赤字方案形成了威胁。

因此，一方面，美国国内普遍反对紧缩社会项目支出（如果紧缩适用于社会保障等强制性社会项目，反对的力量肯定会加强），另一方面，美国的资本主义竞争对手反对特朗普的新自由主义贸易政策。以上两方面都是当今新自由主义政策体制内部存在的矛盾及其引发的反对在政治上的反映。新自由主义不能"三全其美"：它不能在不断升级战争国防支出和削减营业税的情况下紧缩社会项目，也不可能兼顾赤字与债务问题，美国通过外部政策（即贸易关系调整）来恢复其经济霸权的努力可能也无法持续。因为继续现在的外部政策，美国的双赤字解决方案将是最终的受害者。

　　所有这些情况，让人们意识到新自由主义货币政策已经进入了死胡同，并正在加剧上述所有问题。新自由主义的低利率政策对美国跨国公司海外利润的实现和低美元汇率至关重要，不过低利率政策似乎越来越不可持续。新自由主义货币政策自20 世纪 80 年代中期以来一直在为美国企业提供低成本资金，低价美元有利于美国跨国公司，廉价资金有利于美国银行家和借款人，每年通过股票回购和派息为资本主义投资者提供上万亿美元的资金用于收入再分配。简而言之，在人为推动了金融资产市场和投机利润上升的过程中，其为资本提供了数万亿美元的补贴。然而这样一来，这一根本上是由美联储和其他国家的中央银行设计的长期提供廉价货币和信贷（因此形成了巨额债务）的政策在持续了近 40 年后，也从根本上破坏了货币政策在经济缓慢增长和衰退时期作为实体经济刺激工具的功能。人为制造的长期低利率产生了多方面的影响，其中之一是促使资本主义国家之间通过"中央银行货币政策进行竞争性贬值"来进行竞争。

　　在 20 世纪 30 年代，通过政府声明或法令进行的竞争性贬值极大地阻碍了全球资本主义经济从萧条中复苏。今天，同样的事情正在发生，只不过媒介换成了中央银行的货币政策。当美国试图压低利率时，世界其他经济体也在采取同样的行动。各个国家中央银行的利率政策动作频频，导致其他货币不稳定性增强，并且随着其他货币的贬值，资本开始向美国逃逸。美国成为资本外逃的目的地，推高了美元的价格，而这又扰乱了美国贸易关系调整的目标。因此，近40年来，美联储向经济注入大量流动性，旨在压低利率，但结果美元价值没有因降息而下降，反而上涨了。

这种情况反映出新自由主义货币政策与新自由主义贸易关系调整和新自由主义政策低价美元目标之间的矛盾日益加剧。正如矛盾阻碍了新自由主义财政政策3个目标的实现一样，新自由主义货币政策也与新自由主义贸易关系调整政策发生了矛盾。

当发展到最高阶段后，新自由主义的财政政策、外部政策、产业政策和货币政策是"不协调的"。或者更准确地说，它们之间的矛盾会越来越大。归根结底，产生这种"严重矛盾"组合的推动力是20世纪80年代以来国际资本主义体系的金融重组和全球化，以及在新自由主义40年发展历程中全球资本主义内部不断演变的其他多种物质力量。换句话说，美国和全球资本主义经济本身的演变是新自由主义政策组合矛盾不断增长的核心原因。这与20世纪早期和中期美国资本主义政策体系诞生的原因没有什么不同。与资本主义之前发生的自然调整相关的新政策组合，最开始起到了整合和稳定这种调整的作用，但这种政策组合最终会与资本主义制度的现实演变发生矛盾。在更新的自然调整和体系变化发生时，以前的新政策体制（现在已经是旧的了）成为体系继续演变的累赘。它阻碍了体系的生长，破坏了实体部门和金融部门的稳定。资本主义的代理人，包括投资者、企业领袖、政界人士和政策制定者开始意识到，政策体制需要结构性的变化。因此，1907—1916 年出现的政策体制在当时是新的，但最终它成了自身目标的绊脚石。在危机之后，它让位于 1944—1953 年创立的一种新的政策体制。它完成了自己的历史使命，直到 20 世纪 70 年代，被随后崛起的新自由主义政策体制所取代。

现在的问题是，新自由主义政策体制是否已经"完成了它的历史使命"。如果还没有，那么特朗普复兴新自由主义的努力或许会成功。但是，如果新自由主义已经走到了"生命的终点"（意味着它不再有利于资本主义的扩张和利益），那么不管特朗普推出的新自由主义 2.0 多么激进，他的努力都注定会失败。

本书第二章讨论的是过去支撑并推动了新自由主义政策体制演变的物质力量。有人认为，这些力量中有些是资本主义自身演化过程中必然会出现的，因此是"自然的"，另一些则是新自由主义政策给美国资本主义带来的特征性变化。但是，在新自由主义政策体制居于统治地位的 40 年里，这些"旧的"物质力量发生了怎样的变化呢？出现了哪些新的物质力量呢？又有哪些即将出现呢？这些不同的物质力量在未来 10 年会变成什么样呢？它们是否会让新自由主义政策在 21 世纪 20 年代变得越来越矛盾，从而变得越来越无效，还是会出现更多的矛盾呢？换句话说，它们是否会导致特朗普的政策持续失败，甚至是从根本上失败，甚至任何与特朗普想法相似、试图恢复新自由主义的继任者，即使不走特朗普特的老路，也会得到同样的结果？

在我们看来，无论是旧的、新的，还是即将出现的物质力量都构成了新自由主义无法战胜的挑战。这意味着，21世纪20年代的新政策组合，要么在实施和效果上比特朗普以复兴新自由主义为目的但已经失败的2.0版政策组合更激进、更暴力，要么能够取代新自由主义。我们已经知道，能够取代新自由主义的新政策组合与之前一定有根本上的不同，但其先进之处可能会超出我们的想象。

作为分析的第一步，我们必须对新的物质力量有所了解，这些力量甚至在今天仍在"自然地"迅速转变和调整美国与全球的资本主义体系。我们将在下一章讨论这个话题。

**● 第九章**

下一个资本主义
自然重组及其危机

正如本书前几章所论证的那样，新自由主义并不仅仅是为应对 20 世纪 70 年代末的危机而形成的一种特殊的经济政策组合。

新自由主义与古典自由主义的理念或实践并没有什么关联。然而，尽管它不是由保守和激进的右翼知识分子专门创造出来的，试图通过将古典自由主义主张和价值观与 20 世纪后期的资本主义相结合，为新自由政策及其负面后果辩护，但它仍然算是一种思想体系。也就是说，在某种意义上，为了证明这些大多有利于美国经济和政治精英的政策和经济结构调整的正当性，一些理念和主张被创造出来，形成了这一思想体系。新自由主义的政策和经济结构调整，既损害了美国的国际资本主义竞争对手的利益，也损害了美国国内工人阶级、小企业和小农场主的利益。

大多数对新自由主义的批评针对的是新自由主义的理念。另一些人关注的则是新自由主义政策的后果和实践。然而，即使是在新自由主义政策层面上，人们的批评也很大程度上集中在新自由主义的财政政策（即紧缩）和产业政策（特别是放松管制和私有化）上。

但是，这种对紧缩、放松管制及私有化的关注过于集中，使得对新自由主义的"外部"政策和"货币"政策的批评没有得到充分发展，它们与产业政策和财政政策一样，是新自由主义的有机组成部分。这样一来，就忽略了对 4 个政策领域如何相互作用和相互决定的分析。这种忽略进而意味着新自由主义政策的固有矛盾很少被思考，并且由于未能理解新自由主义政策中的矛盾，人们的批评无法预测新自由主义的发展方向，也因此无法预测特朗普复兴新自由主义的努力是否会失败。

本书的主要论点之一是，对新自由主义的分析不能仅局限于对思想或特定政策组合的批评。无论是作为思想还是政策实践，新自由主义都是由必不可少的物质力量驱动的，因此对新自由主义的任何分析和批评，对物质力量的理解都是必需的一部分。如果不能理解推动新自由主义演变的物质力量，就不可能真正理解新自由主义。

在本书的前几章中，我们首先描述了导致 20 世纪 70 年代经济危机的物质力量，正是这一危机催生了新自由主义政策组合。这里的假设是资本主义在持续演变，而且在技术、市场、货币和其他关键因素发生根本变化的推动下，最近几十年的演变速度越来越快。随着时间的推移，这可以被称为资本主义自身的"自然重组"。这种自然重组会周期性地产生内部矛盾，并导致周期性的危机，包括金融危机和现实危机。此时，上一个周期内采用的经济政策和工具在遏制或解决周期性危机方面，就会显得力不从心。它们甚至可能成为导致危机出现的原因。解决危机需要新的政策组合，从而推动资本主义体系进一步调整，使其稳定下来。20 世纪 70 年代末到 80 年代初推出的"新自由主义重组"，不过是为应对周期性危机而进行的一系列政策重组中离我们最近的一次。1944—1953 年和 1909—1916 年，都曾进行过类似的政策重组。

例如，第二次世界大战之后，1944—1953年建立的政策组合到20世纪70年代已不再能"有效"确保经济增长和经济稳定。从1944年到20世纪60年代末，1944—1953年的政策组合至少"有效"了25年，但这一政策与资本主义制度的"自然重组"和演变之间的矛盾日益突出，后者导致了20世纪70年代的经济危机。20世纪70年代资本主义的经济现实需要新的政策，以适应经济的"自然重组"，这种调整在20世纪70年代破坏了美国资本主义的稳定。这种新政策组合被称为新自由主义。

因此，新自由主义是一系列政策的特殊组合，其目的是恢复资本主义增长和稳定。由于新自由主义最初主要是在美国（以及较小程度上是英国）进行的一场实践，它的目的是在有利于美国资本主义的条件下恢复美国资本主义的增长和稳定，确保未来几十年美国资本的全球经济霸权地位，以及击退在20世纪70年代经济危机期间被动员起来并取得了一些成功的美国国内工人阶级的力量。

在第八章，我们集中讨论了作为对奥巴马领导下的新自由主义政策内部矛盾日益加剧的回应，特朗普复兴新自由主义政策努力能否成功地恢复新自由主义政策组合，解决2008年后美国和全球资本主义稳定及增长的问题。2008年之后的新自由主义政策并没有像2008年之前那样给美国及其他实施国家带来足够的经济增长和稳定性。2008—2009年的金融危机从根本上改变了美国和全球经济。此外，新自由主义政策组合现在似乎成了经济停滞和不稳定性增强的原因。

如今的核心问题是，特朗普是否能以一种更激进、更具破坏性的形式恢复新自由主义，从而再次产生令人满意的资本主义经济增长和稳定？特朗普为恢复新自由主义的努力是否会被新自由主义政策组合中的固有矛盾所中和？无论如何，推动资本主义"自然重组"的物质力量在未来10年将进一步增强。如前几章所述，这些力量和自然重组将击败特朗普为恢复新自由主义所做的努力。那么在2020年之后，取代新自由主义的会是什么样的新政策组合呢？最可能的结果是，新出现的政策组合将与新自由主义大相径庭。

本章试图找出那些持续推动美国资本主义不断发生"自然重组"的物质力量，这些力量如今仍在破坏着新自由主义政策体制。以下是需要回答的问题：

● 是什么深层次的实质性变化使得新自由主义的财政政策和货币政策在推动实体经济增长和稳定美国金融银行信贷系统方面的效果越来越差？

● 为什么新自由主义产业政策失败了？

● 为什么新自由主义的"外部"（贸易、货币、全球资本流动）政策会与经济增长和稳定相矛盾？

● 新自由主义是否走进了死胡同？

在当前阶段，推动资本主义"自然重组"并对新自由主义政策组合产生破坏作用的主要物质力量是：同时发生的几项关键技术革命、生产和分配过程的加速变化、货币本质的变化，以及这 3 个原因导致的产品市场、金融市场和劳动力市场的快速变化。

这些力量产生的负面影响将在 2020 年之后全面显现，新自由主义政策届时将无法掌控、也无法消化它们。因此，面对这些变化，新自由主义政策没有能力继续确保资本主义的增长和稳定。经济增长将继续放缓，经济甚至会停滞或收缩，金融不稳定事件发生的频率、范围和规模都将增加。一个新的政策组合必然会出现，但新自由主义不会成为它的构成要素。具体会是怎样，将由 21 世纪 20 年代前 5 年的经济和政治事件决定。

# 技术力量

资本主义的巨大变革一直与新技术的出现联系在一起。

## 能源技术：氢能和电能储存技术

如果没有煤炭，就不会有 18 世纪的工业革命，自此财富和政治权力集中在了新兴的资产阶级手中，他们取代了以前占统治地位的地主和贵族阶级。正如亚当·斯密在 18 世纪中叶指出的，财富不是由黄金或贵金属的积累创造的，也不是靠商人买卖货物来实现的，它是在生产过程中创造的，只有生产才能促成更多的货币创造，从而促进这些商品的交换。生产的商品越多，随之产生的货币形式的财富就越多。财富首先被以商品的形式创造出来，货币只是其表达方式。创造的货币量超过了生产的商品，就会导致通货膨胀和经济不稳定；相反，如果与商品产量相比，货币创造量不足，则会导致经济收缩。因此，商品的生产是财富（以及政治权力）的来源。而最重要的是，如果没有制造业，商品数量不可能大幅增长，但制造业依赖于能源生产，比如煤。煤作为燃料产生蒸汽，从而驱动机器生产更多的商品。它还能产生转动涡轮机必需的热量，从而提供扩大生产所需的电力。

18—19世纪工业革命期间，资本主义经济的持续自然重组就是起源于这场电力技术革命。煤电在19世纪末开始让位给了另一种更加高效的能源：石油［还有随后不久（20世纪初）出现的天然气］。

到20世纪初，石油动力技术使得资本主义经济开始了新的自然重组。以内燃机为基础的技术如雨后春笋般出现，包括整个现代化学工业、合成材料、塑料、农产品，以及从化妆品到无数家居用品的几十个消费品行业。这些煤所不能催生的行业生产出了数量众多、品种多样的商品。商品生产规模扩大了，想要恢复其秩序，资本主义国家必须发挥更大的作用。为管理和稳定20世纪的现代工业经济，引入20世纪的财政、货币、贸易、产业和其他政策成为历史的必然。中央银行主导货币政策；信贷系统变得更加复杂和庞大；税收制度发生了根本性的改变；金本位不再是国际资本主义贸易的关键因素；为适应工人阶级在工业资本主义中日益增长的影响力，新的产业政策也应运而生。

能源技术在不断发展，到了 20 世纪末，经历了从固体（煤）到液体（油）再到气体（天然气）的变化。然而，所有这些形式的能源都必须从地下开采出来，成本高昂。随着资本主义经济对降低成本的持续追求，未来的能源技术将越来越多地转向空中（太阳能和风能）。到了 21 世纪 20 年代，能源技术则越来越多地转向海洋，因为与煤炭、石油或天然气相比，海洋蕴含着一种能效更高、成本更低的能源，即氢能。氢能发电甚至比太阳能和风能更优越。并非所有地方都有太阳，而且即使在有阳光的地方，一天也只能发电 8 小时左右。风能则更具区域性、间歇性和不稳定性。但是，从海水中提取的氢可以每天 24 小时提供能量。因此，在未来 10 年开启下一个能源技术革命的，是氢能。因为多方面因素，美国和全球经济的自然重组已经在发生，而能源获取方式的转变将加速这一过程。

随着氢能革命的到来，电能存储技术也将取得重大进展。电能可以由各种形式的能源产生，但是到目前为止，如果生成后没有被使用，电能就会流失。新一代的能源技术将能够储存电能，并且不是以体积庞大、价格昂贵的电池的形式。

然而，将从下个 10 年开始的向氢能和电能储存技术的过渡，一定会对经济造成巨大的破坏。如今，无数以现有能源技术为基础生产产品的公司和企业必须要主动适应新变化，否则就会被取代。它们中的很多都很难成功完成转换，这样投资损失将是巨大的。而投资失败将造成无法偿还的债务，必将造成严重的经济损失和经济动荡。

这种向新型能源技术的演变是在资本主义体系内"自然"发生且无法阻止的。资本主义目前正在发生的自然重组很快就会加速，资本主义在 21 世纪会出现根本性变化，传统的新自由主义政策将无法消纳这种变化，氢能革命就是一个重要例证。

## 人工智能

另一种可能更具破坏性的技术力量是人工智能。人工智能包括决策自动化。决策自动化的实现，得益于海量的信息数据库和几乎可以即时从这些数据库中提取和处理信息的超凡的计算能力。除此之外，还有管理数据库和连接计算过程的软件"体系"，以及定义信息最终报告形式的统计算法。

人工智能将对生产过程、分销渠道以及所有市场（产品市场、金融市场和劳动力市场）产生深远影响。它将消灭简单决策过程，以及这一过程中需要的机器和劳动力。随之而来的将是效率更高的（因此成本更低的）新型产品开发流程、能够自我维护和自我学习的机器，甚至是完全自动化的服务程序。数以亿计的从事简单决策工作的工人将被取代，而且不仅仅是在制造业领域。与此同时，为适应复杂决策过程的需要，企业将聘用更多具有高层次的数学、定制编程和问题解决能力的人。因为，随着时间的推移，人工智能机器将变得更智能，也就是说它们通过自学，其复杂决策能力和解决问题的能力会越来越强。

## 通信技术和传感器技术

推动未来 10 年经济结构发生根本性变化的技术，还包括蓬勃发展的通信技术。5G 技术将成为通信行业的支撑技术，它将反过来加速方兴未艾的传感器技术发展。传感器技术将使无人驾驶的汽车、卡车、公共交通甚至飞机成为可能，还将提高私营企业和政府的监控能力。

传感器技术将与新材料革命相结合，创新的涂料和玻璃工艺将使智能建筑成为可能：建筑玻璃和涂料表面可以嵌入光伏功能、建筑物将能够识别进入者的身份、供暖和制冷系统将通过窗户感知的信息来运行、建筑物本身无须外接电网就可以满足自身全部电力需求。汽车车漆也可以吸收太阳能，作为氢能汽车的补充能源来源。

## 交通运输技术：自动驾驶

只有人工智能、传感器、电能存储技术得到充分开发，自动驾驶的汽车和卡车才能真正具备实用性，才会出现市场认可的新产品。这可能在 21 世纪 20 年代末实现。届时这将造成怎样的经济混乱，实在无法想象，毕竟仅在美国就将有超过 100 万卡车司机被取代，而当共享汽车推广开来，汽车销量大减，美国的汽车年产量可能将从现在的 1500 万辆以上降至远低于 1000 万辆。地铁、火车和城市轻轨可能很快就会引入自动驾驶公共交通系统。飞机制造商和航空公司现在就已经能够将航班上的飞行员和工程师减少到一个人，这个人的主要工作是与地面中心技术人员合作，监控飞机（而不是实际驾驶飞机）的物理定向和工作情况。

## 生物技术：基因工程与分子生物学

生物技术的进步可能使未来 10 年出生的儿童平均寿命达到 100 岁，甚至可能更长。基因工程、干细胞工程和分子生物学拯救和延长生命的能力将超乎想象。衰老细胞阻滞和替换、器官再生、产前脱氧核糖核酸（DNA）工程以及诸如糖尿病等重大疾病的根治将极大地延长人的寿命，但只有负担得起这些服务费用的人才能获得这些服务。所有这些技术对退休、养老金和社会项目成本的影响，以及它们的融资方式，政府不得不进行重新思考，而几乎可以肯定的是，必须出台新的更加激进的收入保护政策。新自由主义的税收和社会项目支出政策，是不足以应对未来发展趋势的。

我们上面简单介绍的能源技术、人工智能、通信技术、交通运输技术和生物技术，只是诸多新技术中的一部分。新技术将催生新的货币形式、新的生产和分配方式，并创造新的产品和服务，这些反过来又会催生新的技术需求、推动更多技术进步。科技的传播可能是渐进的，也可能是快速的，它对人类的影响并不总是积极的。当前的新自由主义政策能否适应这些变化，并在这个过程中保持经济增长和稳定呢？当前的新自由主义政策使得社会收入和财富不平等现象愈发严峻，几乎到了不可接受的程度，而事实也证明当前政策无法解决绝大多数人的退休危机。新自由主义政策还造成了就业机会创造不足（在数量和质量上）、无家可归者增加、卫生保健服务恶化和大众教育服务失败等诸多恶果，新技术力量的出现是否会进一步加剧这种趋势呢？另一方面，新技术还越来越侵犯个人隐私和公民自由，新自由主义政策能否解决这一问题呢？面对新自由主义时代晚期（现在）民主权利、民主规范和政治制度遭到破坏的现状，新技术会强化还是改善这一问题呢？在许多方面，新自由主义政策都已经失败了，而新自由主义的政策组合也不太可能有能力去应对将在未来10年全面展开的重大技术变革。

## 生产流程和分销渠道

在商品的生产方式、商品和服务的交付方式（即分配方式）方面，将有数项革新，这将对经济产生重大影响，需要进一步进行结构调整。技术作为第一物质力量反过来又在生产过程和市场中催生出实质性变化，而生产过程和市场本身就是一种根本的物质力量。所有这些相互作用和相互反馈：技术推动生产、货币和市场的变化，而后者的变化反过来又引发并加速技术的进一步发展。

### 3D 打印制造和分销革命

对于生产过程来说，三维（3D）打印技术是一项重要变革。虽然该技术目前还处于起步阶段，但发展迅速，它为资本主义生产提供了一个巨大的机会，将生产中的固定成本和营运成本转嫁给消费者。这与优步、来福东、爱彼迎等零工经济公司的商业模式相似，将实物成本转嫁给了零工工人或房主。大幅削减甚至完全消除商品生产成本的结果是利润大幅增加，这正是资本主义生产不断追寻的目标。

有了 3D 打印技术，许多小型产品的生产将在消费者所在地完成，而不是像现在这样由制造商在异地生产。这将大大节省生产者的产品生产成本，但这也意味着在异地工厂从事产品生产的工人数量将减少。实际上，消费者将成为从事建造或组装工序的无薪员工。3D 打印也意味着分销渠道成本的根本性改变。商品是由终端用户自己生产的，家庭消费网站的"数据商品"则通过 5G 无线网络配送。除了将制造某个产品的特定数据传输到打印机上所需的 5G 无线费用外，不存在任何运输成本。这样一来，生产成本就由传统制造商和消费者共同承担了。有时候，消费者会承担全部的生产成本。生产中的实物资本（也就是机器）的成本也被转嫁给消费者。传统制造商最初可能会把 3D 打印设备租给消费者，按月收费，但随着竞争加剧，租金可能会被取消。通过无线网络，分销成本减少为"传输费用"，收费依据是发送产品数据指令的速度和带宽，与今天的无线电话数据使用费相似。

相比竞争对手，完成向 3D 打印技术转型的制造企业将获得明显的成本优势。那些迟迟未能引入这项技术的公司将遭受经济损失，很难获得银行贷款，最后因债务违约而破产，导致就业和金融体系的不稳定。这很像当下由亚马逊发起的分销革命，那些没能及时提供在线购物渠道和当天送货上门服务的传统零售商，在这场革命中深受打击或直接破产了。

因为亚马逊和模仿它的竞争对手们提供的在线购物和快递服务，传统的大型零售和购物中心正在迅速衰落。如今，快递当日达变得越来越普遍，在网上挑选后，产品就会被送到消费者手中，这为需要消费者取货的实体商品分销渠道敲响了"丧钟"。这就是亚马逊效应和分销革命1.0。并且它即将更进一步。亚马逊等公司使用无人机将大部分产品送到用户家门口的计划很快就会实现，联合包裹（UPS）和联邦快递（FedEx）等快递服务公司的市场将进一步缩小（在这些公司工作的数百万人将失去工作）。

下一阶段，作为行业领导者的亚马逊公司也可能会将其现有的"Alexa"技术与3D设备相结合，成为3D打印设备供应商。最终的结果是，大型零售商和商业地产商在下一个10年将比现在衰落得更快。像彭尼百货（Penneys）、梅西百货（Macy's）等家喻户晓的品牌将在21世纪20年代中期消失。3D打印技术不仅将取代数以百万计的小型制造业公司，同样会取代分销公司。像西尔斯百货（Sears）这样的公司已经被亚马逊的分销革命1.0搞破产了，像沃尔玛这样追随亚马逊的公司得以继续生存。而3D打印带来的分销渠道革命2.0将对生产过程和分销渠道产生更大的影响。

## 人工智能和机器学习：产品生产、自我维护、产品发展

对生产过程来说，机器学习是另一场革命。随着机器日益成为一种基于软件的实物资本，它们发展出了自我维护的能力。在人工智能的帮助下，机器能够不断进行预防性自我维护，并在必要时进行自我修复，还能在生产产品时识别出更有效的生产方法。因此，下一代产品线的研发成本将融入这一代产品的生产过程，降低产品线开发的研发成本。机器维护费用也将降低。因此，维修和研发岗位将减少，企业经营利润随之提高。

### 人工智能、机器学习和自动化仓储

新技术不仅将在产品生产、生产中实物资本的形式和地点、自我学习和自我维护能力不断完善的机器以及面向终端用户和消费者的分销和送货渠道等方面催生新的革命，也不仅将淘汰数百万参与商品制造、再分配（伴随负面就业影响）及商品零售的小公司，而且还将对实体商品批发（仓储行业）产生巨大影响。

人工智能和智能机器学习将为仓储行业带来重大变革。目前，亚马逊 1.0 版的分销革命因其不断扩大的仓库网络需要聘用大量员工，但这只是暂时的。亚马逊和它的模仿者们都在开发基于人工智能和机器学习的仓储技术，在 21 世纪 20 年代中期之后，在仓库工作的员工将迎来大规模裁员。储存和提取仓库中货物的工作将由智能机器完成，它们了解每件物品的存储

位置。使用叉车等设备来堆放和回收物品的工作现在是由工人操作的，将来则会由机器来解决。打包和投递过程都将无须人力，所有的订购将自动进行。亚马逊已经在进行这种仓库项目的试点工作。

## 智能建筑材料

另一个影响未来生产过程的技术成果是智能建筑材料的预制化。预制的智能窗户、墙壁、油漆和绝缘材料将取代现在使用的普通玻璃、纸面石膏板、玻璃纤维、木材和混凝土材料。光伏电池已经被嵌入新的玻璃制造技术中。在未来的 10 年里，建筑物或住宅顶部的太阳能电池板将被嵌入在建筑物窗户上的光伏电池所替代。之后，光伏电池会以新的形式出现在油漆中。到那时候，汽车能够利用的太阳能将不仅来自家庭或充电站的 220 伏插座，还将来自汽车自身的油漆金属外壳。建筑将变得越来越"智能"。建筑的内墙能感知房间里的人数（并识别每个人），适当地调整冷暖、照明、湿度等。室内环境调整通过语音指令就能完成，不再需要墙壁上的开关或恒温器。新型的合成复合材料比混凝土或木材更坚固也更有弹性，将被用于建筑核心结构。

## 专业服务交付

"生产"专业服务和个人服务的过程（可获得并交付给客户）也将受到新技术和物质力量的影响。现在收集到的关于个人的大量信息将被新技术扩展应用到各个方面，使个性化营销和销售成为可能。人工智能的深度学习能力能够预判消费者的需求。汽车和住宅等昂贵商品将通过社交媒体进行产品推广，并通过网络进行订单处理和商品配送。直到销售过程的最后阶段，消费者才前往交货地点取货或直接入住。届时，汽车经销商和房地产中介对现场工作人员的需求将大幅下降。

由于具备"深度学习"能力的人工智能能够准确预测"下一阶段"生产所需的支持，企业对成本会计和人力资源等内部专业服务的需求也将减少。同样，市场营销人员也不再是必需，因为客户分析、定价、促销和广告决策都将由被大量处理过的数据和统计分析驱动的智能软件完成。客户支持服务（已经在很大程度上实现了自动化）也将由机器驱动。当然，公司规模最大、利润最高的客户是个例外，与他们保持良好的人际关系仍然是维护客户的关键。

人工智能、物联网（IOT）、软件驱动的固定资本、计算机的广泛应用和算力提升、拥有海量信息的数据库等，将导致大多数专业的服务自动化，从而产生去专业化现象。曾经必须由专业人员做出的独立而复杂的决策，人工智能和相关技术将可以代为完成，以前的"专业"服务人员将降格为随时待命的"机器监控"人员，他们的职责是确保软件及其硬件交付设备持续工作。

仅需简单决策的非专业性（定义上的）职业将早早被取代。需要相对复杂决策的专业服务类岗位和职业最终也会被取代。

只有最复杂的决策才需要人类来掌控。虽然这一类工作岗位确实可能会增加，但在产品生产、分销和服务行业，因为技术进步而损失的仅需简单决策的工作岗位数量是其很多倍。在这期间，专业服务将逐步非专业化，工作的性质将发生根本改变。

## 货币的形式

未来的技术不仅会对生产过程、分销渠道、商品和服务制造及交付给消费者的方式产生巨大影响，还会对货币本身的性质和作用产生影响。生产、销售商品和服务所必需的媒介正在发生重大变化。在企业之间以及企业与消费者之间买卖商品和服务的过程中将体现出这种转变。

货币是"交换媒介"，也是一种"价值储存手段"。任何具备这些属性的"东西"都可以作为货币。货币是一种"一般等价物"，可用于当前完成的交易（如购买）或当前开始但在未来某天完成的交易（如投资）。

只要满足价值交换媒介和价值储存手段这两项功能要求，任何物质形式都可以用作货币。货币可以是消费者、生产者和投资者愿意接受的任何形式。它可以是贵金属（金、银或其他）；它可以是贝壳、珠子、树枝上的刻痕，甚至是石头；它也可以是纸制品，如现在的钞票。不管是什么形式，当它不再被接受作为支付物时，那么这种形式的货币就不再是货币了。

在人类能够冶炼金属（几千年前的冶金革命）之前，各种实物（贝壳、珠子、石头等）都曾被用作货币。然而，像金、银，甚至一度还包括铜这样的贵金属，都要优于这些货币，因为它们有标准的计量单位（重量），而且易于分割。这是金属出现之前的货币所缺乏的两种品质。黄金尤其受欢迎，因为它不容易变质，非常耐用。然而，黄金和各种形式的金属货币有一个共同问题，那就是它们必须从地下开采出来。这就是为什么它们被称为"商品货币"。但是，采掘金属矿藏既困难又昂贵，而且数量有限。货币数量的增长速度赶不上商品生产扩大的速度，这就造成了一个问题。随着工业革命的发展，货物生产速度加快，金属货币的生产数量却没能跟上。为了促进生产交换和商品贸易，必须创造新的货币形式，于是钞票（纸币）诞生了。

随着中央银行和国家政府的出现，政府最终在 19 世纪和 20 世纪初获得了纸币（也就是所谓的 fiat money[①]）的垄断发行权。此后，金银作为法定货币（即作为一种用于交易和商业实际投资的可接受的货币形式）逐渐淡出人们的视野。政府最终控制了商品货币的供应，金、银和其他金属只是作为投机性金融资产存在。

自 20 世纪 70 年代以来，技术创造出越来越多的货币替代品。塑料信用卡本身并不是钱，而是以电子形式存储在银行里

---

① 指 21 世纪各国政府发行的纸币，依靠政府的法令使其成为法定货币。——编者注

的钱。在整个 20 世纪，银行在银行业务和非银行业务交易中一直在向电子交易转型。在企业对企业的交易中，实际的纸币几乎从未充当过交易媒介，在企业与消费者中的交易中作用也越来越小。

如今，银行和金融机构通过向客户贷款（电子形式，只是增加贷款分录）在经济中创造货币。货币世界正逐渐变成一个电子记录的世界，而不是基于纸币交易的世界。使这一切成为可能的是之前的技术变革，即数字技术。但所有这些，不管是纸币，还是电子资金转账，都已经是明日黄花了。

一种更为激进的货币转型正在发生，它将使新自由主义的货币政策变得越来越无效，甚至变得无关紧要。数字货币正在兴起，它们有时被称为"加密货币"，其中最著名的是比特币。加密货币的出现，意味着中央银行和传统商业银行可能会进一步失去对货币供应的控制。

在经济中创造货币的实际上是商业银行系统。但是中央银行，如美国的美联储，在商业银行系统货币创造速度方面有着重要的影响力。中央银行和商业银行共同决定了经济中的货币供应量，而货币供应量又反过来影响了利率水平。不过，对货币的需求也会影响利率水平。但货币需求是总体经济状况产生的结果，中央银行和商业银行本身都对货币需求没有太大影响。它们对利率的影响主要局限于短期利率，通过对货币供应的影响来实现。但加密货币对中央银行和商业银行对货币供应和短期利率的影响力构成了威胁。如果加密货币在交易和投资中的使用越来越普遍，中央银行和商业银行进一步失去对货币供应（以及短期利率）的影响力，这意味着新自由主义货币政策的基础（在较长一段时间内保持低利率）将遭到严重破坏。

加密货币是一种名为"区块链"技术的产物。没有区块链技术，就无法创建比特币或其他加密货币。区块链加密货币对货币供应的潜在威胁是真实存在的，因此中央银行影响和决定货币供应的能力会受到削弱。换句话说，加密货币可能会摧毁新自由主义货币政策，其摧毁方式就是向美国和全球经济注入一种数字虚拟货币。任何一家开发区块链软件的科技公司实际上都可以创建自己的"数字货币"，并且很多公司都在这么做。如果加密数字货币最终被交易和投资活动所接受，那么它将成为"真正的"货币。数字货币的加入，将使世界范围内的货币供应总量加快上升，更多的货币涌入各个经济体，加剧价格扭曲和资产泡沫，最终超出了中央银行和商业银行的控制能力。加密数字货币可能会在全球货币供应体系中造成混乱，并使美国的新自由主义货币政策更加无效。

区块链加密货币软件公司实际上将成为"新银行"。由于它们不受监管（到目前为止），也有能力并且已经开始以一种与中央银行的新自由主义货币政策相矛盾的方式随意放贷或消费。无论如何，近几十年来，新自由主义货币政策的有效性一直在不断下降，因为各国中央银行（尤其是美联储）自20世纪80年代以来向世界经济注入了超量货币。过剩的供给导致了长期的低利率，这是新自由主义政策的目标。但流动性注入已经达到了极限，导致了金融过度投资和资产泡沫。当泡沫破裂时，金融业的崩溃反过来又会打压实体经济。新自由主义货币政策已经使资本主义金融体系越来越脆弱，因此更加不稳定，容易产生泡沫和发生崩溃。

通过创造数字货币，区块链加密公司只会进一步增加美国和全球经济中的货币数量，进而催生更多的金融和其他资产泡沫。为了将私营部门的数字货币创造置于控制之下，美联储和其他国家的中央银行将试图让政府赋予中央银行监管新数字货币创造的权力来管理其供应量。但管理只存在于全球互联网上的数字货币并非易事，各国中央银行更有可能会尝试创建自己的数字货币。不过即使如此，也将进一步扩大货币供应，并创造更多的资产泡沫和不稳定性。

加密货币技术创造出了新的货币形式，这将加剧金融的脆弱性和不稳定性。扩大数字货币供应，全球货币供应增加，将使利率进一步降低，负利率将成为 21 世纪资本主义的一个永久特征。普遍负利率的全球经济将严重破坏全球资本主义体系的稳定性。到下一个年代，新自由主义货币政策将无力扭转严重、广泛和长期的货币供应过剩和长期负利率，使得中央银行管理全球货币供应、防止经济泡沫和经济崩溃的能力进一步减弱。现在，中央银行与它们的盟友（传统银行）和加密货币数字货币革命之间的战争才刚刚开始，到 21 世纪 20 年代这一战争将更加白热化。

区块链和加密货币的诞生也将在其他方面影响新自由主义货币政策。目前，资本主义的国际货币体系基于一个名为

"SWIFT"国际支付体系。该体系以美元为基础，由美国的银行主导并掌握根本控制权。如果天秤座成为另一个选择，它将使国际支付规则更加混乱。欧洲也在开发自己的替代支付系统，叫作 INSTEX。关键在于，未来 10 年，不仅是新的货币（加密货币）本身，基于它们的支付系统也将在覆盖领域和覆盖范围上逐步扩大。这种发展将意味着新自由主义货币政策变得更加不稳定和更加无效。

## 金融市场

新自由主义政策加速了金融资本的自然重组，这种重组始于 20 世纪 70 年代，甚至在某些情况下从 20 世纪 60 年代末就开始了。金融资本本质上是不稳定的，它会周期性地导致金融市场上出现过度投资。金融市场存在着巨大的利润潜力，具体的操作方法就是通过操纵金融资产证券的价格快速获得资本收益。导致金融崩溃的金融资产不稳定事件通常会产生溢出效应，对实体经济产生影响，并加剧实体经济收缩过程中原本"正常"的衰退。金融资产不稳定事件使得实体经济的衰退程度更深，延续时间更长，需要更有力的经济复苏刺激措施。如果不加强刺激，实体经济发生"大衰退"后，比正常衰退持续的时间要长得多。实体经济收缩发展到第二阶段，可能会进一步加剧金融危机，随后出现金融业的崩溃。20 世纪 30 年代的美国大萧条并不是一个单一事件。1929—1933 年，每年都会发生一系列的金融业崩溃事件，每次银行崩溃之后，都会造成实体经济进一步下滑。当金融危机与实体经济下滑（衰退）重叠时，经济发生大衰退或比之更严重的大萧条的可能性就会增加。

在危机和严重衰退发生后，一个资本主义经济体政府在调整银行金融体系时，倾向于对金融体系进行重组，在旧的银行体系监管框架之外创建新形式的金融机构。慢慢地，旧的银行融资监管机制也就被废除了。这些新的不受监管的机构随后会再次从事高风险投资。而随着时间推移，金融不稳定将再次出现，稳定时期形成的金融泡沫破裂，金融危机再次发生。

1907 年的美国经济就是如此。那一年，美国发生了金融危机，并蔓延到了实体经济。1908—1914 年，美国实体经济经历了多次衰退，直到第一次世界大战的爆发才结束了这一进程。1929 年的另一场金融危机重复了这一过程，并再次蔓延到实体经济。这一次政府的放松管制政策导致了 1930—1933 年的一系列银行业崩溃事件。不过与 1914 年不同，这次并没有战争来结束经济衰退和随后的经济停滞。在 2008—2009 年，这一过程随着金融危机爆发再次上演，随后实体经济出现了大衰退。和历史案例一样，2009—2016 年，从 2008—2009 年的大衰退中复苏的经济始终缺乏力量和连贯性。

在 2008—2009 年的金融危机发生之前，在新自由主义思想的指引下，新的金融重组，即影子银行体系快速扩张。这是一个基本上不受监管的全球化体系，它致力于高投机性、高风险的衍生品、房地产和其他金融证券投资。影子银行由投资银行（如雷曼兄弟、贝尔斯登等）、私募股权公司、对冲基金、养老基金、主权财富基金、保险公司等组成，这一体系是发生2008—2009年金融危机的核心原因。它们与受监管的商业银行不同，如花旗银行、摩根大通银行、富国银行、美国银行等，但当这些银行后来与影子银行体系融合后，影子银行体系中的金融危机也波及商业银行体系。

新自由主义的金融体系重组不仅在资产管理方面创造了一个与传统商业银行体系规模相当的影子银行体系，还创造了一个全球化的高流动性的金融市场和市场上海量的新型金融证券交易。因此，在全球金融资产市场体系中，不受监管的新型金融机构大量涌现，对新型金融证券（衍生品）进行投机。不过，在新自由主义政策出台之前这种"结构"就已经出现了，它是资本主义自然重组的一部分。然而，放松管制、私有化、自由贸易刺激外国直接投资、为企业和投资者减税、中央银行长期低利率等新自由主义政策都促进了金融重组的加速，也促进了影子银行体系和全球流动性金融市场的发育，造成了通过这一体系在金融市场上交易的新型金融证券数量激增。正如刚才所描述的，这种金融结构是资本主义经济"金融化"的真正本质。

而且，重点是这种由自然力量和新自由主义政策驱动的金融重组将在21世纪20年代继续扩大和深化，甚至变得更加不稳定。如今，影子银行的影响力甚至比2008年之前更大了，它们控制了更多的资产，对全球经济体系的稳定性（或不稳定性）产生了更大的影响力。在很多国家和地区的市场上，商业银行正在逐渐被它们取代。它们是"资本市场"的核心，而"资本市场"正在取代银行贷款，成为货币资本的主要来源。影子银行的代表进入了政治权力中心，获得了对经济政策前所未有的决定权。新成员正在以新的方式增加，同时也在以旧的方式扩张。个人对个人（P2P）借贷、众筹和基于互联网的住房融资正在增长，传统的非金融跨国公司已经可以像"银行"一样向其他非银行机构放贷，而跨国公司平均三分之一的利润来自所谓的组合投资，如金融资产投资。

2008—2009 年金融危机之后，影子银行并未受到真正的监管（尽管商业银行以象征性的方式重新受到监管，但如今连这种监管也被取消了），它们比以往任何时候都更强大，而且在 21 世纪 20 年代将变得更加强大。它们倾向于高风险和投机性投资，有可能在未来 10 年再次破坏金融体系的稳定。与以往相比，高流动性的金融资产市场体系自 2009 年以来更加一体化了。因此，与 2008 年之前相比，如今金融危机在整个市场和机构中迅速"蔓延"的可能性更大了。

上次危机之后，甚至诞生了更不稳定的金融资产：更多形式的金融衍生品、交易型开放式指数基金、动力股票基金和暗池交易、更多的最低级投资级债券（即 BBB 债券）、杠杆借贷（相当于垃圾债券）、市场回购协议（回债券协议）市场（影子银行从商业银行接管的市场），欧洲各国、日本和印度数以100000 亿美元的传统银行不良贷款，以及阿根廷、土耳其等新兴市场经济体无法偿还的大量美元化的公司债券。如今，全球金融市场上高度脆弱的资产不胜枚举，这是仍在扩张、未受监管的影子银行体系和投机性资本市场带来的恶果。

但各国中央银行并没有去解决这些问题，而是继续奉行新自由主义的货币政策、对银行放松管制政策及金融利率政策，向全球经济注入更多的流动性过剩和低息（几乎免费的）贷款，为金融资产市场投机投资提供更多资金，制造更多的金融泡沫。而当这些泡沫破裂时，很可能会导致金融系统崩溃和比2008—2009年更严重的实体经济收缩。尽管全球负利率贷款总额已经超过170000亿美元，而且正在以惊人的速度增长，全球主要发达经济体（美国、欧洲各国、日本）的中央银行仍在争先恐后地进一步降低利率。

金融市场几十年来一直在进行重组，而在资本主义自然演化和新自由主义货币政策的推动下，这种重组正在加速。迄今为止，事实已经证明新自由主义政策无法遏制全球资本主义金融市场体系日益脆弱的趋势。事实上，它在许多方面加剧了未来10年发生重大金融不稳定事件可能性。中央银行作为一个为实体经济提供刺激和稳定性，及有效的监管银行系统，并使其避免长期和周期性的高风险行为的机构，现在已经无法发挥其应有的作用。

在技术和政治力量的持续推动下，未来10年的金融市场将面临更大的风险，更加不稳定。与此同时，与以往任何时候相比，奉行新自由主义政策的机构应对这种不稳定的能力更差了，也并没有做好准备。

# 产品市场

在可能破坏美国和全球资本主义经济稳定性并削弱新自由主义政策有效性的各种力量中，产品市场的变化是其中之一。现有的产品被取代，说明有新产品（以及包含在"产品"中的服务）被创造出来。问题是，这些新产品线所创造的就业机会将少于随着旧产品消失的就业机会。这在最近几十年社交媒体和科技设备的发展中，已经体现得很明显。谷歌、脸书和其他类似公司创造的工作岗位数量根本无法与之前的产品线相比。

此外，这些新兴技术公司的产品往往是在海外生产的。为生产 iPhone 系列产品，苹果公司聘用了 11.1 万名工人，但不是在美国。美国企业已在很大程度上将它们的"供应链"转移到了海外，这并不是什么秘密。鉴于新自由主义的税收政策鼓励这种将生产和就业转移到海外的行为，只要税收激励政策还在继续，这一趋势就会一直继续下去。新自由主义的自由贸易政策允许美国公司在海外生产的产品在无须支付关税（即贸易税）的情况下出口回美国，这一政策使情况进一步恶化。一流的科技公司在美国保留了新产品开发（即研发）和高级技术岗位，但即便如此，他们流行的做法也是用 H1-B、L-1/2 签证从国外子公司"引进"技术劳动力，来从事软件开发、商业分析和工程设计工作。美国每年从国外引进成千上万的技术工人，其中许多人在 3 年后会转换签证并留在美国。

如前所述，生产过程中的革命性变化往往与产品和产品线

本身的重大变化有关。未来 10 年新的、快速增长的产品线将
是智能（基于软件的）机器、智能建筑材料、自动驾驶交通设
备（汽车、卡车、火车，甚至飞机）、远程 3D 打印设备；无
论是独立的还是与无数其他产品相集成，各种各样的传感器和
监控产品设备数量都将激增。此外，用于运输、监控和观察维
护情况的无人机也将如此，用于军事用途的更不用说。在所谓
的"智能"家庭中，几乎所有的电器都能联网。还有嵌入式光
伏太阳能产品。办公大楼将不仅是集成有智能传感器的"智能"
建筑，而且还将提供临时办公空间：企业将短期租用办公空间
（"WeWork"①等公司已经引入了这种模式），甚至是按天或按小
时租用。同样，"共享"趋势将颠覆我们对公寓楼建设和使用的
观念，正如我们所知道的那样："WeLive"公司将以更便宜的价
格按天甚至"按小时"向拥挤、昂贵的城内租户出租设施。当
无人驾驶的公共交通工具没有客人乘坐时，司机将分担车辆租
金（"WeDrive"公司？），这是正在发展的技术。新型食品将充
斥市场，成本较高的食品将被取代，如出现肉类、奶制品的低
成本的人工"替代品"，甚至会出现合成蔬菜产品。几乎所有
加工过的天然食品都将采用分子工程技术。军事产品将继续向
数量更少、单位成本更高的武器转变，"无人"军事部署将由数
千英里以外的技术人员进行远程监控。各国对网络安全战的规

---

① WeWork：总部位于纽约的众创空间，在全球拥有很多共享办公
　　场所。——编者注

模和投资将达到与陆军、海军和空军等传统武装力量相当的程度。"太空部队"军事产品的发展趋势也是如此。

到下一个年代结束时，服务业也将发生类似的革命。教育服务将分阶段从"实体店"转向在线服务，预先打包的软件"教案"将通过普通的校内和个人设备（平板电脑和手机等）传送给学生。未来 10 年，除了拥有大量资产可供投资的投资者之外，银行服务将几乎全部是线上的，银行网点将成为富有投资者的专属服务机构。同样，正如现在已经开始试行的那样，医疗服务也将以更快的速度转移到网上。医疗设备将快速发展，推出很多新的产品线。餐饮和零售行业将越来越多地变成直接送货上门，而不再提供现场服务。当然，大型零售百货商店将在几十年后濒临消失，取而代之的是零工或无人机快递服务。

产品和产品线的变化以及新产品的引入，将以各种方式破坏经济稳定。变化的速度将加快，变化的范围将比预期的更广，尤其是在 2025 年之后。就像近几年由技术驱动的变革一样，产品驱动的变革摧毁的就业机会将比它创造的更多。此外，新增的就业岗位将分为两类：一是创造出数以万计的高技能分析型工作岗位的同时，数以百万计的简单决策工作岗位被摧毁；二是将出现更多的零工和个人服务合同服务岗位，但工资很低，几乎没有任何保险福利。

我们已经知道，新自由主义产业政策无法消化这些广泛的产品变化所造成的就业不足和失业。此外，新产品和新产品线的融资可能来自影子银行或者通过加密货币创造的融资渠道，因此更容易面临风险、违约和不稳定的情况。在许多新产品线出现的过程中，由中央银行和传统商业银行主导的新自由主义货币政策扮演的将是次要角色。在即将到来的产品革命的初期阶段结束后，许多早期进入市场的公司将在未来 10 年内破产，原因是经济中基于债务的过度流动性始终在寻找更有利可图的投资机会。此次破产潮或许是自 20 世纪 20 年代以来规模最大的一次。

然而，尽管新产品激增可能会给金融市场和新自由主义产业及货币政策造成严重的不稳定，但受影响最大的将是劳动力市场。此外我们要记得，自里根时期以来 40 年的新自由主义政策已经从根本上改变了的美国劳动力市场。

# 劳动力市场

新自由主义的批评者通常低估了新自由主义产业政策对劳动力市场的巨大影响，因此也低估了它们对工薪阶层的工作机会和收入以及对工会的巨大影响。但与过去 40 年的新自由主义政策相比，正在兴起的物质力量将对未来 10 年的劳动力市场造成更大的负面影响。

在里根时期，向非自愿兼职"临时"岗位的转变开始生根发芽；基础制造业的大部分工会工作岗位都被外包了，集体谈判的成果经历了长达 40 年的倒退；对交通和电信等关键行业的放松管制推动了竞争的加剧，迫使企业压低工资涨幅；固定收

益养老金计划被个人 401k 计划取代或干脆被取消；对最低工资
和加班工资的调整也止步不前。

在老布什和克林顿执政时期，自由贸易造成数以百万计的
工作岗位加速向海外转移；允许从养老金中提取资金，以支付
不断上涨的医疗保健费用中应由企业承担的份额，导致养老金
资金不足的情况进一步加剧；数十万外国技术工人通过 H1-B
和 L-1/2 签证合法进入美国工作；国家劳动关系委员会的规定
使得组建新工会变得更加困难，而去工会化变得更加容易；低
薪服务岗位开始大量出现；随着兼职人员行列中临时用工和个
人服务合同人员的加入，临时性工作的数量也增加了；到 20 世
纪 90 年代末，对华贸易的开放导致美国企业供应链向中国转
移，造成美国国内就业机会进一步流失。

在小布什任内，上述所有劳动力市场的变化都在加速：更
多的养老金计划崩溃了；更多的制造业被转移到了海外；工会
成员进一步减少，让步谈判导致过去取得的成果进一步流失；
持 H1-B 签证的外国技术工人就业岗位增加；更多的自由贸易
协议导致更多相关工作岗位流失，最低工资和加班费停滞不前；
此时，越来越多的医疗保健服务成本被从雇主转移到了工人身上。

在奥巴马执政期间，这些趋势几乎没有发生任何改变。政
府象征性地调整了最低工资标准，签订了更多的自由贸易协议，
并延长了小布什时期鼓励外包的税收政策。由于新自由主义的
低利率政策和 2008—2009 年金融危机造成的损失，养老金资
金不足的问题不仅继续存在，缺口甚至更大了。工会成员人数

继续下降，让步谈判越来越多。奥巴马签署了更多的自由贸易协议，就业岗位加速向中国转移。更重要的是，在《平价医疗法案》这一标志性的新举措中，引入了新的医疗服务私有化计划。

但从里根到特朗普，新自由主义政策对劳动力市场的所有重大影响，与未来 10 年美国劳动力市场即将发生的深刻变化相比，都将相形见绌。

在过去 10 年里，由新技术驱动的商业模式引发了深层动荡。所谓的"亚马逊效应"和"优步效应"已经开始对就业、工资、福利、工会化等产生负面影响。亚马逊的商业模式摧毁了无数中小零售企业和它们的工作岗位。在亚马逊下一阶段的发展中，仓库员工的工作岗位将急剧减少，因为亚马逊已经在试点用人工智能机器人、自动化流程和送货无人机取代人工的计划。优步效应（零工效应）不仅压缩了工资，消灭了福利，还将资本成本转移到了劳动者身上。几乎在美国所有地方，被称为个体合约人的优步司机和所有零工工人，如今都被法律禁止加入或组建工会（迄今为止只有加利福尼亚州例外，该州刚刚出台了新的劳动法）。零工工人也没有得到好处。随着零工的出现，之前所谓的"临时"用工市场革命进入了一个新阶段，变得几乎没有"临时"性。在零工经济中，司机们每天、甚至每分钟都在为一定区域内的客户而相互竞争，从而压低了每个司机的收入。这些从前的工人成为参与激烈竞争的独立的企业家，承担着自己的固定资本（汽车）和营运资本（汽油等）。过低的工资，使他们不得不工作更长时间来维持自己在当地市场的份额，因为越来越多的人在注册成为优步司机或者说是成为"零工企业"。

在未来 10 年，不仅亚马逊和优步的影响将持续蔓延和深化，人工智能的影响也将更深刻地改变劳动力市场。如我们在本章第一节（科技）中谈到过的那样，人工智能对劳动力市场的影响在于，它将淘汰整个行业，从而摧毁行业中所有工作岗位。据麦肯锡咨询公司最近的一项调查估计，有至少 30% 的美国劳动力将受到人工智能的影响，他们要么完全失业，要么工作时间被严重减少。所有行业中的所有简单工作，只要是雇员仅需做出简单决策的，都会不同程度受到人工智能的影响。事实上，涉及复杂决策的职业可能会增加，但其岗位增长数量将远远小于劳动力的 30%。考虑到美国目前超过 1.6 亿的劳动力总数，在接下来的 10 年里将有超过 5000 万工人下岗，他们将加入目前已经超过 5000 万的兼职、临时和独立合约人（未公司化）"临时"工的行列中。到 20 世纪 20 年代结束时，美国劳动力市场将出现"两极分化"：一方面，10%~15% 的劳动力将获得高技能、高收入、高福利的工作；另一方面，三分之二或更多的人将从事操控人工智能类机器、零工类的工作，这些都是低薪、福利很少且没有保障的工作。

在制造业，"人工智能效应"意味着机器和设备维护工作减少，因为基于软件的自我学习机器可以自我维修；随着人工智能机器学会自己开发新产品，产品研发工作岗位也将越来越少。像零售和批发这样的行业将受到特别严重的冲击，因为它们的岗位主要是简单决策，未来都将被人工智能取代。

亚马逊效应和人工智能的综合影响，加上新的传感器技术，意味着自动驾驶交通工具的出现，如汽车、卡车、公共交通工具和飞机。如此一来，超过 100 万卡车司机将面临失业风险。随着越来越多的城市居民乘坐自动驾驶的公共交通工具，汽车制造业可能会衰落，这将进一步减少汽车组装类工作岗位。各类服务工作都将消失，包括银行出纳、票务代理、房地产代理、食品店店员、收银员、客户服务代表、直销人员、汽车销售代表；还有企业专业支持岗位的员工，如会计、人力资源代表、营销助理和经理等。其他职业，如公立学校甚至大学教师也会让位给教室里配备了软硬件的监控器。医疗技术人员将被处理测试结果速度比人类更快的智能机器所取代。

由于更多的工人以个人身份竞争工作岗位，雇主的议价能力相对增加，这意味着工人拿到的工资会更低。保险福利将继续私有化，这对工人个人来说成本变得更高。生产成本将更多地由工人分担，尤其是在零工服务行业。商业建筑（如办公室、酒店、工厂等）项目将减少，但更多的公寓和临时"商业公寓"（"共享"革命）项目将增加，因此对建筑业就业的净影响较小。甚至快餐业的工作性质也将发生变化，快餐业将从现在的关注现场生产和服务成本削减，转向更多地向消费者直接送货。随着复杂决策工作岗位的增加和简单决策工作岗位的消失，专业工作（即那些独立且经常涉及创造性内容开发和交付的工作）将逐渐"去专业化"。更多的专业服务岗位将被转移到海外。

## 物质力量与新自由主义政策

上文提到的 6 种物质力量，代表着 21 世纪的资本主义自然重组正在发展和显现。尽管新自由主义政策可能促进了它们的发展和传播速度，但因为它们并不是新自由主义政策的产物，所以它们是"自然的"。然而，更有可能的情况是，新自由主义政策将随着时间推移与这些力量发生冲突。随着新自由主义政策与新物质力量之间的矛盾越来越大，它最终必须屈服于这些资本主义不可避免的自然变化。

例如，新自由主义产业政策促进了资本和工作岗位向成本较低的国外地区转移，导致国内工作岗位减少，压制了剩余工作岗位的工资增长。新自由主义产业政策还促进了"临时"就业发展，这再次降低了工人的工资收益和福利成本，总体上造成了更多的就业不足。越来越多的"临时"、兼职和短期性质的低收入服务类工作岗位取代了高收入的工作岗位。企业利润和资本收入上升，工资收入停滞或下降，加剧了收入不平等。新自由主义财政政策给予企业和投资者越来越多的减税，使得投资者和富裕家庭能够更多地留住不断增长的资本收入，国家税收总体上转移到了工薪阶层身上。新自由主义货币政策提供的低利率推高了股票和其他金融资产的价格，进而推高了富裕家庭和投资者的资本收入。这些都进一步加剧了收入不平等。

但是，在成为资本主义自身发展的主要矛盾之前，收入不平等能在新自由主义产业政策、财政政策和货币政策的推动下发展到什么程度呢？无论是新自由主义的财政政策还是货币政策，它们产生的实际投资和高薪工作都无法再与之前相比。与过去相比，现在为企业减税创造工作岗位的有效性越来越低。降息的货币政策所产生的借贷，主要流向了股票和其他金融资产，或者被用于并购或境外投资。只有创造了大部分低薪和临时性就业岗位的服务型经济有所扩张。

新自由主义的财政政策和货币政策在刺激实体经济增长和创造体面就业机会方面正变得越来越无效，反而愈加暴露了其作为补贴企业利润和资本收入政策引擎的本来面目。在这样的情况下，当在人工智能和其他技术的革命性影响下，工作岗位和工人收入进一步急剧下降时，新自由主义的货币政策将如何应对呢？数以千万计的工作岗位要么被淘汰，要么工作时间被大幅减少。由于数以百万计的人几乎没有连续的就业机会，甚至完全没有就业机会，收入不平等的矛盾将越来越明显。除了"人工智能效应"，"优步效应"和"亚马逊效应"也将使就业和收入不平等问题进一步恶化。

新技术、生产流程和分销渠道的改变以及新生产线的出现，都将造成更大的就业危机，而解决这些危机的方案都与新自由主义政策相矛盾和对立。新自由主义的产业政策和财政政策无法承受保障年度收入、大规模基础设施、绿色新政、全民医保、重新工会化、最低生活工资等项目的支出。对投资者和企业增税来为这些项目筹款，或把战争和国防支出转移到这些项目上来，也是新自由主义政策无法接受的。因为这些都背离了新自由主义的本质。即使不转移战争支出、不恢复税负的公平性，新自由主义财政政策迄今造成的年度赤字和债务也将成为新自由主义政策发生根本性转变的阻碍。新自由主义将资本主义经济推到了绝境，即使新自由主义政策被取代，随之而来的新政策也将举步维艰。

新自由主义货币政策也进入了死胡同，维持低利率的政策已经无法进一步刺激经济增长。和减税一样，减息对刺激投资的作用越来越小，因此对增加就业和工资收入的作用也越来越小。利率政策反而成了股票和其他金融市场的奴仆。美国和全球利率已逐步稳定在接近零或低于零（负）的水平。新兴的物质力量正在加速金融市场的进一步重组和货币本身性质的改变，在新自由主义的黄昏下，降息和货币政策仅存的微弱影响也将被荡涤一空。新自由主义的利率政策几乎已经到了"极限"。美联储和各国中央银行将不得不开发新的货币工具，在下一次金融危机中为银行和投资者纾困。而新的物质力量以金融结构和数字货币的形式出现，使这一任务变得更加困难。

简而言之，21世纪资本主义和新自由主义末期的一个关键特征，是财政政策和货币政策稳定资本主义经济及其商业周期的功能越来越弱，并且自2008—2009年金融危机以来，它们在政府控制下，愈加成为为资本收入提供补贴的工具。这些政策为投资者和企业提供了数万亿美元的减税，为金融资产市场投资提供了巨大的流动性。自2010年以来，美国企业以股票回购和股息支付的形式向股东分配了数万亿美元，平均每年超过10000亿美元。个人所得税减免也达到数万亿美元。它们共同造成了美国 230000 亿美元的国家债务负担，预计到 2028 年这一数据将进一步增加到 340000 亿美元。与此同时，长期的低利率使美国企业自己每年主动增加 10000 亿美元的债务，其中大部分也分配给了股东。长期的低利率也使美元汇率保持在低位，从而可以让美国企业在将海外赚取的利润汇回美国时最大化。低利率和低价美元也有利于美国的出口企业。

但现在，减税和战争国防支出造成了巨额的赤字和债务，用于在未来开展必需的基础设施和其他社会投资项目的财政支出现在就已经被用掉了。与此同时，货币政策已将利率降到如此之低，唯一的出路就是进入负利率区间。因此，新自由主义的财政政策和货币政策已经走进了死胡同，而此时新兴的物质力量将要求财政政策和货币政策恢复其传统角色，以创造真正的投资和就业机会，来吸纳即将出现的数以千万计的就业不足和失业人口。

金融市场力量在 20 世纪 20 年代需要更加积极和明确的货币政策，但在利率已经接近于零的情况下，这是不可能的。劳动力市场和产品市场的力量需要更积极的政府支出和消费者减税，以促进实体投资和就业，但这在很大程度上会受到巨额赤字和债务的阻碍。产业政策必须找到解决工资停滞和收入不平等的办法，否则数千万人将被社会抛下，陷入新形势下的非自愿契约和二等就业公民的境地。

最重要的是，资本主义全球经济动荡正在日益加深，这意味着新自由主义"外部"政策的有效性也在变弱。全球经济放缓和全球贸易收缩已经加剧了经济体之间的贸易冲突，而当前最严重的就是中美贸易战。特朗普通过加征关税、贸易制裁、口头威胁等方式攻击对手和盟友，并绕过世界贸易机构，试图重组全球贸易关系的做法失败了。这也使得其他经济体开始努力摆脱美国主导的全球经济机构，如国际货币基金组织、SWIFT 国际支付系统，他们甚至开始寻求替代品来取代美元在世界贸易和储备货币中的地位。数字货币的出现可能会加速美元主导地位的衰落。贸易战可能会导致货币战争和货币竞争性贬值。如果不加以控制，"双赤字"这一极为重要的新自由主义安排（即美国通过贸易赤字和从国外回收美元来为不断上升的预算赤字提供资金）可能会沦为牺牲品。

美国的新自由主义政策越来越难以控制其日益增长的内部矛盾，而与此同时，新兴的物质力量越来越强大，其对美国和全球经济的影响也越来越显著。在这个时间点上，如果新自由主义政策尚且无法解决或压制自身矛盾，新自由主义政策又怎么来得及去应对新技术、生产工艺和分销渠道革命等新力量以及金融市场、产品市场和劳动力市场快速变化带来的可怕后果呢？

这种不利的情况充分表明，新自由主义政策不仅如我们已知的那样无法解决自身的内部矛盾，它在遏制即将从根本上改变 21 世纪资本主义的新兴物质力量方面，更加无能为力。接下来出现的政策组合很可能不会是新自由主义的。为解决这些问题，21 世纪 20 年代需要发展出旨在解决这些问题的新环境和新政策。相比新自由主义，新的政策组合对于大多数人来说是好是坏，还有待观察。

## 第十章

新自由主义是如何摧毁美国民主的

新自由主义政策自 20 世纪 80 年代以来的演变过程与美国民主的衰落有着密切关系。

在此期间，民主的规范、实践、权利和公民自由，甚至政府机构都在萎缩。此外，近几十年来，新自由主义在执行其政策目标方面变得更加激进，无论是在国内还是国外，这一趋势都愈演愈烈，而美国民主的萎缩也在随之加速。在特朗普执政时期，对民主的攻击在性质上又上升到了一个新阶段。

20 世纪 80 年代，新自由主义一开始的发展势头十分强劲，但到了 80 年代末，就进入了巩固阶段。此时，美国、日本和北欧各国日益严重的金融不稳定性延缓了新自由主义的发展，但并没有造成停滞。美国住房抵押贷款和垃圾债券市场在 20 世纪 80 年代末引发的金融危机以及 1990—1991 年的美国经济衰退，减缓了美国这一主要资本主义经济体的发展势头。与此同时，日本和北欧各国发生了更为严重的金融紧缩，这进一步减缓了新自由主义的发展和新自由主义政策在这些资本主义经济体中的渗透。不过在 20 世纪 80 年代末，新自由主义政策并没有陷入危机。在贸易和放松管制方面，新自由主义政策中的重要倡议，即更大力度地对企业和投资者减税和增加国防支出，还尚未提出。造成新自由主义不得不自我巩固的力量（经济衰退和金融不稳定）最终在 20 世纪 90 年代得到了遏制。

# 新自由主义政党转型和选举的衰落

20 世纪 90 年代之前，在无须对美国政治体制进行重大改革的情况下，新自由主义在里根总统当政期间取得了初步成功，并在老布什的领导下得到了巩固。但情况很快就发生了变化。

20 世纪 90 年代上半叶，美国两大资本主义政党（共和党和民主党）进行了政治改革，美国的新自由主义政策在这 10 年里再次实现了扩张。这期间，在政治发展方面发生了两个标志性事件：第一，在美国后来被称为"红色州"①的地方，激进的右翼草根共和党分子因为一项夺取美国众议院的战略团结在了一起；第二，民主党同时发生了变化，该党的企业派占据了上风，控制了该党的领导层和政策方向，从而使该党在 1992 年之后转向支持新自由主义政策。

共和党方面，新兴的激进右翼分子控制了众议院，开始更积极地推动新自由主义政策，并对任何破坏里根时代新自由主义政策成果的企图进行阻击。民主党方面，以"民主党领导委员会"为中心的亲企业、亲新自由主义派掌握了该党的领导权和政策控制权。1992 年，克林顿成为他们的政治代言人和总统候选人。

在 20 世纪 80 年代里根当政时期，共和党就已经完成了向

---

① 红色州与蓝色州是指美国近年来选举得票数分布的倾向，表示的是共和党和民主党在各州的势力：红色代表美国共和党，蓝色代表美国民主党。——编者注

新自由主义的基本转变。实际上，早在 20 世纪 70 年代末，当企业力量对商业委员会、新的商业圆桌会议和重新焕发活力的美国商会进行重组，并获得了对共和党的战略、立法和候选人选择更直接的影响和控制力时，这种转变就已经开始了。换句话说，早在 1977—1978 年，为摆脱 20 世纪 70 年代的经济停滞，人们就已经为转向新自由主义政策组合做好了准备。

民主党直到 1988 年在全国大选中惨败后才开始拥抱新自由主义。在那之后，以民主党领导委员会为中心的投资者和企业派开始与党内代表大众的工会、少数民族利益集团、20 世纪 70 年代麦戈文联盟的残余势力等力量形成对立。民主党领导委员会推出的候选人是克林顿，随着 1992 年克林顿的胜利，民主党领导委员会也获得了胜利，之后更进一步巩固了其在民主党内部的地位和控制权。成为民主党实际领导层的民主党领导委员会一派与共和党右翼一起控制了美国众议院，共同推进新自由主义政策议程。

在当时的众议员纽特·金里奇（Newt Gingrich）的领导下，控制众议院的新保守派右翼采取了一种策略，即通过阻止众议院或参议院任何非亲新自由主义性质的立法，来制造一个"功能失调"的国会。金里奇最终在 1994 年公开承认，通过制造立法僵局使政府功能失调（他的原话）一直是他的战略目标。只有像《北美自由贸易协定》和取消福利计划之类的新自由主义政策才被允许进入美国众议院的立法投票阶段。与此同时，当时仍受民主党控制的参议院的提案和项目计划，如果与新自由主义相悖，就会遭到众议院的审查和否决。右翼人士抓住了政策议程的主动权，使其更加激进地实现新自由主义化，而民主党领导委员会的民主党人则紧随其后，同意新自由主义的提案，以换取民主党领导委员会想要的象征性让步。

　　这种合作导致了大量的新自由主义政策出台。促进国民健康保险的立法或人们渴望冷战结束后获得"和平红利"的愿望（即国防支出转移到社会支出）都遭到了强烈反对和否决，而新自由主义税收和国防政策被允许继续执行。在当时控制着民主党的克林顿与其领导委员会势力的帮助下，诸多自由贸易条约得以通过，其中最著名的是《北美自由贸易协定》。在废除福利立法方面，金里奇、克林顿和民主党领导委员会再次进行了政治联手。为了"平衡预算"，社会支出计划融资被削减。1994 年后，所谓的健康维护组织（HMO）取代了国家健康保险计划，这一组织鼓励美国公立医院系统彻底私有化，并加速了私营营利性连锁医院的集中化。健康保险公司实际上不受反托拉斯审查和规则的限制，并被允许通过合并和收购进行集中。在 20 世纪 90 年代剩余的几年里，这导致了医疗服务价格上升；固定收益养老金的私有化进程也加快了，最终被个人 401k 计划所取代；将医疗保健费用转移到员工身上的做法也得到了推动，因为相关规定允许公司从退休基金中提取 20% 的资金，用以支付应由雇主承担的不断上涨的员工医疗保健费用。（工人们不得不自掏腰包支付自己的份额，现在这一比例还在上升。）在 20世纪 90 年代后期，克林顿和民主党领导委员会引入了对企业和投资者减税的新自由主义立法，并加速放松了对金融机构和金融市场的管制。

其他传统的新自由主义政策举措也有所增加。1994年之后，转移到海外的工作岗位和发放给外国工人的赴美工作签证每年增加数十万个。为保持低利率，并拯救那些20世纪末因在外汇市场过度投机（即1997年亚洲金融危机）而遭受亏损的银行，美联储向银行注入了数万亿美元。

不仅如此，在贸易方面，新自由主义的外部政策明显加大了力度：不仅墨西哥在20世纪90年代初加入了《北美自由贸易协定》，并且在90年代末，随着新自由主义贸易政策的出台，世界贸易组织（WTO）正式取代关贸总协定临时机构，还开放了对中国商品的进口。中国的贸易政策进一步加速了美国制造业向中国的转移，美国企业对中国的外国直接投资增长速度同样在加快。自2000年以来，《北美自由贸易协定》和对中国的新自由主义贸易政策让美国产生了更大的贸易逆差，从而大幅提高了回流到美国的（贸易逆差）美元的规模。2000年后美国年度预算赤字不断增长，需要这些回流的美元。"双赤字"政策，即利用不断增长的贸易赤字来为美国更高的预算赤字提供资金，这使得新自由主义在对企业和投资者大规模减税的同时有能力进一步加速战争支出。

关键是，如果没有20世纪90年代初的政治改革，即在国会中支持新自由主义的金里奇等激进右翼分子没能控制众议院，亲企业的领导委员会没有执掌民主党，那么新自由主义政策在

20 世纪 90 年代就不可能再次兴起。

鉴于两党在 20 世纪 80 年代的构成情况和党内阵营，两党之间相对均衡的影响力以及在这一时期发生的交易和妥协，新自由主义政策不可能在 20 世纪 90 年代实现复苏和扩张。因此，20 世纪 90 年代资本主义政党体系的根本变化和重组是新自由主义政策复兴的必要条件。更重要的是，这些改革和政党重组在性质上毫无疑问是反民主的。

从最根本上讲，民主意味着政策应公平、公正，并尽可能平等地反映全体公民的意愿和利益。当政策惠及的人口占总人口的比例越来越小，即最富有的 10% 或 1% 甚至更少时，这些政策显然是"不民主"的。它们只关照了少数寡头及其代表，并没有使占人口绝大多数的"民众"受益。所以谈到民主，权力越来越集中在两党中的右翼手中，政策越来越有利于公司和投资者阶层，而其人口中其他部分，即希腊民主理论中所谓的"民众"的利益，随着时间推移受到了负面影响。

在美国两党出现政治转变（民主精神减少，使更多富有的寡头受益）的同时，其他反民主的新自由主义政治变化也在这样的背景下成熟起来。其中包括通过选举程序弱化民主实践，增强金钱在政治中的影响力等。

在动荡的 20 世纪 70 年代，美国出现了各种各样的民主民众运动，这些运动影响了政府的政策和政治成果，例如那些关于环境和妇女、非洲裔美国人、墨西哥裔美国人以及美国原住民的权利的运动。在这 10 年中，工会运动取得巨大进步：制造业、运输业和建筑业的罢工浪潮为新的集体谈判协议争取到了超过 25% 利益。在公务人员、医务人员和农业工作人员中，工会组织和成员数量迅速增加。这刺激了商业部门开始着手对这些运动进行遏制和反击。最早号召对这些运动进行反击的文件，现在已臭名昭著，比如《鲍威尔备忘录》（*Powell Memorandum*）。这份备忘录写于 20 世纪 70 年代初，旨在呼吁企业界和保守势力采取行动，制定新的、更积极的战略和政策，对国内的社会运动、工会和外国挑战者进行打压。20 世纪 70 年代中后期，企业组织进行了自我重组，开始更加直接地谋求对政治机构和政策的更大控制力，通过阻挠工会会员数量增长、破坏活动组织和罢工活动、减少其经济收益等手段来打击工会。与此同时，妇女平权等社会运动在 20 世纪 70 年代末受到了打压，环境运动[1] 也是如此。

新自由主义在 20 世纪 80 年代对这些民主运动的打压反映了美国民主的衰落。随着新自由主义政策越来越关注雇主、投资者和占人口 1% 的富人的利益集中，"大众"越来越"靠边站"了。

## 竞选财务改革的倒退

不过，新自由主义造成了民主倒退，还有一个更直接的例

---

[1] 环境运动是一个跨科学的、社会性的、针对环境问题的政治运动。——编者注

子，那就是它对诞生于 20 世纪 70 年代的竞选资金改革运动的打压，以及对不断壮大的职业说客团体进行限制的努力。

限制企业和有钱的商业寡头的政治支出一直是竞选资金改革的基本特征之一。竞选捐款只是众多用金钱扩大利益集团政治影响力的"渠道"之一。

竞选资金改革肇始于 20 世纪 70 年代。但它一出现，就遭到了攻击，并在一步步打压下，到 2010 年被美国最高法院宣判"死刑"。这一判决是"联合公民裁定"以及随后的法院支持性裁决，它援引了最高法院之前的裁决——公司也是"人"，因此有言论自由的权利。现在，它被进一步扩展，在竞选活动和候选人上的支出也是一种"言论自由"。因为言论自由没有限制，所以公司的政治支出也没有限制。随后联邦和最高法院判例进一步阐释了"联合公民裁定"，为企业的竞选、游说和其他政治支出打开了闸门。

过去 10 年，法院的裁决几乎取消了 2010 年之前联邦法律规定中所有对企业政治支出的限制。从里根时代到现在，整个新自由主义时期，哪怕是很温和的竞选资金规定也被最高法院的判决推翻了，这都是有案可稽的。如今，由于美国最高法院宣布竞选经费适用美国宪法第一修正案关于"言论自由"的条款，对竞选资金的限制实际上已不复存在。最高法院在 19 世纪末确定了公司等同于"个人"（必须赋予它们通过支出资金获得言论自由的权利）。因此，宪法规定的"实际的人"拥有的所有权利，公司都合法拥有。

# 选民压制

选民压制是美国民主选举衰落的另一个方面。近年来，选民压制已至少成为美国 12 个州的主要问题，其中许多是在全国选举中的摇摆州（乔治亚州、佛罗里达州、俄亥俄州、北达科他州、得克萨斯州等）。近年来，为纠正选民压制的立法努力也收效甚微。

就像为了政党利益重新划分选区一样，选民压制也相对集中在美国南部的红色州。这是共和党激进右翼战略的重要组成部分，即在拥护他们的选民数量更多的红色州保持主导地位，并通过这种主导地位，获得其对国家政府机构超凡的影响力。

共和党能够控制美国参议院（并通过它对联邦司法机构的任命，对包括最高法院的任命产生了更大的影响），在美国众议院长期保持多数席位，选举人团在总统选举中具有影响力优势，这些都是基于激进右翼的红色州战略。共和党内部对这种战略也愈加依赖，尤其是在特朗普执政期间。

在 2000 年之后，压制红色州的选票以确保共和党对这些州的控制（从而控制参议院、众议院、选举人团及总统选举）的做法变得越来越普遍。

在佛罗里达州、肯塔基州和艾奥瓦州，被判重罪的公民，即使在服刑完毕，全部公民权利被恢复后，也没有投票权。2016 年，仅在佛罗里达州就有超过 150 万名潜在选民被剥夺了投票这一民主权利。这些人大部分是非洲裔美国人，这使得佛罗里达州的选民压制相当于是一种对《黑人隔离法》(*Jim Crow Light*)的回归。

在最近的选举中，在计算缺席选票上的欺诈已经成为北卡罗来纳州和其他美国南方州的一个问题。2012年之后，在北卡罗来纳州，允许选民在网上发布缺席投票申请，然后允许个人收集选票并亲手交给选举官员，这样做严格按法律来讲也是一项重罪。2016年，激进而保守的右翼共和党人尽管只赢得了50%的普选票，但他们在州议会中占据了77%的席位。奇怪的结果之一是，尽管共和党人仅占合格选民的19%，但通过操纵缺席选票，共和党人马克·哈里斯(Mark Harris)以61%的优势赢得了该选区。北卡罗来纳州也是严重违反《选民身份法》的州之一。

在乔治亚州，通过在最后一刻搬迁或关闭投票站，再次影响了非裔美国人的投票率，这是选民压制的另一个方面。这种压制不仅发生在乔治亚州，在红色州已经变得很普遍。清洗选民投票（2012年之后，仅乔治亚州就有140万选民），即使法院判决要求恢复被清洗选民的身份，各州仍拒绝这样做；在选举前暂停新的选民登记，使用几十年前的触摸屏投票机（使用容易被黑客入侵的软件）却不留下书面记录，这些都已成为红色州的普遍做法。据报道，美国有超过1万个选区仍在使用基于过时、容易被黑客攻击的旧版视窗操作系统的机器来统计选民投票数量。密苏里州和艾奥瓦州等州采用了要求选民必须提供身份证件的做法，而其他州则要求选民每3年向该州邮寄书面表格，"选择"成为合格选民。

2013 年，美国最高法院对谢尔比诉霍尔德案（Shelby v. Holder）的裁决，取消了联邦法院对许多此类州一级违规行为的监管。2018 年 6 月，最高法院裁定俄亥俄州的选民清洗制度符合宪法。

令人奇怪的是民主党为什么没有援引美国宪法中的相关规定来遏制共和党的红色州主导战略。根据该规定，随着美国人口的增长，国会需要定期分配更多的众议院席位。换句话说，民主党可以按照人口增长比例，为沿海的蓝色州设置更多席位，作为对共和党红色州战略的反击。美国国会上一次因人口增长而增加众议院席位还是在 1913 年。一个多世纪后的现在，美国人口增加了 2 亿多，在目前 435 名众议院成员的基础上，早就应该增加新席位了。

## 地区歧视

不公正划分选区的现象在美国由来已久。但从 20 世纪 90 年代开始，随着新自由主义的深化，这个问题变得越来越严重。不公正划分选区是指在州议会中占主导地位的政党为最大限度地增加该党在国会和州议会中的代表人数，操纵选区边界的做法。控制州立法机关的政党可以"重新划分选区"，通过重新划定选区边界，来使对手政党获得席位的机会最小化，同时使自己的机会最大化。

几十年来，共和党右翼一直将这种做法作为其红色州战略的组成部分，核心目标是控制足够数量的小型红色州（大部分在南方和中西部地区）的立法机构，然后通过重新划分选区，不仅巩固了其对州议会的控制，还控制了各州国会议员的数量。

自 2001 年以来，不公正选区划分一直是乔治亚州、北卡罗来纳州、佛罗里达州、得克萨斯州、阿肯色州、路易斯安那州、肯塔基州、田纳西州、南卡罗来纳州、西弗吉尼亚州、亚利桑那州的主要问题。2010 年，共和党人获得了威斯康星州、密歇根州和宾夕法尼亚州的州长职位并控制了其立法机构后，这 3 个州也出现了不公正选区划分的问题。

奥巴马在 2010 年中期选举中的惨败，使得过去 10 年里不公正划分选区的现象快速发展。他的经济复苏计划没有如预期般创造就业机会，解决工薪阶层的住房、退休和收入增长问题，却有效地拯救了银行和高收入人群，这导致共和党掌握了 720 个席位和 20 个州的立法机构。由此，共和党在 2010 年控制了大多数州的选区重划权（不公正划分选区），然后他们利用这些选区保证了其在美国众议院的多数席位。在 2018 年美国众议院的中期选举中，共和党因操控选区而获得了优势席位，民主党只通过郊区选区拿下了有限的席位。

21 世纪前 10 年的不公正选区划分也比过去几十年的不公正划分选区效率高得多。二者的不同之处在于，技术进步使得"分裂"（即将对手的选民划分为多个选区）和"集结"（将己方支持者集中到一个选区以确保获胜）比过去要容易得多。技术使得绘制精确而详细的"选民地图"成为可能。"选民地图"能够显示一个政党的选民分布和集中的地方，也能够显示可以如何将另一个政党的选民分开和分配到另一个选区。但使得问题更加恶化的是民主党票仓蓝色州的立法机构，比如加利福尼亚州，将划分选区的决定权从民选政治家手中转移到了一个独立委员会手中。而与此同时，共和党保守派主导的州却在相反的方向越走越远。2010 年之前，一些州立法机构的民主党人也会与共和党人串通，以保证自己的个人席位。作为交换，他们会默许共和党人在其他地方不公正地划分选区。但民主党直到2012 年之后才意识到自己在如此广阔的范围内受到了威胁。今天，共和党通过州长职位和立法机构牢牢控制了 22 个州。

近年来，民主党试图在法庭上挑战不公正划分选区的行为，但都以彻底失败而告终。2019 年 6 月，美国最高法院受理了民主党向联邦法院起诉共和党在密歇根州和北卡罗来纳州不公正划分选区的案件。在鲁卓诉共同事业案（Rucho v. Common Cause）和拉蒙尼诉本赛斯克（Lamone v. Bensisek）两起案件中，经 5 : 4 法官多数票裁定，最高法院无权干涉各州不公正划分选区的行为。大法官埃琳娜·卡根（Elena Kagan）持反对意见，称"在这些案件中受到起诉的做法正在危及我们的政治体系"。首席大法官罗伯茨（Roberts）持相反意见，他认为最高法院的大法官没有能力去判定不公正划分选区的党派政治在何时破坏了民主。诚然，最高法院有能力并确实会对晦涩难懂的技术和科学问题做出裁决，但当某些政治活动破坏了选举制度时，它却拒绝做出裁决！

简而言之，按照民主政体，不公正划分选区使得当权的党派在获得的选票远低于半数的情况下，依然能够获得多数席位。他们可以借助"操纵选民地图"的方式来夺取政治权力，而不是让选民相信他们的计划和提案比对手的更好，从而使他们能够使各种各样的新自由主义立法得以通过。

因此，"一人一票"的民主与不公正划分选区对立了起来。在不公正划分选区方面，美国已经进入了"蛮荒西部"时期，并且美国最高法院也为这种做法大开绿灯。

## 最高法院

如果说1994年是激进右派对政府正式机构发起攻击的开始，那么2000年的全国大选则是美国民主衰落的新起点。在那次选举中，主要问题是总统大选的关键摇摆州佛罗里达州误算和销毁选票事件。投票站的不正当行为及其他不正当行为遍及整个州，成千上万的潜在选民被剥夺了投票的权利。但这场危机的中心是该州最南端的两个选区，那里的居民和投票人中少数族裔占了很大比例。简而言之，对选票的重新计算开始了。尽管全州都存在问题，民主党领导人同意只在这两个县重新计票，但共和党人和保守派右翼支持者仍向法院请愿，要求停止重新计票。这一案件一路由法院系统向上传递，被美国最高法院受理后，裁定停止重新计票。最终以5票赞成、4票反对的结果通过停止计票的要求，理由是重新计票侵犯了小布什的权利。数百万佛罗里达州选民的权利被忘记了，他们的选票本应得到准确地重新计票。停止计票使小布什赢得了佛罗里达州，也使得他在仅获得了 271 张选举人票的情况下胜出，只比获胜所需的最低票 270 张多了一张。

因此，尽管美国宪法没有赋予最高法院这样的权力，但2000 年的总统选举结果实际上是由最高法院决定的。它在重新计票问题上，否决了那些可以被视为选了另一位总统的人，所以它"选择"了谁可以成为总统。最高法院这样做，实际上是否定了人民主权原则。9 名被任命为终身法官的大法官阻止了民主权利的充分行使，这显然是"违宪的"。根据宪法，总统大选的结果本应由选举产生的众议院决定，但被 9 名非选举产生的法官所做的决定取代了。

事实上，与政治精英、教育系统和媒体仍在传播的谬论相反，美国宪法中对最高法院只字未提。美国宪法以及 1787 年的制宪会议并没有设立最高法院的规定，更没有任何法院在权力上与总统和国会"平等"的规定。制宪会议上的辩论明确反对将终身大法官与其他政府部门同等对待。1787 年的制宪会议只是要求国会在宪法批准后，通过立法建立一个司法机构。国会在选举产生后，才建立一个司法部门，这意味着在国会中由选举产生的代表具有高于大法官的权力，因为创建司法部门依据的是国会自由裁量权。

认为最高法院作为司法机构，可以通过宣布国会法律"违宪"来推翻这些法律的想法，与制宪会议的本来目的相去甚远。19 世纪早期，最高法院在一项臭名昭著的裁决——马布里诉麦迪逊案（Marbury v. Madison）中，篡夺了宣布法律违宪的权力。这一决定是由当时的最高法院新任首席大法官约翰·马歇尔（John Marshall）做出的。马歇尔的政治导师是约翰·亚当斯（John Adams）总统。亚当斯是联邦党的领袖，而联邦党是商业资本主义利益集团的政党工具，该党在 18 世纪 90 年代控制了美国政府。马歇尔本人是一名狂热的联邦党人，曾是亚当斯总统的国务卿。1800 年，因为托马斯·杰斐逊（Thomas Jefferson）所在党派领导的草根革命，亚当斯在总统竞选中失败，在卸任总统职务前，他于 1801 年 1 月任命马歇尔出任最高法院大法官。马歇尔的任务是遏制杰斐逊和刚刚占领国会的杰斐逊主义草根革命。除了任命马歇尔为最高法院法官外，亚当斯和联邦党人还新设了 16 名巡回法院法官。当杰斐逊就任总统时，他曾说过："联邦党人已经退居司法界，那里成为他们的一个要塞。这个要塞里发出的炮击炮，将打倒和炸平共和主义的所有成果。"最高法院否决由民选代表通过的民众立法的想法源于 1801 年的"司法反革命"（judicial counter revolution）。它的主要目的是阻挠自下而上的民众立法，保护商业阶层在 18 世纪 90 年代积累起来的利益和财富。马歇尔担任最高法院首席大法官时，一贯主张扩大执法者的权力。

在国会的立法权（即人民的统治权）被篡夺之后，采用终身任期制的最高法院会不时地宣布立法违宪。但最高法院的声明本身就是违宪的，因为在美国宪法中，没有任何条款授予一个被任命的司法机构宣布民选代表制定的法令违宪的权力，因此这是无效的。重点是，考虑到美国最高法院权力的起源和性质，最高法院最近几十年所做的决定与美国民主的本质如此背离，并不令人惊讶。

如今，美国最高法院的判决与民主精神对立，已经是司空见惯了。不仅有 2000 年选择（而不是选举）总统的案例，还有 2010 年的"联合公民"判决，即企业在选举中提供的资金和支出适用于第一修正案"言论自由"条款，企业和我们普通人的权利没有什么不同。而现在，他们歪曲民主又有了最新的案例，最高法院裁定党派不公正划分选区在任何地方都是允许的，且不受制于任何限制性规则。

到了新自由主义晚期（2000 年之后），最高法院的判决为直接给企业和最富有的个人输送利益扫清了道路。这些判决包括：具有里程碑意义的小布什诉戈尔案、联合公民案，以及现在的给了不公正划分选区的"全权无条件特许权"的鲁卓和拉蒙尼案（Rucho and Lamone）。小布什诉戈尔案为小布什时期的政策实施扫清了道路，这些政策相当于打了激素的新自由主义。联合公民案为富人用金钱进一步"收买"那些支持他们利益集团的当选政治精英打开了闸门。不公正划分选区使这些利益集团在控制美国众议院席位数量和控制州立法机构方面占了上风，这也巩固了他们在选举人团中的主导地位。

# 选举人团制度

选举人团制度已经成为当下美国政治体制中反民主的错误之一。对于全体公民按照"一人一票"原则这一民主选举的真正根基直接选出自己总统的民主实践来说，选举人团制度是抵抗公民行使这一基本权利的最后一道防线和潜在阻碍。选举人团制度使得普选无法决定选举结果，而在普选中失利但控制了数量最多的小州的候选人，则能够赢得总统选举。这意味着人民作为一个整体不再是至高无上的。它提供了一个结构性的机会，让选举结果更偏向美国的部分地区（如今是红色州。这些州的选民更保守，白人比例更大），而牺牲了其他人口更多的地区。因此，这种制度使得对其他州公民选举权的相对剥夺成为可能。

在2016年的总统选举中，有32个州的选举人票的比例超过了它们在全国人口中的比例。新自由主义时代，特别是自2000年以来的趋势是，尽管候选人在普选中失败，但他们还是会在总统竞选中胜利当选。并且，这一趋势很可能不仅会持续下去，而且还会进一步强化。

在主流媒体最新的一次公开辩论中，《纽约时报》的选举工作专家内特·科恩（Nate Cohn）得出这样一个结论，虽然特朗普在2020年的普选中落后的票数很可能会超过2016年的280万票，但他赢得2020年大选的希望仍然很大。2016年，选举人团制度使特朗普以304票对227票赢得了选举。真正起作用的只有 3 个州。随着美国红色州与蓝色州之间的分歧越来越大，选举人团制度产生此类结果的可能性也越来越大。在新自由主义晚期，普选失败但在选举人团选举中获胜，差不多将成为美国政治制度中的长期现象。在这种情况下，美国民主在持续被削弱。

同时，选举人团制度还有另一个反民主的方面，那就是选举人可以合法地拒绝把票投给自己所在州获胜的候选人。各州可以根据该州在普选中的得票比例分配选举人，也可以根据国会划分的选区确定选举人，当然还有其他方式。总之，没有一种所有州通用的方法。换句话说，一个州对选举人的选择，包括选举人把票投给谁，都可以被掌权的政客操纵。那么问题来了：谁来选择选举人？这些真正把总统选出来的人是谁？由他们按照自己的意愿选择候选人，这种情况难道与由选民选举总统的原则不矛盾吗？如果说投票选举总统的权力属于选举人团，那么总统选举全国投票实际上就是一种欺诈和骗局。

美国 50 个州中只有 14 个州采取了行动，来消除选举人团制度的反民主程序和否定一人一票原则这一民主核心的可能性。这 14 个州都不是红色州。

## 说客王国

在新自由主义时代，金钱对政治的影响越来越大，这在最高法院联合公民案及其前后相关案件中得到了充分证明。

而金钱在政治中发挥的作用，除了影响竞选活动外，还有其他形式。其中，拥有巨大影响力的职业说客是一股重要力量。这些说客出手阔绰，绝大多数是企业、行业协会及法律机构的雇员。20世纪70年代，在华盛顿特区大约仅有500名注册说客。今天的研究显示，这一数字超过了3.5万，还不包括"未注册"的说客或州和地方政府层面的说客。

在新自由主义时代，随着专业说客与法律机构、新兴的竞选战略机构及咨询公司的融合，游说的功能也得到了拓展。近年来的趋势是各种机构相互合并和集中，从而增加了游说的工作量和影响力。今天绝大多数说客代表的是谁的利益呢？当然不是普通大众，而是那些有付款能力的人。企业界，他们才是新自由主义政策的最终驱动者。

外国政府、政党和外国商业利益集团也在大力游说美国政府，尽管主流媒体或政客很少提及这一点。他们间接地影响了美国的政治运动，当然实际上是干预。他们甚至通过美国与外国的联合利益集团为两大主要政党提供资金，其中最引人注目的可能是美国以色列政治行动委员会（AIPAC）。据消息人士称，该委员会为民主党提供了至少三分之一的运营经费。虽然根据美国法律，这种源自国外的游说和捐款是非法的，但它普遍存在。

## 监管俘获和旋转门

民主不仅仅是每两年或每四年在党内投票或选择候选人。

投票权是一种民主权利的表现形式，但只是要求最低的形式。当人民的集体意志直接反映在民选代表的行动和政府机构的决定上时，民主才真正得到了体现。

在绝大多数公众（79% 的民主党选民和 67% 的共和党选民）希望推行"全民医保"，但其中一个主要政党坚决反对（共和党），另一个主要政党（民主党）宣称自己支持，而其领导人却在幕后全力阻止的情况下，美国民主还有用吗？当绝大多数美国人对战争说不，但他们的政治精英不论如何都要去发动战争的时候呢？当超过 80% 的人希望制定更严格的枪支管控法律，但政客们甚至不愿将其付诸表决，或者即使他们提出了，也只会提出最无力的解决方案的时候呢？民主意味着，当人民的要求是清晰的，实际上是可行的，并以更大的利益为目标时，人民的愿望能够得到满足。在新自由主义时代，政府官员和政治家们正在越发尽其所能地拖延、转移和驳回这种民意。

将民选政府机构和国家官僚机构区分开来是很重要的。政府就是"规则制定者"。立法机关（国会）负责颁布称为法律的规则。总统是执行官，制定外交政策的规则，并将这些规则（新计划、政策等）提交立法机构通过。法院在做出裁决时也可能会制定新的规则。但其他国家机构和官僚机构也能制定规则。（各州的法院、警察部队和其他机构会执行这些规则，或通过金融、监禁等方式惩罚违反规则的人。）

政府的执行官（即总统）掌管着大量的规则执行机构。这些机构以国会立法的形式贯彻"规则"。在决定如何实施这些规则时，这些机构往往会自己制定更详细的规则。这些机构的名单很长：美联储（货币政策）、联邦药品管理局、联邦通信委员会、美国贸易代表办公室、联邦贸易委员会、情报机构（中央情报局、联邦调查局、国家安全局等都包含情报机构）。这些政府机构和官僚机构对新自由主义政策至关重要，是总统和国会通过的政策最终成形的地方。因此，这类机构是实施新自由主义政策的一个战略切入点。而事实上，魔鬼可能就藏在细节之中。

随着新自由主义的发展，到了20世纪90年代和2000年后，控制新自由主义政策的执行变得与控制国会通过新自由主义政策一样重要。新自由主义在监管机构俘获方面表现出了更大的热情，并积极在监管机构人员与私人银行、企业和新自由主义支持者之间推动建设"旋转门"。

"旋转门"现象，即企业利益集团及其代表获得重要的政府机构内的职务，从而推动通过和实施亲企业利益的规则。这种现象已成为美国政府政治体系的流行病，几乎发生在所有机构。石油公司代表在联邦电力委员会（Federal Power Commission）和内政部（Interior department）担任有决策权的关键职务；银行家和银行董事担任美联储的理事；航空公司和铁路公司的高管，或他们的律师、受薪董事在联邦航空局（FAA）任职；大型制药公司的高管也同时兼任食品及药物管理局（FDA）的高管；将军们离开五角大楼后，会为洛克希德·马丁、雷神等大型国防工业公司工作。当支持新自由主义的企业利益集团无法通过选举代表直接惠及自身，也无法用金钱和游说来通过立法实现利益的情况下，他们会通过决定被授权执行法律的政府官僚机构，在维护其利益的"第三条防线"上施加影响力。如果他们始终都无法都得到他们想要的规则，他们就会通过联邦法院系统对规则发起挑战。在联邦法院系统，法官职位是由亲新自由主义的美国参议院任命的。

## 自由贸易与国家主权

从最初的《北美自由贸易协定》到现在的诸多自由贸易协定，新自由主义自由贸易条约以一种更直接的方式通过立法剥夺了人民主权。《北美自由贸易协定》和其他自由贸易条约是由企业利益集团和亲企业的政客们一起在谈判桌上制定的。企业利益集团更加关心贸易问题，如关税、获得美国外国直接投资、跨国资金流动等，并通过两个主要方式回避了民主和人民主权问题。

（1）直接与其他国家就贸易条约条款进行谈判。在这种情况下，美国企业利益集团实际上成为贸易谈判的副代表。受到各自公司和贸易行业组织任命的律师和经理人参与到条约谈判中，成为事实上的立法者。在谈判过程中，非选举产生的政府官员坐在他们身边。国会中由民众选举产生的代表却只能对商业利益集团协商的条款和条件"投赞成票或反对票"。此外，一旦他们投票支持，国会此后就再也无法通过任何与贸易条约条款相抵触的立法。换句话说，国会从此永久失去了代表公众利益通过立法纠正滥用民主权力的贸易条约的权力。这相当于将国会权力（以及人民民主主权）非民主地移交给了企业利益集团。

（2）这些条约中包括建立独立于美国司法系统的"条约法庭"（treaty courts）。在这些"法庭"上，公司的代表充当事实上的法官。"条约法庭"决定争端，并做出新的判例，这些判例将成为条约管理方面事实上的法律。它是一个（使得企业利益集团）置身于美国政治体系司法管辖范围之外的独立的司法体系。美国政治体系无权修正条约法院的裁决，正如美国国会无权修改条约条款本身的"立法"一样。

因此，新自由主义推动扩大自由贸易和自由贸易条约的努力，是一个典型的例子，它说明新自由主义破坏了美国仅存的民主的方式。它让民众无法在法庭上纠正这些滥用权力的条约。法院只为企业利益集团伸张正义。企业代表只是非选举产生的企业代表，但他们负责谈判的自由贸易条约，却成了新的"法律"。

## 立法程序私有化：美国立法交流委员会和国会工作人员

私有化是新自由主义产业政策的重要组成部分。在政治体系中也有可以类比的情况。这其中最臭名昭著的是科赫兄弟，他们拥有石油公司和企业集团，是身家亿万的资本家，他们成立了所谓的美国立法交流委员会（ALEC）。该组织主要由科赫家族资助，其主要职能是将他们的人渗透到各州立法机构中，以确保通过的立法具有亲新自由主义的性质。它还间接地保证了右翼人士对州立法机构的控制和主导权。美国立法交流委员会在红色州特别活跃，其有名的活动之一是向州议员提供立法和法律援助，以制订供各州进入立法程序的"样板"法案。美国立法交流委员会的代表与支持企业的立法委员密切合作，制定并提出有利于企业的立法。关于税收、解除产业管制、反工会、反公共雇员集体谈判、养老金私有化等内容的新自由主义政策，美国立法交流委员会都会提出基本结构，供各州发展为立法提案。然后，美国立法交流委员会将密切关注事态发展，帮助提案通过。

近几十年来，企业利益集团派出人手与国会工作人员一起制定法规的现象似乎也变得更加普遍了。

## 限制公民权利和自由

公民权利和自由是民主的必不可少部分。特别是通过第一宪法修正案（言论和集会自由）、第四宪法修正案（无理搜查和扣押）以及《权利法案》和随后的美国宪法修正案中内嵌的保护公民免受政府滥用权力侵害的条款，更加明确了这一点。

如果说 2000 年的总统选举标志着选举民主的进一步衰退，那么 2001 年的"9·11"袭击则是导致民主权利衰退的又一个开端。在 2001 年 9 月 11 日之前，政府限制公民权利和自由的努力大多是秘密和非法的。情报机构（中央情报局、国家安全局、联邦调查局、军事情报部门等）的行动都是秘密进行的。20 世纪 60 年代和 70 年代的反间谍计划也是在幕后进行的。暗杀外国领导人的行动（有时是成功的）是非法的，而且要保密。里根政府在 20 世纪 80 年代的"伊朗门"丑闻中所做的非法活动只是被曝光了而已。虽然经常是亡羊补牢，但干涉公众集会权利和言论自由的企图往往会被推翻。但是，这一切在"9·11"袭击之后都变了，这次袭击很快被用作大规模侵犯美国公民自由的借口和基础。

"9·11"事件发生后，国家安全和情报机构立即启动了一项重大计划——全面信息分析（TIA）计划，对美国全体公众进行监听，并通过电子或其他方式收集数据。前军事官员约翰·波因德克斯特被任命为该计划的第一个负责人。他是"伊朗门"中里根政府向尼加拉瓜反政府武装提供军事武器以攻击其新的进步政府的幕后策划者。这是非法的，因为国会禁止里根政府向右翼资助的尼加拉瓜反政府武装提供武器。在 2001 年"9·11"事件之后，波因德克斯特被任命为全面信息分析计划的负责人。

《爱国者法案》也在 2001 年 10 月被迅速通过。该法案原定于 3 年后截止，但在 2005 年被延长，并在经过一些小调整后，在 2015 年奥巴马执政期间被继续延长。为停止或限制这一法案有过多次立法和法院行动，但其最糟糕的条款到今天仍在施行。

尽管官方宣称目的是监视非美国公民的外国人，但《爱国者法案》的真正核心是监视美国公民。该法案直接违反了美国宪法第一和第四修正案。该法案授权可以在没有美国法院授权的情况下搜查公民，直接违反了《权利法案》第四条保护公民不受不合理搜查和扣押的规定。为该法案辩护的人称，法庭逮捕证是有的，但要从一个特意成立的名为 FISA 的法庭（外国情报监视法庭）获得，其负责人并不是一位普通法官。FISA 法庭的法官是如何任命的还不清楚。此外，FISA 法庭的诉讼程序也是秘密的，其记录不向公众公开。此外，在许多情况下，FISA 法庭的授权是为了使搜查合法化，在搜查之后才获得的。截至 2015 年，FISA 法庭自成立以来仅拒绝了 12 次搜查令申请。《爱国者法案》第 215 节要求企业、教堂、医生、图书馆、书店、大学和电话公司在政府要求时须提供公民的记录，但大众从来都不知情。

2013 年，政府雇员爱德华·斯诺登（Edward Snowden）披露了很多滥用《爱国者法案》的行为。在奥巴马禁止政府获取"大量"通话记录之后，紧接着该法案进行了象征性的修改。但政府改为向电话公司发出国家安全调查密函（National Security Letters）来获取公民的通话和网络通信记录。该法案保留了对恐怖分子扩大化的定义。如果一个人在不知情的情况下参与了一个与已被认定与恐怖组织有关的"前线"组织，那么这个人也将被认定为"恐怖分子"，并可能被视为"敌方战斗人员"。这意味着，这个人实际上不再是拥有宪法权利的美国公民，而相当于没有宪法权利的外国人。根据该法案，甚至连申请人身保护令的权利也曾一度被中止了。

直到今天，人们仍在努力通过立法阻止国家安全局继续收集公民的电话和短信。政府每年收集的通话记录超过 5 亿条。尽管美国国家安全局承认，该监控项目从没有发现过任何恐怖分子，但特朗普政府仍要求该监听项目和其他监听工具在 2019 年计划结束后继续进行。特朗普坚持认为，监听工具在未来可能会被证明是有用的。但是有什么用呢？监视对象又是谁呢？

自 2000 年以来，捍卫公民自由的努力主要集中在《爱国者法案》上，但每年通过的《国防授权法案》（*National Defense Authorization Act*，简称 NDAA）中也包含了对公民自由的新限制。根据小布什政府对《国防授权法案》"反恐"条款的解释，政府有无限期拘留美国公民的权利，并可以授权军方采取行动。2011 年，美国参议院就《国防授权法案》进行辩论时增加了"豁免美国公民在美国领土上的拘留"的条款，不过奥巴马政府要求其取消这一豁免（第 1021 条），于是参议院撤掉了。因此，《国防授权法案》可以继续为美国发生危机时大规模拘留美国公民提供法律依据。政府所需要做的就是"怀疑"一个人是"恐怖分子"（广义上的定义），甚至是对美国政府有敌意的"好战分子"（一个更加模棱两可的名词）。时至今日，美国许多民选政客仍坚持主张《国防授权法案》应允许在必要时对美国公民进行军事拘留，即使是在美国本土。

直到 2019 年 10 月，人们仍然不断揭露联邦调查局利用该法案违反对监视公民的限制的行为，对该法案发起挑战。

# 特朗普对民主政府的攻击

新自由主义在特朗普领导下变得更加激进，特朗普对民主和民主政府的攻击也更加激烈。

特朗普执政 3 年之后，众议院和许多主流媒体在 2018 年 11 月的中期选举后对他发起了攻击。很明显，总统有篡夺权力的趋势，在某些情况下，他甚至抢占了美国宪法赋予国会的职能，特别是赋予美国众议院的职能。他认为自己凌驾于法律之上，无可指摘。特朗普的观点是，他的总统职位不仅仅是一个"平等"的政府部门，他可以而且应该在必要的时候绕过国会来进行管理，宪法赋予了他强迫各州放弃它们执政权的权力；总统可以公开攻击、中伤、侮辱、胁迫和威胁对手、批评家或任何人。

特朗普的这种行为趋势包括削弱国会和立法部门，扩大行政部门制定规则的范围；绕过国会授权扩大"国家安全"声明使用范围；拒绝承认美国众议院拥有行使宪法赋予的对行政部门的腐败进行调查的权力。

## 篡夺立法权

总统通过行政命令来制定规则的情况，长期以来一直存在于美国的政治体系中。不过在过去，由总统发布的行政命令大多事关总统明确有权发布命令的问题，还有较少的情况是在国会对相关问题没有明确的立法时，比如奥巴马发布的将由非美国公民在美生育或带入美国的儿童延期递解出境的政令。然而，总统行政令通常不会直接去改变由国会通过的法律或拨款授权。不过，特朗普是个例外。

法律通过后需要有相应的资金授权。国会拨给某一项目的资金必须用于该特定项目。然而，特朗普最近在启动国家紧急状态的掩护下，单方面决定将国会拨款和美国众议院授权的国防支出拨给了他的美墨边境隔离墙项目。这开创了一个危险的先例。特朗普未来还会把国会授权的支出转移到其他项目上吗？这显然是一个宪法问题。特朗普实际上是在通过"国家安全法令"治理国家，直接挑战了国会作为立法机构的权威。美国政府的"三权分立"曾被广为传颂，但现在已经在一定程度上遭到了破坏。

### 暴君统治的趋势

特朗普除了削弱国会和立法部门，扩大行政规则制定的范围，拒绝配合国会的传票和宪法赋予国会的调查权利，而且不断有迹象表明，他认为自己个人"凌驾于法律之上"。

在美国的政治体制中，总统一直都有赦免个人的权力，这一权力通常会在任期结束时实施。这是一种奇怪且明显不民主的做法。近几十年来，在新自由主义的指引下，对总统或州长来说，无论是共和党还是民主党，这种做法已经越来越制度化。

美国政治意识形态的一个标志是向公众宣称"没有人可以凌驾于法律之上"。然而，随着行政赦免变得越来越普遍，有些人确实"凌驾于法律之上"了。这是总统（和州长）对其他人的行政赦免。迄今为止，还没有哪位总统公开表示过自己能凌驾于法律之上，或者拥有"自我赦免"的权利。但是，特朗普这样做了。

特朗普篡夺立法权，以牺牲国会的利益为他喜欢的项目提供资金的进程现在可能才刚刚开始，但随着他与国会对抗的加剧，特朗普在国内立法上向帝王式总统发展的倾向可能会越来越明显。其次，他提出的"自我赦免权"的建议已经有了"暴君"的迹象。这些指向篡权和专制的趋势，毫无疑问表明这些非民主原则让总统倍感舒适。

尽管还处于早期阶段，但这些趋势表明，特朗普认为总统职位是一个比政府其他部门"更高级"的机构。在外交事务方面，自 20 世纪 60 年代甚至更早以来，美国总统已经明显变得越来越"帝王化"。总统在没有得到国会战争声明的情况下发动战争，不过这本就是美国宪法的刻意安排，只是在 20 世纪 70 年代的《战争权利法案》中做了象征性的限制。特朗普就任总统以来的所作所为，反映了这种帝国主义态度向美国国内政治的延伸，即在国内事务方面出现了所谓的帝国主义总统。

## 重新定义三权分立

特朗普在与国会，尤其是美国众议院打交道时无视宪法规范，他的这一行为趋势最近变得愈发明显。因为在有国会传票的情况下，特朗普公然拒绝行政部门员工向国会作证。这种阻止行为，只是证明特朗普认为在宪法框架内行政部门和立法部门"并不平等"的又一个例子。宪法明确赋予了美国众议院的调查权，而特朗普拒绝与国会机构合作，代表了对宪法分权的另一种解释。

## 重新解释至高条款

特朗普对加州汽车尾气排放规定的攻击，体现了他对宪法"至高条款"和各州权力的重新解释。长期以来，人们一直认为州法律中的规定不能低于同类的联邦法律。例如，各州不能通过低于联邦最低工资的最低工资标准法案。但他们可以通过立法对联邦最低工资以外的东西做出规定。特朗普对加州排放规定的攻击实际上意味着，加州不可以通过比联邦标准更严格的排放标准，而后者远没有那么严格。如果这成为一个法律先例，各州在逻辑上就不能通过低于或高于联邦要求的法规。这违反了宪法中的联邦制原则。

## 攫取财源的权力

特朗普的贸易战是行政权力扩张的又一个例子。贸易战使行政部门的关税收入增加了数百亿美元。过去一年，总统用这些收入中的一部分向美国农业利益集团发放了 280 亿美元的直接补贴。从宪法的角度来看，支付如此大额的补贴，必须由美国众议院提出和核准，并由立法机构批准。宪法赋予了美国众议院"作为财源的权力"，筹集税收并授权支出，这项权力并不属于行政部门。

## 无视民主规范和实践

特朗普担任总统期间无视公认的民主规范和习惯做法这种令人不安的例子比比皆是。

从来没有一位总统如此公然地攻击批评媒体。特朗普将政敌污蔑为"卖国贼"和"罪犯"，公开要求"逮捕并关押"其他候选人，煽动民众反对抗议者和他的批评者，在他自己的官僚机构（特别是情报机构）和政党内部发动清洗。他甚至宣布如果国会试图弹劾他，意味着美国将爆发一场新的内战。这是一个意外获得美国政府最高职位的病态人格患者的疯话。

特朗普的这些行为反映出一种对民主的根本无视，即使这种民主只是今天在美国政府机构中盛行的有限形式的民主。这些行为反映出的观点代表着一种信念，即总统的行政权力应该而且必须扩大，哪怕其代价是牺牲政府立法部门（国会或州）的权力、牺牲新闻界的第四权力、加深美国社会的两极分化和引发公民间的暴力行为也在所不惜。特朗普认为，为了实施他的政策和计划，这一切都是必要的。而我们必须牢记在心的是，这是一个新自由主义计划。

想要评估新自由主义的未来，关键问题是特朗普是新自由主义演变及其对政治制度和政治实践影响的结果，还是说特朗普的总统任期是新自由主义演变曲线上的一个偏离点？

## 特朗普：历史必然还是偶然

出现一个像特朗普这样的政治人物，是因为2008—2009年金融危机之后，必须引入一种更激进也更激烈的新自由主义形式所产生的必然结果吗？在美国国内和全球对新自由主义反对之声日隆的时代，换一个总统是否也必须朝着同样的反民主方向行动，才能让他的计划获得通过？换一个人也许不会那么粗鲁，不那么鲁莽，不那么倾向于在政策和政治倡议上"口无遮拦"，也不太可能一大早就在社交媒体上发布多条信息，也因此比特朗普更聪明、更有影响力。

但我们不应该错误地认为，特朗普只是一匹因意外或对手无能而成为美国总统的孤狼。新自由主义在2008—2009年金融危机之后面临危机，需要一种更加激进的恢复形式。在2016年，某些金融利益集团在背后支持着特朗普。如果不是他，他们会选择另一个人，来撼动对国内日益增长的不满和国外日益加剧的资本主义竞争开始失去控制的旧的政治体制。

归根结底，特朗普的问题在于他的风格，这让他无法将美国企业利益集团和传统政治精英团结起来，共同复兴新自由主义政策体制。相反，他在美国统治阶级内部引发了一场自相残杀的政治斗争——美国经济和政治精英两翼之间一场典型的后危机时代政治"夺食"。

不仅仅是在特朗普领导下的美国，此类后危机时代统治阶层的分裂和自相残杀在世界其他地方也发生过，包括：英国（脱欧），法国（极右翼政党国民联盟），德国（德国选择党的崛起），几个东欧国家（匈牙利、奥地利、波兰），拉丁美洲的多个国家（阿根廷、巴西、厄瓜多尔），亚洲的印度和菲律宾。随着2008—2009年金融危机之后新自由主义政策在全球范围内的失败，右翼独裁者和反民主的政客纷纷涌现，所有人都在努力应对经济放缓和全球衰退。在包括美国在内的几乎所有案例中，为了给新自由主义重建打好基础，民主、民主规范和政治制度都成了牺牲品。

特朗普时代只是反映了自1980年左右新自由主义政策出台以来美国反民主趋势深化的结果。在新自由主义时代，两个主流政党在其纲领和代理人方面变得愈加寡头化。在过去几十年里，金钱对政府和政治的控制力越来越强。选举过程越来越成为权贵和富人的后花园。不公正划分选区和压制选民已经成为惯例。人民主权和代表所有人的代议制政府，更像是一句谎言而不是事实。公众的愿望和需求需要由政府来满足，而政府却越来越无视这些需求，转而支持数以万计高薪说客的利益和要求。公民自由和公民权利受到越来越多的限制和监视。

新自由主义的兴起和扩张与美国民主的衰落之间的关联是无可辩驳的。这种关联是否也代表着一种直接的因果关系，取决于每一个与新自由主义扩张相关的里程碑事件与标志着民主进一步恶化的事件是合作关系，还是因果关系。

　　证据和例子俯首皆是：20 世纪 80 年代和 90 年代初期的政党转型，新自由主义税收和货币政策的兴起；1994 年，激进右翼接管了美国众议院，自由贸易政策出现；2000 年，在小布什诉戈尔案中司法部门选出了总统，迎来了更多的减税和战争国防支出、竞选改革的终结，以及《爱国者法案》与贸易条约；这之后，奥巴马接过了接力棒，我们看到了联合公民案、不公平划分选区、选民压制、更多的战争国防支出、更多的对企业减税，现在轮到了特朗普。

　　这不仅仅是"确凿的证据"。在新自由主义时代，美国的民主在很多方面都在衰退，当然不只是巧合。在特朗普的领导下，美国民主加速衰落，并开始对现行的政府宪政政体本身发起攻击，当然也不是巧合。